路桥施工技术

齐长市　于东波　盛明乾　主编

吉林科学技术出版社

图书在版编目（CIP）数据

路桥施工技术 / 齐长市，于东波，盛明乾主编. --

长春：吉林科学技术出版社，2019.8

ISBN 978-7-5578-5792-9

Ⅰ．①路… Ⅱ．①齐… ②于… ③盛… Ⅲ．①道路施
工②桥梁施工 Ⅳ．①U415②U445

中国版本图书馆CIP数据核字（2019）第159880号

路桥施工技术

主　　编	齐长市　于东波　盛明乾
出 版 人	李　梁
责任编辑	端金香
封面设计	刘　华
制　　版	王　朋
开　　本	185mm×260mm
字　　数	370千字
印　　张	16.75
版　　次	2019年8月第1版
印　　次	2019年8月第1次印刷
出　　版	吉林科学技术出版社
发　　行	吉林科学技术出版社
地　　址	长春市福祉大路5788号出版集团A座
邮　　编	130118

发行部电话/传真　0431—81629529　　81629530　　81629531
　　　　　　　　　81629532　　81629533　　81629534

储运部电话　0431—86059116

编辑部电话　0431—81629517

网　　址	www.jlstp.net
印　　刷	北京宝莲鸿图科技有限公司
书　　号	ISBN 978-7-5578-5792-9
定　　价	70.00元

前　言

　　路桥是指公路和桥梁的总称。路桥工程可以细分为路基工程、路面工程、桥梁工程、互通立交工程、隧道工程、环保工程、交通安全设施、机电工程、房屋建筑工程等子工程。路桥建设是交通行业的主要内容，不仅能够促进社会经济的发展，还能够为人们的生活带来极大的便利。虽然现阶段我国的路桥施工建设相比以前已经取得了很大的进步，但是在具体的施工过程当中仍然存在着一些问题，其中最突出的就是施工技术问题，因此需要严格把控技术质量，以保障施工更加顺利地进行，促进施工企业的长久发展，保障人们的交通安全。随着社会的不断发展，人们对于路桥等建筑工程的质量要求越来越高，并且路桥工程面是一个城市的基础性建筑设施，对城市与社会的发展起着十分重要的作用。本书系统介绍了路基、路面、桥梁、隧道、交通等方面的施工技术，为路桥工程工作实践奠定理论基础，望广大读者阅读与指正。

前 言

目　录

第一章 绪 论

第一节 路桥的作用与地位

一、城市规划的作用和地位

城市规划是城市的发展计划，也是城市建设发展的蓝图和管理城市的依据。城市规划作为城市社会经济发展的建制之一，是直接在社会、经济、政治体制运作所许可的范围内生存、发展和发挥作用的。

随着改革开放的不断深入及城乡经济的迅速发展，中国的城市建设取得了举世瞩目的成绩，城镇数量大幅度增加，开始进入依照城市规划进行建设的科学轨道。城市规划是一项科学性、应用性和综合性很强的工作，通过规划，可以合理确定城市的发展方向、规模和布局，统筹安排各项建设，协调各方面在建设中的矛盾，使之逐步发展成为设施比较完善、环境清洁优美、有利生产、方便生活、并能适应人们日益增长的物质和文化需要的现代化新型城市。因此，城市规划对于城市经济的发展，特别是对于城市的合理布局及城市的经济效益、社会效益和环境效益相互协调具有极其重要的意义。

（一）城市规划的任务和内容

城市规划的主要任务表现在以下几个方面：

（1）查明城市区域范围内的自然条件、自然资源、经济地理条件、城市建设条件、现有经济基础和历史发展的特点，确定本城市在区域中的地位和作用；

（2）确定城市性质、规模及长远发展方向，拟定城市发展的合理规模和各项技术经济指标；

（3）选择城市各项功能组成部分的建设用地，并进行合理组织和布局，确定城市规划空间结构；

（4）拟定旧城改建的原则、方式、步骤及相关政策；

（5）为保持城市特色，拟定城市布局和城市设计方案；

（6）确定各项城市基础设施的规划原则和工程规划方案；

（7）与城市国民经济计划部门相结合，安排近期城市的各项建设项目。

住宅及其环境问题是城市的基本问题。美国社会学家佩里通过研究邻里社区问题，在20世纪20年代提出居住区内要有绿地、小学、公共中心和商店，并应安排好区内的交通系统。他最先提出"邻里单位"概念，被称为社区规划理论的先驱者。"邻里单位"理论本是社会学和建筑学结合的产物，从60年代开始，一些社会学家认为它不尽符合现实社会生活的要求，因为城市生活是多样化的，人们的活动不限于邻里。"邻里单位"理论又逐渐发展成为"社区规划理论"。此后，学者们提出了树枝状道路系统、等级体系道路系统等多种城市交通网模式。发展公共交通的原则现已被广泛接受。城市交通规划同城市结构和城市其他规划问题息息相关，已成为城市规划中的一项基本内容。

（二）城市规划的作用探讨

管理城市的公共资源，保障城市公共利益的实现。城市建设是对公共资源的占用过程。市场经济条件下，城市建设既有以经营为目的的开发行为，也有以社会环境效益为目的的公益性建设行为。政府在城市土地、空间配置中占有主导地位，并通过城市规划确定哪些用地用于公益性建设，哪些用地用于市场化开发，从而保障城市的合理发展。在社会层面，通过社会服务基本设施，如教育（特别是中小学）、卫生、文化（特别是社区级设施）、福利设施、低收入住宅等的规划，保障生活在城市里每个人的基本生存条件；在经济层面，通过垄断一级市场来调控土地二级市场和房产价格，发挥政府对房地产市场的调控作用，管理好城市的公共资源是实现城市社会公平的首要条件。

协调各种利益主体之间的矛盾，平衡社会各阶层的需求。随着投资多元化，计划体制下的使用权改变为财产权，使用者之间的功能性矛盾演变为所有者之间的财产矛盾。市场条件下的商业开发行为总是倾向于追求利益的最大化，并不惜牺牲城市的整体利益和其他利益主体的权益。这就要求城市政府在保障经济发展的同时，承担起对各个利益主体经济行为的规范和管制职能，以及各种利益的保护和协调职能。城市规划按照土地利用规律和开发项目的类型、特征、对外部环境的要求及对外部的不良影响等，确定各项控制指标和约束条件，从而使商业开发行为受到严格约束，也使商业开发主体的合法权益受到保障。因此，城市规划能够起到规范开发行为的市场规则作用。下面就从以下几个方面对市场机制下城市规划的作用进行探讨。

（1）地效益最高的地区，往往也是大量历史遗存最集中的城市中心地区和展示城市风貌的特色地区，城市政府和开发商为追求经济利益，以牺牲人文资源为代价，进行商业开发，近几年，此类现象更为严重。因而，正确处理文化传承与开发建设的关系是市场经济条件下城市规划工作的重要组成部分。

（2）调控土地市场，为市场的开发活动提供引导和秩序。世界上不存在纯粹自由的市场经济，正如体育比赛必须有规则才成为比赛，市场经济也因为有规则而使自由竞争能有序进行。当城镇规模较大、系统较复杂时，规划在确定城市空间结构和总体布局方面就需要起框架及引导作用，因为即使有局部的秩序和资源优化配置，也不能避免整体的无序。例如，我国一些特大城市目前面临的交通困境，通过微观层面的管理已不可能解决，而只能依靠城市总体规划布局、交通政策及交通结构等规划手段来获得解决。这不是由自由市场产生的，而是社会共同的理性选择。

（3）有效经营城市资产，协调资源、环境等目标市场。经济条件下，城市政府有责任使城市的整体效益得到提升。这也是衡量城市规划工作成功与否的标志之一。但是，经济全球化带来了资本的自由流动，城市之间的竞争更为激烈，地方政府为了获取更多的投资，使经济效益最大化，往往将城市经营作为唯一的目标，城市的环境保护被忽视，影响了城市的长远利益。城市规划作为一项政府综合协调各类资源的主要手段，通过土地和城市各类公共设施的配置，在促进经济发展的同时，在有效保护资源等方面也具有不可替代的作用。

（4）城市规划引导市场达到规划目标。经济发展周期性是市场经济的基本特征之一，城市的发展也具有一定的周期性，了解城市发展的周期性可增强对城市开发的认识，建立城市规划的市场观念有助于深化对规划客体的认识，从而改善规划主体的质量。市场由供需关系及随之而来的价格体系决定，城市规划作为对土地市场的制约可以影响和引导市场。有效的市场引导取决于市场的状况和针对市场状况的规划引导能力，牵涉到规划与市场合作的形式。市场经济下，巨大的土地利益使得城市开发控制成为一个极其重要的环节。开发控制如果没有法制基础，就没有权威。

（三）城市规划的地位

城市规划是经济、社会和环境在城市空间上协调、可持续发展的保障，是政府在市场经济条件下引导和控制整个城市建设和发展的基本依据和手段，是城市建设和发展的"龙头"，是城市政府制定城市发展、建设和管理相关政策的基础，是城市政府引导和管理城市建设的重要依据。无论从世界各国，还是从我国新中国成立以来各个历史时期的情况来看，城市规划均被作为重要的政府职能。从一定意义上说，城市规划体现了政府指导和管理城市建设和发展的政策导向。改革开放以来，随着社会主义市场经济体制的逐步建立和完善，城市规划以其高度的综合性、战略性、政策性和实施管理手段，在优化城市土地和空间资源配置、合理调整城市布局、协调各项建设、完善城市功能、有效提供公共服务、整合不同利益主体的关系，从而实现城市经济、社会的协调和可持续发展、维护城市整体和公共利益等方面，发挥着日益突出的作用。

（四）城市规划的发展趋势

基于城市是综合的动态体系，城市规划研究不仅着眼于平面土地的利用划分，也不仅局限于三维空间的布局，而是引入了时间、经济、社会多种要求的"融贯的综合研究"。在城市规划工作中，将考虑最大范围内可以预见和难以预见的情况，提供尽可能多的自由选择，并给未来的发展留有充分的余地和多种可能性。由于城市问题包罗万象，有人提出在有关学科群的基础上建立以研究城市性质、城市模型、城市系统和发展战略为目的的城市学；也有人提出建立以系统地研究乡村、集镇、城市的各种人类聚居地为目的的人类聚居学等。这类新学科的建立，或许有助于加深对城市的宏观认识，但它的进展需要建立在完成大量城市问题研究工作的基础上。

二、公路对经济发展的意义

公路建设系统的完备性是体现一个国家经济发展实力的重要指标，对于国民经济的发展有着重要的意义。因此，我们要加强公路建设，提高公路建设的应用效率。

（一）公路对国民经济中主要行业发展的作用

1. 公路的发展对运输业起着直接的促进作用

我国的公路建设按照技术等级分类，主要分为高速公路、一级、二级、三级和四级公路。就目前而言，我国省际、市际、县际，乃至乡、村之间也已基本完成了公路的修建，公路地形平坦开阔，路况较好，非常利于车辆通行，从而缩短了行车时间，提高了运输的效率。综合来说，公路的修建缩短了运输所需的成本，提高了车辆运输的质量，从而极大的便利了运输业的发展。此外，随着车流量的加大，车辆运输的路况也更加紧张，而完善公路建设则可以有效改善车辆流通情况，改善交通条件，对交通运输业起到直接的促进作用。

2. 公路的发展对制造业起着重要的运输作用

近年来，随着国民经济的飞速发展，生产制造业在经济中的地位也越来越重要。生产制造业的零售终端是要通过强大交通运输网，才能最终实现商品的最终价值。因此，生产制造业在一定程度上是相当依赖交通运输业的，而公路建设的四通八达强化了交通运输的流通能力，对生产制造业的商品运输和原材料的运输都产生了推动作用，因此，为了促进生产制造业的发展，还应该积极进行公路建设，特别是高速公路的建设，建立四通八达的高速公路运输网络，进而提升公路建设的运输能力。

3. 公路的发展对旅游业起着间接的推动作用

在国民经济发展中，旅游业也是占有一定地位的行业。旅游业在我国的经济份额的比例中虽然较小，但是其发展势头和发展潜力都不可小觑。现在一些风景优美或是风土人文都非常优秀的景点还尚未被发现，如果加强该地区的公路建设，完善交通设施，则很有可能推动本地区旅游业的开发，促进其地区经济的发展，这对于旅游业乃至本地区经济的发展都是非常有利的。同时，本地区旅游业发达后，还会促使该地区抓紧交通建设，会促使公路基础建设更加优化，从而提高本地区的经济发展水平。

4. 公路的发展对农业起着重要的拉动作用

在我国的农业发展中，农业类经济作物的种植越来越普遍，经济作物和非经济作物都需要通过运输才能将农作物出售，而由于农作物运输大部分是通过公路实现，同时，农产品也有一定的时间限制，因此，必须要完善公路基础设施建设，缩短农产品的运输时间。同时，公路建设也有利于本地区调整农业生产结构，优化农作物种植品种和种植方法，从而可以有效地帮助农民增加收入，提高本地区农业经济水平。因此，在农业为主的地区，也应该积极进行公路的建设，完善各市县、村镇的公路基础设施，从而促进农业经济的发展。

5. 公路的发展对物流运输的重要作用

物流行业是新兴的行业。近年来，随着网上购物这种新的购物方式的兴起，物流行业也得以出现了繁荣发展的机会。物流行业受自然条件的影响较小，对运输行业的依赖程度却极高。公路建设完善后，物流行业也将会迎来更多的发展机会。

（二）公路对国民经济起着拉动作用

1. 公路的发展对沿线经济的辐射作用

一般而言，公路建设属于投资规模较大的建设，一旦公路设施投入使用，必然会拉动本地区的经济发展。当公路建设后，会对沿线产生强烈的辐射效应，这主要体现在：

（1）公路建设会促进沿线地区的开放，从而扩大融资规模和投资力度，对于本地区经济的发展带来便利的条件；

（2）公路建设会引发征地、拆迁、公路建设基础材料和施工工程等一系列的变化，这种变化必然会刺激本地区经济的发展，提升经济发展实力；

（3）公路建设后，也会给当地的人员往来带来极大的便利，人们会出门打工、经商，既为本地区带来了无限的活力，也促进了本地区经济的发展。

2. 公路的发展对地方经济发展拉动作用

以地方经济为整体来看，公路基础设施的完善也促进了其经济发展速度的提升。首先，公路建设加强了地区之间的联系，企业之间的经济活动也更加密切，企业之间合作的成本降低，对于企业的发展是极为有利的。其次，发达的公路网也便利了城市间的往来，使地区独特的发展优势也更加明显，在地方进行招商引资时也具备了更优势的条件。再次，公路建设的发展也会带动本地区进行产业优化和升级，提升其企业的内在发展实力，从而促进本地区的发展。

3. 公路的发展对宏观经济发展的促进作用

公路的发展不仅仅会对沿线地区的经济产生有利的影响，从国民经济的宏观局势来看，公路设施的完善提高了社会生产的运输能力，对国民经济的发展产生了新的需求，还带动了新的发展方向，提高了国民生产能力。此外，公路设施的完善还对远距离的城市之间的发展带来了便利的条件，使得距离不再遥远，随着距离改变的，还有人们思想观念和生活方式的转变，人们将空闲的时间更多的用在出行、旅游等活动上，这样，充分利用了便利的交通条件的同时，也为其他地区带来了巨大的发展机遇。

综上所述，公路建设不仅缩短了城市、城乡、乡乡之间的距离，密切了各地之间的关系，而且会对地区经济、沿线经济乃至整个宏观经济局势产生重要的影响。因此，正所谓"要想富，先修路"，在国民经济建设中，一定要加强公路基础设施建设，做好公路的维护和维修工作，确保公路交通畅通无阻，为经济的建设发挥更重要的作用。

三、桥梁的重要性

桥梁是人们生活实践的产物，跟人的生活息息相关。桥梁的发展与百姓的生活水平提高有着举足轻重的关系。桥梁是道路的一部分，在古代、近代、现代都有着自己的发展。不管是哪个时代，中国都有着世界著名的桥梁。这些美丽壮观的桥梁，方便着人们的交通运输。

中国古代建筑了一个又一个美丽的桥，直到现在，还能服务人们的生活。无论是在国家或城市，水桥和道路和桥梁，发挥的作用不容忽视。桥梁，在现实生活中不仅是一个沟通的角色。桥在中国古代，有很高的声望，中国和西方之间的桥梁的历史发展，有着非常重要的研究价值。

（一）简述桥梁的类型

桥梁从古代到今天，有自己的多样性，有各种各样的桥，但他们的共同点是为方便人们的生活。从路径点上看，可分为铁路桥梁和公路大桥、铁桥、人行天桥、水桥（渡槽）、和其他特殊桥（如通过管道、电缆等）；根据跨越障碍点分为桥梁、交叉甲板桥（也称为天桥）、高架桥、码头等；从建筑材料分为木桥、钢桥、钢筋混凝土桥、预应力混凝土桥、圬工桥（包括砖、石、混凝土桥）等；根据桥梁桥上部结构的行车位置分为上承式桥、中承式桥和下承式桥。桥面布置在桥跨结构的顶端，塌桥的宽度结构可以更小，结构简单，桥梁的视线不受阻塞，钢管混凝土桥面布置在桥跨结构，建筑高度（从底部的铁梁底部的大小）大，增加桥下净空，但大跨结构，结构更为复杂，一半通过桥面中间的桥跨结构，它主要用于拱形桥跨结构。

（二）从历史看桥梁

桥梁在中国的发展已经有很长的历史，所以他有自己的一套相对完善的制度。桥，在人们的交通活动中，有不可替代的作用，桥的建设和应用对社会具有不可估量的价值。桥的建设是一个重要的角色。关系到中华民族的繁荣和发展，关系到民生，关系到社会发展的美好前景。桥梁有不可估量的作用，因为中国桥梁的发展已经有很长的历史，从宋代的永安桥、赵州桥到卢沟桥，从现代城市立交桥、BRT到现代交通高速公路，基本与桥的施工和设计是分不开的，不同的施工方法导致成桥后结果的内力状态、应力状态及变形都不相同。因此，专家在设计和建造桥梁时将西方桥梁造型美观精致的概念引入其中，使得桥梁在我国的建设和发展上有一个新的开始。技术人员和工匠的外围桥梁主体的施工细节内容吸收精华，去其糟粕，用独特的概念来构建桥梁，使桥梁建设与我们悠久的历史有机地结合起来，建立了自己的方式，反映了我们中华民族自己的风格。

（三）从生活看国内外的桥梁

当谈到著名桥梁时，不得不说赵州桥和宝带桥。赵州桥建于隋朝年间公元 595 年～605 年，由著名匠师李春设计建造，距今已有 1400 多年的历史，是当今世界上最古老、最完整的古代折叠石肩拱。宝带桥又名长桥，全桥用金山石筑成，桥长 316.8 米，桥孔 53 孔，是中国现存的古代桥梁中，最长的一座多孔石桥。是古代桥梁建筑的杰作，位于江苏省苏州市吴中区长桥镇（今长桥街道），傍京杭运河西侧，跨澹台湖口，与赵州桥、卢沟桥等合称为中国十大名桥。这些古代桥梁凝聚着古代劳动人民智慧的结晶。

不仅在古代，中国现代也有不少著名桥梁，例如西堠门大桥和青马大桥。西堠门大桥是连接舟山本岛与宁波的舟山连岛工程五座跨海大桥中技术要求最高的特大型跨海桥梁，主桥为两跨连续半漂浮钢箱梁悬索桥，主跨 1650 米，位居目前悬索桥世界第二、国内第一，其中钢箱梁全长位居世界第一。设计通航等级 3 万吨、使用年限 100 年。该桥具有技术难度大、科技创新多、抗风性能高等亮点。西堠门大桥的建成使舟山交通纳入长江三角洲的高速公路网络，有利于舟山港口资源的开发，有力推动了宁波—舟山港口一体化进程，在环杭州湾地区、长三角地区经济发展中发挥着重要作用。

青马大桥，是世界最长的行车铁路双用悬索式吊桥，也是世界第六长以悬索吊桥形式建造的吊桥。它横跨青衣岛及马湾，全长 2.2 公里，主桥跨度也达 1377 米，两座吊塔，每座高 206 米，离海面 62 米。青马大桥通车以来，已成为连接大屿山香港国际机场及市区的干线公路，是香港一个主要的建筑标志和旅游景点，吸引了世界各地的游客，然而青马大桥不设人行道，游客无法步行于桥内观光。青马大桥 1999 年荣获美国建筑界"二十世纪十大建筑成就奖"，与英法海峡隧道、三藩市金门大桥、艾森豪威尔州际和国防公路系统、纽约帝国大厦、科罗拉多胡佛水坝、巴拿马运河、悉尼歌剧院、埃及阿斯旺水坝及纽约世界贸易中心同享殊荣。青马大桥是为了赤蜡角机场而建的十大核心工程之一，可算是世界级建筑。1992 年，青马大桥开始建造，仅以五年时间完成，称得上是同类建筑中所花时间最短。

（四）从单一到多样化的桥梁工程

回顾中国桥梁发展的历史，60 年来取得了突飞猛进的实际效果，在对日菏高速公路和铁路桥梁的大跨度和重负载和高速度的方向发展。现在，公路桥梁、高速走廊、火车快车道、一直的路，向桥的速度发展。桥梁在我国企业不仅只停留在交通的概念，已由最初的简单到复杂和多样化发展，从经济实用、由具体到抽象的建设原则，使我国面临从农村到城市是非常可观的。

中国南方多水，自古以来有许多桥梁。现在，不仅是指水桥，目前中国桥梁已遍布祖国的大江南北桥。城市立交桥改造、BRT 应用快速和方便的交通，大桥建设的应用新阶段，集成桥路统一管理。为了缓解城市交通的压力，城市立交桥扮演一个重要的角色。目前，不仅大陆桥建筑繁多，跨海大桥建设更加引人注目。设计师因此接触到更远的地方，跨海大桥已经不是神话，这一举动在中国一直受欢迎。大跨度、光和快速建设是 21 世纪跨海桥梁的发展方向。

建于 2005 年的东海大桥，是真正意义上的成功探索，青岛、厦门也开始建造通向成功的桥梁。桥梁专家表示，未来将更长和更温和、越来越优雅、更环保，在所有的世界，如草、塑料、玻璃桥、充气桥、智能桥梁技术开发和深厚的造诣。南京长江大桥、武汉长江大桥、澳门王桥、海桥，在我国南北大道上，开发形成了城市化建设，方便了我们的生活方式。作为网络信息发展快速，方便人们交流和沟通，使国家获得改善小康生活、改善人民的生活幸福，提升现代生活的接口、使中国的交通发展延伸一个新的内涵。

总之，社会和经济发展的同时，民生桥的作用已成为四个现代化建设的首要任务，是列一个时间表计划他们的生活。桥有一个非常大的发展空间。专家预测未来的桥梁，让世界因为桥相通，让全球形成一个桥系列。可想而知，桥梁建设民生发挥的作用不容忽视。

纵观古今中外，组合桥的特点与人们不断创新的概念，我们应该学习总结前人的经验和教训，不断实践，不断探索和前进。建设水平不仅在当前位置，在未来，尝试使用高科技建筑、设计和创新体系的新桥梁加强努力，不断提高，不断更新，使结构的设计思想和方法是结合美丽的造型，使用价值和效益和实际需要。

第二节　高速公路的特点

高速公路的多功能作用促使公路交通运输业发生了质的变化，使之成为当今一种新型的、具有巨大发展活力的现代运输手段。高速公路与一般公路相比具有如下优越性：

1. 运行速度快、运输费用省。据调查，高速公路平均技术车速约为 80 ~ 100km/h，最高可达 150 ~ 200km/h，而一般公路只有 20 ~ 50km/h。由于车速的提高，可缩短运行时间，降低油耗、车耗和运输成本。

2. 通行能力大、运输效率高。通行能力是指单位时间内道路容许通过的车辆数，是反映道路处理交通数量多少的指标。一般双车道公路的最大通行能力约为 5000 ~ 6000pcu/昼夜，而一条四车道的高速公路一般通行能力可达 25000 ~ 55000pcu/昼夜，相当于 7 ~ 8 条普通公路的通行能力，六车道或八车道的高速公路可达 70000 ~ 100000Pcu/昼夜。高速公路的建设，还有力地促进了汽车运输车辆的大型化（重型载货汽车）、拖挂化（汽车列车）、集装箱化、柴油化和专用化（如冷藏车等专用特种车辆）等。

3. 减少交通事故，增强可靠性。高速公路由于采取了控制出入、交通限制、分隔行驶、汽车专用、自动化控制管理系统等确保行车快速、安全的有效措施，使交通事故比一般公路大大减少。据国外统计，高速公路事故率为一般公路的 1/10，死亡率为一般公路的

1/3。另据我国公安部对道路交通事故行车死亡率统计，美国为 2.5 ~ 3.3，德国为 3.6 ~ 5.6，日本为 2.8 ~ 3.2，而我国 1990 年为 33.38，2000 年为 15.6，2005 年为 7.57，这其中的主要原因是高速公路的存在和发达。据统计，高速公路的事故率和死亡率只有一般公路的 1/3 ~ 1/2。高速公路每亿车公里的事故费用只有一般公路的 1/4 左右。据推算，我国每年修建 5000km 高速公路，每年可减少 8200 人死于交通事故，沈大高速公路交通事故死亡人数比建路前下降 83.3%，受伤人数下降 54.9%。

4. 缩短运输时间，提高社会效益。高速公路技术等级高、质量好、运输条件及设备齐全，不仅缩短运行时间，而且提高运输质量，增加了汽车容量，加快了车辆周转。据日本调查，各种运输方式，商品流通的平均速度铁路为 46h、海运为 20.4h、空运为 17.8h，而高速公路由于转装环节减少，平均仅为 7.9h，加快了商品流通，减少了货物积压。高速公路的发展还有利于加快工业开发、改善工业布局、促进城乡交流、加速沿线经济发展、缓解城市交通、调整城市格局，使社会受益。

5. 提高了客货运输量。例如，意大利的高速公路仅占全国公路总里程的 2%，但其承担着全国公路 20% 和 68.7% 的客、货运输量；德国的高速公路仅占全国公路总里程的 1.73%，但其运量却占了公路总运量的 37%；美国高速公路只占全国公路总里程的 1% 多，但其承担了全国公路总运量的 21% 以上；日本的高速公路只占全国公路总里程的 0.28%，但其承担了全国公路总运量的 25.6%。据国外评价，一条 4 车道的高速公路运量相当于 6 条单线铁路的运量，而公路土地占用只为 6 条铁路的 1/3。

6. 节省燃料，减少汽车损耗。由于高速公路路况好、时速高，可节省燃料和减少汽车轮胎及机件损耗。据美国政府测算，1956 ~ 1980 年高速公路上的汽车运输仅因减少在路口刹车、停车及加速而减少消耗汽油费就高达 58 亿美元，高级路面比中级路面可减少汽车轮胎及机件损耗一半。

7. 促进各国（或地区）经济发展，社会经济效益巨大。日本 1956 年修建名古屋到神户的高速公路，10 年内沿线 14 座互通立交附近增加了 800 多家企业，爱知县已经发展成为一个新兴工业城市。另据德国公路总署测算，每投资 1 美元高速公路，可给使用者带来 2.9 美元收益，即二者之间的比例为 1 : 2.9。建设高速公路不仅可从中获得巨大的社会经济效益，而且还可使国家的工农业、商贸业、旅游业等发展起来，促进高速公路沿线地区的产业化、城镇化和现代化。

8. 节省用地，提高土地利用率。修建高速公路用地比一般公路要多，但从用地的效益来看，实际是节省了用地。据测算，每建 100km 高速公路，比修建担负同等交通量的一般公路可节省土地 600 亩（4km 长高速公路）。修路占用土地的损失，可从整个公路运输的社会效益中得以补偿，并远远超过占用土地损失的经济效益。

9. 投资效益好，资金回收率高。高速公路多分布在工业及人口集中的地区，客、货流量大，运输效益高。如日本名神高速公路长 189km，占日本公路总里程的 0.35%，而它所承担的货运量占公路总运量的 12.3%；美国 1.3% 的高速公路，担负了全国 19.3% 的公路货运量。

第三节　施工项目成本管理理论

一、施工项目成本管理概述

（一）施工项目成本管理的含义及特点

根据经济学原理，企业的生产经营活动，既是产品的生产过程，又是价值的形成过程。产品的价值包括三个部分：产品生产过程中所消耗的生产资料价值（C）；支付给企业员工的工资（V）；劳动者为社会创造的价值（K）。前两部分构成产品成本（C+V），即产品成本是企业在一定时期内生产和销售一定产品的生产耗费的货币表现。

施工项目成本是指施工过程中所消耗的生产资料转移价值和劳动者必要劳动所创造价值的货币形式，是施工项目在施工过程中所发生的全部生产费用的总和，包括消耗的主（辅）材料、构配件、周转材料的摊销费或租赁费，施工机械的台班费或租赁费，支付给生产工人的工资、奖金以及项目经理部为组织和管理施工所发生的全部费用支出、税金和计划利润。

施工项目成本管理是在整个施工项目的实施过程中，为确保项目在批准的成本预算内尽可能好地完成而对所需的各个过程进行管理，被用来描述管理人员为满足需要而同时又持续地降低成本和控制成本所采取的行动。

施工项目成本管理贯穿于每一个施工承包工程，从投标信息追踪、签约到工程合同完工终止的整个过程，它不同于企业成本管理，它是对施工项目成本活动过程的管理，具有自身的特点，具体表现在：

1. 事先能动性

由于项目成本管理具有一次性特征，因而其成本管理只能在这种不再重复的过程中进行，以避免在某一项目上产生重大的失误。这就要求项目成本管理必须是事先的、能动的管理。施工项目一般在项目管理的起始点对成本进行预测、制订成本计划、明确目标，然后以目标为出发点，采取各种技术、经济、管理、合同措施来实现目标。

2. 项目成本管理是一项综合的系统工程

施工项目经理部是在实际履行工程承包合同中，以为企业创造经济效益为最终目的的施工管理组织，不是仅仅为了成本核算而存在于企业之中。因此施工项目成本管理的过程，必然要求与其项目的工期管理、质量管理、技术管理、分包管理、资金管理、安全管理等紧密结合起来，组成施工项目成本管理的综合系统工程。施工中的每一项管理职能、每个管理人员都要参与施工项目的成本管理，只有把所有管理职能、管理对象和管理要素纳入成本管理的轨道，才能使成本管理达到最优化。

3. 动态跟踪性

施工项目成本管理必须对事先所设定的成本目标及相应措施的实施过程自始至终进行监督、控制、调整和修正。高速公路建筑产品的生产过程不同于工业产品的生产,其成本随着生产进度的推进受客观条件的影响较大。建材价格的变动、工程设计的修改、建筑功能的调整、资金的到位情况、人料机等分包价格的上涨等,都使工程项目成本的实际水平处在不稳定的环境中。这就要求成本管理工作随着情况的变动及时进行调整和控制,采取有效的措施,控制成本,争取变动中的最大经济效益。

(二) 施工项目成本的表现形式及分类

施工项目成本按成本管理的要求分类有:

1. 预算成本,工程预算成本反映施工企业的平均成本水平,是根据施工图纸和《工程预算定额》编制计算出来的,经过公开招标确定的工程项目中标价。

2. 计划成本,指项目经理部根据计划期内的有关资料,在实际成本发生前预先计算的成本,也就是施工企业考虑降低成本措施后的成本计划数,反映了企业在计划期内应达到的成本水平。

3. 实际成本,是施工项目在报告期限内实际发生的各项生产费用总和。

4. 按照建标 [2003]206 号关于印发《建筑安装工程费用项目组成》的通知分类,项目成本包括直接费、间接费、利润和税金。

(1) 直接费是构成工程成本的主要部分,是成本管理的重点。

①人工费是指直接从事工程施工的生产工人的基本工资、补贴、劳动保险费及属于生产工人开支的各项费用。

②材料费是指施工过程中使用的原材料、辅助材料、构配件、半成品的费用和周转材料的摊销费用,包括材料原价、供销部门手续费、包装费、材料自源地运至工地仓库或存放地点的运输装卸费用及途耗、采购保管费。材料费在直接费中占较大的比重。

③施工机械费指在施工过程中使用施工机械所发生的台班费和租赁费,以及机械安装、拆卸和进出场费用,包括折旧、大修、安拆及场外运输费,燃料、动力、人工、运输机械养路费,车船使用税及保险费。随着施工机械化程度的提高,该项费用占直接费的比重在逐步增大。

④措施费包括环境保护、文明施工、安全施工、临时设施、夜间施工、二次搬运、大型机械设备进出场及安拆、钢筋混凝土模板及支架、脚手架、已完工程及设备保护、施工排水和降水等。

(2) 间接费由企业管理费和其他间接费组成。

①企业管理费,包括管理人员工资、办公费、差旅交通费、固定资产使用费、工具用具使用费、劳动保险费、工会经费、职工教育经费、财产保险费、税金、其他等。

②规费,包括工程排污费、工程定额测定费、社会保障费、住房公积金、危险作业意

外伤害保险等。

（3）计划利润，是指施工企业完成所承包工程预计获得的赢利。

（4）税金，指按国家税法规定的应计入工程造价内的营业税、城市建设维护税及教育费附加等。

（三）施工成本管理的基本原则

施工企业在向社会提供产品和服务的同时，也必须追求自身经济效益的最大化。实行施工项目成本管理是消化市场压价让利因素，实现企业创效创牌的重要手段。实施成本管理必须执行最低成本、全员控制、动态控制、目标控制和责权利相结合五大原则：

1. 最低成本原则

施工项目成本管理的目的是降低项目成本、提高经济效益，所以通过生产要素优化组合、合理配置，利用现代化的管理技术和手段寻求并实现合理、可行的最低成本是企业成本管理工作的核心任务。

2. 全员管理原则

项目成本是一个综合指标，涉及企业各部门、各单位的责任网络以及作业班组的每一个成员。例如施工项目成本管理的体系、制度和规则需要企业上层设计制定和不断完善，施工项目成本降低的实施需要企业技术、信息、资源部门的支持和服务，施工项目成本管理体系的运行需要企业纪检、审计等部门进行监督和评价。

所以，项目成本管理不仅是企业领导、项目经理、财务和预算人员的责任，而且是企业全体员工共同的责任。

3. 动态管理原则

鉴于施工项目的一次性和不可逆转性，成本管理在确保全面的基础上应着重强调项目的中间控制，也称动态控制。工程项目施工全过程每一项活动的成本都应纳入动态控制和目标管理中，进行 PDCA 循环。每一项成本支出必须事前有计划，事后有核算、有分析、有处理，用最优化的计划和管理确保最优化的成本。

4. 目标管理原则

即把项目成本计划按分部分项工程加以逐一分解，落实到部门、班组甚至个人。目标的设定要切实可行，通过适时检查，及时发现问题，及时纠偏，使目标管理始终处于一个良性循环之中。

5. 责权利相结合的原则

按照经济规律，要使目标成本管理真正得到控制，必须贯彻责权利相结合的原则。有责有权，才能完成分担的责任；有责有利，才能增加履行职责的动力。

（四）施工成本管理流程

施工项目成本管理就是要在保证工期和质量满足要求的情况下，利用组织措施、经济措施、技术措施、合同措施把成本控制在计划范围内，并进一步寻求最大程度的成本节约。施工项目成本管理的主要流程包括：成本预测、成本计划、成本控制、成本核算、成本分析和成本考核。

1. 成本预测

成本预测就是根据成本信息和施工项目的具体情况，运用一定的专门方法，对未来的成本水平及其可能发展趋势做出科学的估计，其实质就是在施工以前对成本进行估算。通过成本预测，可以使项目经理部在满足业主和施工企业要求的前提下，选择成本控制，克服盲目性、提高预见性。因此，施工项目成本预测是施工项目成本决策与计划的依据。预测时，通常是对施工项目计划工期内影响其成本变化的各个因素进行分析，比照近期已完工施工项目或将完工项目成本，预测这些因素对施工成本中有关项目的影响程度，预测出工程的单位成本或总成本。

2. 成本计划

成本计划是以货币形式编制施工项目在计划期内的生产费用、成本水平、成本降低率以及降低成本所采取的主要措施和规划的书面方案，它是建立施工项目成本管理责任制、开展成本控制和核算的基础。一般来说，一个施工项目成本计划应包括从开工到竣工所必需的施工成本，它是该施工项目降低成本的指导文件，是设立目标成本的依据。可以说，成本计划是目标成本的一种形式。

3. 成本控制

成本控制"是直接控制成本发生的原因而不是成本本身，通过控制成本动因而使成本得到长期管理"。施工成本控制是指在施工过程中，对影响施工项目成本的各种因素加强管理，并采用各种有效措施，将施工中实际发生的各种消耗和支出严格控制在成本计划范围内，随时对比并及时反馈，严格审查各种费用是否符合标准，计算实际成本和计划成本差异，并进行分析，消除施工中的损失浪费现象，发现和总结先进经验。施工成本控制应贯穿施工项目，从投标阶段开始直到项目竣工验收的全过程，它是企业全面成本管理的重要环节。

4. 成本核算

成本核算是指根据整理的施工原始记录，按照规定开支范围对施工费用进行归集，计算出施工费用的实际发生额，并根据成本核算对象，采用适当的方法，计算出施工项目的总成本和单位成本。施工项目核算所提供的各种成本信息是成本预测、成本计划、成本分析和成本考核等各个环节的依据。

5. 成本分析

对企业成本进行分析的目的是为了"将企业内部资源和技能等要素与由外部因素造成的机会与风险进行匹配"。施工成本分析是在成本形成过程中，对施工项目成本进行的对比评价和总结工作，它贯穿施工成本管理的全过程，主要利用施工项目的成本核算资料，与计划成本、预算成本以及类似施工项目的实际成本等进行比较，了解成本的变动情况，同时也要分析主要技术经济指标对成本的影响，系统地研究成本变动原因，检查成本计划的合理性，深入揭示影响施工项目成本升降的内部因素。

6. 成本考核

成本考核是指施工项目完成后，对施工项目成本形成的责任者，按照施工项目成本目标责任制的有关规定，将成本的实际指标与计划、定额、预算进行对比和考核，评定施工项目成本计划的完成情况和各责任者的业绩，并以此给予相应的奖励和处罚。通过成本考核，改善成本管理状况，做到有奖有罚，奖罚分明，有效地调动企业的每一个员工在各自的施工岗位上努力完成目标成本的积极性，为降低施工项目成本和增加企业的积累，做出贡献。

二、施工项目成本管理影响因素

影响施工项目成本管理的因素很多，既有外部原因，也有内部管理原因，既有客观原因，也有主观原因。此处罗列了 8 个主要方面的影响因素。

（一）招投标对成本的影响

招投标是市场经济中的一种竞争方式，是公路建设市场的一种交易行为，在理论上符合商品经济和价值规律的基本原理。实行高速公路建设项目招投标，对于创造择优的竞争环境、提高企业经济效益、全面降低工程成本，进而使工程造价得到合理有效的控制，具有十分重要的意义。

对于施工企业和项目经理部来讲，合理的标价是企业和项目得以生存和发展的首要条件。由于市场竞争的日益激烈，在招投标过程中各投标单位为了能够中标，竞相压低报价，使得工程造价不断降低。这对于建设项目单位（或业主）来讲是比较有利的，可以尽可能地节约资源的消耗；但对于施工企业和施工项目来讲，若低于成本价中标，则是非常的不利，不仅会给企业和项目带来严重亏损，还会影响工程质量，甚至使施工企业的信誉受损。

因此，在招投标的过程中，高速公路施工企业必须充分考虑企业自身的技术和经济实力、管理水平、市场价格等各因素，以合理的标价中标。只有这样，企业和项目才有管理的立足点，才能从管理中要效益，成本管理也才能发挥其效果。否则，中标价格若低于成本，会造成严重亏损，那时企业和项目连生存和发展都难以实现，也就谈不上成本管理，更别说提高经济效益了。

（二）施工方案对成本的影响

施工方案主要指施工方法（特别是冬季和雨季施工以及技术复杂的特殊施工方法）、施工程序（施工顺序及工序之间的衔接），以及决定采用的新技术、新工艺、新材料和新设备、技术安全措施、质量保证措施等。

施工项目中标后，施工单位必须结合施工现场的实际情况制定技术上先进可行、经济上合理和施工安全有保证的施工方案。由于施工方案涉及内容较为广泛，并且涵盖了项目施工的整个过程，其中任何一项内容不合理，都会对项目成本有所影响。同时，在项目施工的过程中，对于出现的新情况和新问题要及时分析其原因，并对施工方案进行修正和调整，从而实现成本管理的目标。

（三）施工进度对成本的影响

公司越来越视时间为竞争的关键因素，做事快有助于增加收入和降低成本。一个工程项目能否在预定的时间内交付使用，直接关系到投资效益的发挥，因此，对工程项目进度进行有效的控制，使其顺利达到预定的目标，是项目管理实施过程中的一个必不可少的重要环节。

进度控制的最终目的是确保项目进度目标的实现，工程项目进度控制的总目标是建设工期，因此合理制订施工进度目标并确保其实现，往往对项目的经济效益产生很大的影响。进度加快，需要增加资源（人力、物力、财力）的投入，但间接费用则会降低；但是若为了减少资源的投入而造成施工进度延缓，则有可能会影响项目的交付使用，即总工期延长了，同时造成其他成本费用的增加而得不偿失。所以施工进度与项目成本必须同时兼顾，在项目实施的各个阶段分别制订进度计划并付诸实施、对出现的偏差及时进行分析和调整，同时也要将因此而发生的成本费用控制在最小的范围之内，从而达到施工项目的既定目标。

（四）施工质量对成本的影响

"百年大计，质量第一"，这是人们对建设工程质量重要性的高度概括。工程质量是基本建设效益得以实现的基本保证。从我国高速公路项目建设近20年的发展历程上看，尽管高速公路项目建设的质量要求越来越严格，但每年由于质量问题而造成的项目建设成本上升及企业整体效益受损的比例仍高居不下。究其原因，可以归结为是项目建设系统的环境影响和施工企业对工程质量与成本的关系认识不足，片面追求项目成本的最低化及项目建设工期目标的完成所致。这不仅给企业甚至国家都造成了人力、物力、财力上的巨大浪费，而且给企业在市场竞争和生存的能力上带来了巨大压力。

从整体和长远来看，提高工程质量与降低工程成本是统一的。没有质量，就没有效益。施工项目必须建立健全质量保证体系、质量管理制度等，强化质量管理，寻找质量保障投入与成本支出的最佳平衡点。

（五）施工安全对成本的影响

施工安全涉及施工现场所有的人、物和环境，凡是与生产有关的人、单位、机械、设备、设施、工具等都与安全生产有关。安全管理工作贯穿于工程项目施工生产的全过程，存在于每个分部分项工程、每道工序中。施工项目生产的特点决定了组织安全施工的特殊性。施工安全管理做的是否到位，安全管理活动是否发挥了作用，对施工进度、施工质量、施工成本以及施工项目的最终效益都有很大的影响，尤其是在高速公路路基工程中的桥梁作业、深基坑开挖、水下作业等高危险的工序中。所以通过对生产因素状态控制，消除或减少生产因素不安全行为和状态，尤其是消除或减少使人受到伤害的事故，不仅可以减少不必要的人、财、物等资源消耗和工程工期保障，也会使项目效益目标的顺利实现得到充分保证。

（六）变更与索赔对成本的影响

变更指的是合同变更，它包括工程设计变更、施工方法变更、工程量的增减等。对于公路建设项目实施过程来说，变更是客观存在的。特别是当工程量变化超出招标时工程量清单的 20% 以上时，可能会导致项目部的施工现场人员不足，需增加人工的投入。也可能会导致项目部的施工机械设备失调。工程量的增加，往往要求项目部增加机械设备数量等，人工和机械设备的需求增加，则会引起项目额外的经济支出，这样就会扩大工程成本。反之，若工程项目被取消或工程量大减，又势必会引起项目部原有人工和机械设备的窝工和闲置，造成资源浪费，导致项目的亏损。

索赔是成本管理中非常重要的组成部分，是指根据合同及法律规定，合同一方因对方不履行或未能正确履行合同对规定的义务而遭受损失，受损方可以就遭受的实际损失凭有关证据要求对方给予补偿。在施工项目中，实际损失可能表现为成本的增加、工期的延误和利润的损失等。公路建设工程往往具有工期长、规模大、技术复杂等特点，在施工过程中，由于受到基础施工地基条件的不确定性、气候条件复杂多变及市场波动等与设计内容不相符因素的影响，会造成工程量的增加、工程进度延缓以及临时停工或施工中断，从而导致成本费用的增加。随着市场竞争的加剧，搞好索赔管理越来越成为体现项目成本控制水平高低的重要内容。工程索赔形成于施工的全过程、全方位，是施工项目挽回成本损失、增加企业效益的重要手段，因此必须重视索赔工作。

（七）物价变动对成本的影响

在愈加激烈的市场竞争中，高速公路施工企业要想立于不败之地，必须充分掌握市场动态，广泛组织经营活动，以尽可能少的资源消耗完成满足要求的建设工程项目。而价格是市场中最活跃的因素，它能够灵敏地反映市场供求状况和动向。施工项目部要在约定工期内完成建设工程项目，必须投入大量的人力、物力和财力，而市场价格的变动则会直接影响到其投入资源的多少，即影响项目的成本费用。在路基工程施工中，尤其是大量钢材、水泥、砂、石灰等材料的投入，施工价格变动对成本的影响尤为突出。

（八）企业管理水平对成本的影响

施工企业作为市场的主体，处在日益激烈的竞争中，其生存与否，完全取决于对市场的适应能力，所以施工企业的经营管理水平必须满足市场竞争的需要。一个企业如果没有先进的管理理念、没有科学的管理方法、没有有效的管理制度，要想获得经济效益是不可能的。而成本管理作为企业经营管理系统的一个部分，其效果的好坏，直接反映出企业经营管理水平的高低。由于高速公路建设项目具有一次性的特点，管理活动贯穿于施工过程的始终，任何一个环节的纰漏，都可能会造成工程项目成本的增加，因此，要降低成本，提高项目的经济效益，必须重视企业管理者素质和整体管理水平的提高。

三、施工项目成本管理的主要方法

（一）工程成本分析法

工程成本分析法主要是针对工程成本控制而采取的一种方法。即在成本控制中，对已发生的项目成本进行分析，分析成本节约或超支的原因，从而达到改进管理工作，提高经济效益的目的。具体分析有以下两种：

1. 工程成本的综合分析

成本项目的综合分析是对施工单位年度实际成本与预算成本的对比分析。按成本项目的综合分析，项目成本由项目的人工费、材料费、施工机械使用费、措施费和间接费等构成。通过项目综合分析，可以发现项目成本降低或超支的主要原因，以便采取相应的对策，将成本控制在目标范围之内。

2. 工程成本的具体分析

工程成本的具体分析可分为人工费用分析、材料费分析、施工机械使用费分析、措施费用分析、间接费分析等几种。以人工费用为例，人工费用就是工程工作日数和平均日工资的乘积，预算与实际的差异越大，人工费用的偏差就越大。通过对人工费用的分析，可以从预算和实际的差异中，了解项目成本的控制情况，以便出现问题时可以及早加以解决，或者有好的经验时可以及时总结并加以推广。

（二）责任成本法

责任成本是按照项目的经济责任制要求，在项目组织系统内部的各责任层次，进行分解项目全面的预算内容，形成责任预算，称为责任成本。责任成本划清了项目成本的各种经济责任，对责任预算的执行情况进行计量、记录、定期做出业绩报告，是加强工程项目成本管理的一种科学方法。责任成本管理要求在企业内部建立若干责任中心，并对他们分工负责的经济活动进行规划与控制，责任中心按其控制区域和责任范围的大小，可分为成本中心、利润中心和投资中心。在项目组织里，项目管理部、工程队、班组都是一个成本中心；项目经理部中的有关部门，如财务、技术、材料等也是一个成本费用中心。根据责任中心的划分，确定不同层次的"责任预算"，从而确定其责任成本，进行管理和控制。

各职能部门的责任成本主要表现为与职能相关的可控成本。施工技术部门制定的项目施工方案必须是技术上先进、操作上切实可行，按其施工方案编制的预算不能大于项目的目标成本；材料部门对项目所用材料的采购价格基本不超过项目的目标成本中的材料单价，材料的供应数量不能超过目标成本所需数量，材料质量必须保证工程质量的要求；机械设备部门的机械组织施工做到充分发挥机构机械的效率，保证机械使用费不超过目标成本的规定；质量安全部门保证工程质量一次达到交工验收标准，没有返工现象，不出现列入成本的安全事故；财务部门负责项目目标成本中可控的间接费成本，负责项目分年、季度间接费计划开支计划的制订，不得超过规定标准。

（三）偏差分析法

偏差分析法也称挣值法，它通过测量和计算已完成的工作预算费用与已完成工作的实际费用和计划工作的预算费用，得到有关计划实施的进度和费用偏差，而达到判断项目预算和进度计划执行情况的目的。项目成本管理中的偏差分析法，是在制订出计划成本的基础上，通过找出计划成本与实际成本之间的偏差和分析产生偏差的原因与变化发展趋势，进而采取措施以减少或消除不利偏差而实现目标成本的一种科学方法。

在项目成本管理中，进行成本控制的偏差可分为三种：第一是实际偏差，即项目的预算成本与实际成本之间的差异；第二是计划偏差，即项目的计划成本与预算成本之间的差异；第三是目标偏差，即项目的计划成本与实际成本之间的差异。它们的计算公式如下：

实际偏差 = 实际成本 - 预算成本

计划偏差 = 预算成本 - 计划成本

目标偏差 = 实际成本 - 计划成本

偏差分析法的目的是尽量减少目标偏差。目标偏差越小，说明控制效果越好。它要求在项目施工过程中定期地（如每日或每周），不间断地寻找和计算三种偏差，并以目标偏差为对象进行控制。通常寻找偏差可用成本对比方法进行，通过在施工过程中不断记录实际发生的成本费用，然后将记录的实际成本与计划成本进行比较，从而发现目标偏差，最终纠正偏差。

（四）作业成本法

1. 作业成本计算的基本原理

作业成本计算的基本原理实际上就是：成本对象消耗作业，作业消耗资源，即成本对象引起作业需求，而作业需求又引起资源的需求。用作业成本法计算产品成本时，需要将着眼点从传统的"产品"上转移到"作业"上，以作业为核算对象。首先根据作业引起资源的消耗，将资源成本归集到作业。作业耗用资源的过程意味着成本发生，也就是说，作业是导致资源消耗的直接原因；其次，根据作业动因把作业成本分配到成本对象，而成本对象耗用作业，这个过程意味着有作业的实施才形成具有价值的产出。用成本归集与分配的术语来说：

（1）资源价值由于作业的需要归集到作业上；

（2）由于产出需要作业的消耗，才将作业成本分配给成本计算对象；

总之，作业成本计算不仅仅对成本对象的成本进行控制，而是把成本发生的前因后果作为着眼点与着重点，并以作业为核心，以资源的消耗为导线，研究和分析所有作业活动，对最终成本对象形成过程中所发生的作业成本进行有效的控制。所以，作业成本计算并不是"就成本论成本"，而是把重点放在作业及其动因上，充分体现了战略成本管理的思维。

2. 作业链与价值链

作业链即一系列作业的集合体。实际上，企业本身就是一个由此及彼、由内到外的作业链。企业完成的每一项作业都要消耗资源，而随着作业的产生又形成一定价值，并且转移到下一个作业中去，直至形成最终的产品，提供给外部顾客。

价值链是指开发、生产、营销和向顾客交付新产品和劳务所必需的一系列价值的集合。作业发生的一系列过程中，伴随着价值的形成，也就形成了价值链。价值链是作业链的价值表现形式。但是，在企业的作业链中，并不是所有的作业都能够创造价值。那些不能创造价值的作业，称为不增值作业，对企业或顾客没有用处，还消耗了资源，所以必须消除。这就要求企业不断地对每一项作业进行动因分析，判别哪些是增值作业，哪些是不增值作业，尽量消除那些不增值作业；同时，对于增值作业也要找到使其资源消耗最低的方法和途径，从而提高作业效益，增加企业价值。这种不断完善企业"作业链—价值链"的过程，就是"作业链—价值链"的优化过程，通过这种优化，最大限度地提高企业的整体经济效益，进而不断提高企业的市场竞争优势。

（五）目标成本法

目标成本管理是现代企业管理的重要手段之一，是将目标管理的一套思想和方法，应用于成本管理中，形成成本管理的一种新思想、新方法。是指企业在成本经营活动中，把成本目标从企业目标体系中抽取出来，用它来指导、规划和控制成本的发生和费用的支出，借以达到降低成本耗费、提高资本增值的目的。在施工项目成本管理中实行和运用目标成本管理，对于严格限制项目的各项成本支出、提高企业的经济效益和工程项目的管理水平、发挥员工的积极性等，都有着重大的意义。

施工项目目标成本管理的基本思想是：从工程项目中标开始，即处于目标锁定状态，工程施工的一切活动都以目标为导向，而工程施工的最终结果也是以完成目标的程度来评价。其目的在于从企业内部挖掘潜力、节约资源，降低消耗和增加效益，使广大员工增强成本意识，充分发挥积极性、主动性、创造性，为增强企业竞争力、提高企业经济效益做贡献。

施工项目目标成本管理可以分为三个阶段：目标成本确立和分解阶段、目标成本控制阶段、目标成本的考核和改善阶段。根据工程项目的施工特点，整个项目的施工成本是以工程项目为中心展开的，因而项目施工成本的目标制定、实施以及达成都应是一个完整的系统，从根源上限制了施工成本的支出额度，通过不断地设定目标、分解目标、达成目标，最终实现对施工成本的有效控制。

第二章　路桥规划设计

第一节　公路的规划设计

一、公路规划设计的必要性及关键问题分析

（一）开展公路规划工作的必要性

1. 开展公路规划工作是满足公路实用性要求的必然选择

公路在交通运输中属于重要的载体，是交通运输中的一种重要形式，其重要地位不言而喻，为了使公路规划科学合理，同时满足地方经济对公路的需求，我们必须开展公路规划工作。

2. 开展公路规划工作是提升公路功能性的必要手段

考虑到公路在交通运输中的特殊地位，我们在公路建设过程中应满足公路的实际需要，应以提升公路的交通运输功能为主要目标。因此，我们只有开展公路规划工作才能保证公路功能性的提升。

3. 开展公路规划工作是提高公路使用效率的必要措施

公路在建成之后，只有与现有公路连通才能提高使用率，才能发挥公路的积极作用。因此我们应在公路建设之前，开展公路规划工作，将提高公路的使用效率作为重要的任务。

（二）公路规划的关键问题分析

1. 城区公路规划

首先，在市政公路设计前，应对城市总体规划进行分析。了解城市交通压力较大区域的周边环境、了解新建城区不同区域的功能。通过对区域功能的了解，对其周边交通流量进行基础估算，在此基础上进行公路设计，以此实现市政公路满足交通需求的目的。在进行新建城区公路设计时，应考虑区域环境对公路的影响，合理设计道路宽度与公路交通走向。

在进行老城区道路改造设计中，应首先加强对原有交通流量的调研。熟悉老城区周边商业、住宅情况，在原有基础上进行合理的道路扩建或改建。在设计过程中，除注重道路交通通行能力外，还应考虑老城区绿化面积小、道路绿化对道路影响等问题。从道路扩建、绿化强化等方面着手进行老城区道路的设计。通过路旁绿化、人行道路绿化等，增加老城区绿化面积。通过绿化面积的增加，实现利用绿化带隔离噪音、吸附灰尘的目的，实现老城区生态环境的改善。为了改善老城区交通拥堵现象，在进行老城区市政公路设计时还应加强对老城区住宅小区出行路口的设计。通过住宅小区出行路口的规划，有效避免小区进出车辆过程对道路交通通行能力的影响。

针对现代老城区改造中住宅小区改造造成的通行压力，市政公路设计过程中还应考虑现代车辆承载力对道路的影响。在市政公路设计过程中考虑老城区改造大吨位运输车辆对道路的影响。改造设计中，以提高市政公路承载力、提高市政公路设计标准等方式满足现代城市市政公路高承载力、高速行驶的需求。

2. 公路通过小城镇的策略

公路线路与小城镇的联系和位置分两种情况，即公路穿越小城镇和绕过城镇。采用哪种布置方式要根据公路的等级、过境交通和入境交通的流量、城镇的性质与规模等因素来确定。

公路穿越城镇：公路穿越城镇造成公路与城镇之间的相互干扰，但对过境公路穿越城镇也不能盲目外迁，要根据实际情况综合考虑。对交通量不大的过境公路，可以适当拓宽路面，在镇区内路段可以改造为城市型道路，做到一路两用；但要结合城镇用地布局的调整，严格控制公路两侧建设项目，尽量减少交通联系，并且不宜作为小城镇的生活性干道。

过境公路绕过城镇：对于等级较高、交通量较大的过境公路，一般应绕城镇通过。过境公路与城镇的联系有以下两种方式：

①将过境公路以切线方式通过城镇。这种方式通常是将现状穿越城镇中心区的过境公路改道，迁至城镇边缘绕城而过；②过境公路的等级越高且经过的城镇越小，通过该城镇的车流中入境的比重越小，过境公路宜远离城镇为宜，其联系可采用辅助道路引入。

3. 公路的通行流向规划

作为市政公路设计与规划的重要内容，老城区道路规划对市政道路通行能力有着重要的影响。在市政公路设计过程中，除需要考虑现代道路设计标准提高需求外，还应注重道路通行流向对交通通行能力的影响。通过科学规划市政道路实现公路交通通行能力的提高。以城市高架桥引桥分流为例。近年来我国各城市高架桥建设不断增加，但是高架桥的实际通行改善能力有限。就其原因是高架桥下桥引桥分流限制了高架桥的通行运输能力。因此，现代市政公路设计过程中，不能单纯地依靠道路拓宽缓解通行压力。应从综合因素考虑入手，有效利用原有道路。通过对道路交通单行、流向的科学规划设计实现道路通行能力的提高，促进城市公共交通能力的提高。

二、公路规划设计注意事项

（一）针对公路设计建设需求注重设计材料以及公路结构设计

现代公路行车速度、载重量要求的不断提高使得公路设计过程中必须注重相关标准的选择以及材料、结构设计等注意事项。通过针对公路设计建设需求开展的设计工作保障公路设计能够满足使用需求，为延长公路使用寿命、降低公路使用养护费用奠定基础。在公路设计过程中，设计单位应针对设计建设需求对材料的选择、公路结构设计等进行重点关注。以科学的设计以及相关注意事项的关注提高设计质量，促进我国公路设计与建设行业的发展。

（二）针对现代高速行车注重公路与桥梁连接处的设计

针对现代公路建设标准中对汽车行驶速度要求的提高，公路设计过程中必须注重路桥连接处的设计。通过科学的设计减少路桥连接处不均匀沉降造成的"跳车"现象，以此提高公路行车安全性与舒适性。目前，常用的路桥连接处设计有强化台背回填材料选择、台背搭板设置等方式。以科学的连接处设计避免不均匀沉降的发生，提高公路行车安全性与舒适性。针对桥台与路基沉降差产生的原因，在路桥连接处的设计时还要针对其产生的原因进行针对性设计与标注。严格要求施工企业按照设计要求进行施工，以此提高公路设计与施工质量。

（三）针对现代公路建设环境评价需求注重公路设计注意事项

随着我国环保意识的提高以及环保工作的开展，在现代公路设计中还需要注重公路设计、建设与使用对周边环境的影响。将环评理论知识与公路设计知识相结合。将生态人文景观、植被边坡等技术运用到公路设计当中。以生态环境评价需求为基础注重设计过程中公路工程对环境的影响。将科学的生态环境保护理论与公路设计理论相结合，促进公路工程与生态环境的和谐发展，促进我国公路建设行业的发展。

（四）以人为本进行公路设计

在现代公路设计中应更加注重以人为本理念的应用。针对高速公路等封闭道路长期驾驶以造成视觉疲劳、思想疲劳的问题，现代公路设计中应通过边坡景观设计、路面颜色设计以及顺应周边环境的景观设计等帮助驾驶者缓解视觉疲劳，提高公路行车安全性。

三、公路路线设计

（一）公路路线设计的基本要求

公路路线设计应根据公路的等级及其使用任务和功能，合理地利用地形，正确运用技术标准，保证线形的均衡性。不同的路线方案，应对工程造价、自然环境、社会环境等重大影响因素进行多方面的技术经济论证，在条件许可时，应尽量选用较高的技术指标。路线设计中对公路的平、纵、横三个面应进行综合设计，保证路线的整体协调，做到平面顺适、纵坡均衡、横面合理；应考虑车辆行驶的安全舒适性以及驾驶人员的视觉和心理反应，引导驾驶人员的视线，保持线形的连续性，避免采用长直线，并注意与当地环境和景观相协调。

1. 公路路线与地形类别

公路路线根据所处地理位置的不同可分为平原区路线、丘陵区路线和山岭区路线，其特点如下：①平原地路线。因平原区的地面高差变化微小，其平面线形可采用较高的技术指标，尽量避免采用长直线或小偏角，但不应为避免长直线而随意转弯，在避让局部障碍物时要注意线形的连续、舒顺；②丘陵区路线。选线活动余地较大，应综合考虑平、纵、横三者的关系，恰当地掌握标准，提高线形质量。设计中应注意：第一，路线应随地形的变化布设，在确定路线平、纵面线位的同时，应注意横向填挖的平衡。同时还应注意纵向土、石方平衡，以减少废方和借方。第二，平、纵、横三个面应综合设计，不应只顾纵坡平缓，而使路线弯曲，平面标准过低；或者只顾平面直捷、纵坡平缓，而造成高填深挖，工程过大；或者只顾工程经济，过分迁就地形，而使平、纵面过多地采用极限或接近极限的指标。第三，冲沟比较发育的地段，汽车专用公路和二级公路可考虑采用高路堤或高架桥的直穿方案；三、四级公路则宜采用绕越方案；③山岭区路线。山岭地区路线一般以顺山沿河布设，必要时横越山岭。按路线通过部位的地形特征可分为以下几种线形。第一，沿河（溪）线：沿河（溪）线是沿河谷两岸布线，设计中应处理好河岸选择、线位高低和跨河地点三者间的关系。第二，越岭路线：主要指翻越岭顶的线形，在设计时，应结合水文地质情况处理好垭口选择，过岭标高和垭口两侧路线展线方案三者间的关系。越岭路线的纵坡应严格遵守《公路工程技术标准》的规定，一般不应设置反坡。第三，山脊路线：当路线走向与分水岭方向一致，且分水岭平面不迂回曲折，各垭口间的高差不过分悬殊时，可采用山脊线。选线时应处理好控制垭口、侧坡选择以及控制垭口间的平均坡度三者的关系。

2. 公路路线总体设计要点

路线基本走向应根据指定的路线走向（路线起、终点和中间主要控制点）和公路等级及其在公路网中的作用，结合铁路、航运、空运、管道的布局和城镇、工矿企业、资源状况以及水文气象、地质、地形等自然条件，由面到带，从所有可能的路线方案中，通过调查、分析、比较，确定一条最优路线方案。在路线走向和公路等级确定后，应对全线总体布局做出设计，其要点如下：根据地形特征，确定地形类别和计算行车速度；路线起终点除必须符合路网规划要求外，对起、终点前后一定长度范围内的线形必须做出接线方案和近期实施的具体设计；合理划定设计路段长度，恰当选择不同设计路段的衔接地点，处理好衔接处前后一定长度范围内的线形设计；根据交通量及运行需要确定车道数；调查沿线主要城镇规划，确定同其连接的方式、地点；调查沿线交通、社会、自然条件，确定互通式立体交叉的位置及其同连接道的连接方式；根据公路的功能，确定交通安全设施，交通管理设施，以及停车区、服务区等的布局与位置；对收费公路应在论证的基础上确定收费形式；应综合考虑互通式立体交叉、服务区、停车区、公共汽车停车站、大型桥梁、隧道等的位置和间距，以保证交通运行安全所需的最小距离；拟分期修建的工程，必须在按总体规划的技术标准做出设计之基础上，制定分期修建方案并做出分期实施的设计。

（二）公路路线设计的影响因素

1. 影响路线设计的因素

影响公路工程路线设计的因素主要有以下几点：首先，公路工程的路基是公路工程线路设计的首要阶段，同时也关系着其整体性，是工程的整体施工方案和设计水平的汇总。其次，公路路线设计的线形设计分析是多方面因素结合来考虑的，主要有线路所在的地形地势等因素，设计方案的实施和施行需要从这几方面综合考量，从而保证公路施工线路设计的质量。

2. 路线设计中的安全控制因素

公路路线设计中，安全控制因素是公路路线设计的主要因素，在规划阶段，公路的线路设计由于地形地势的影响，公路线路的整体走向需要合理地进行规范，从整体上来进行把握。而工程设计的线路和设计方案中人员实施线路的设计业有着不同的要求，线路设计的线形走向和公路的承载能力以及人员车辆对公路曲线的控制都是影响公路线形设计安全的因素，所以，公路线路规划设计必须要从整体上进行调整，从而更好地进行公路线路施工安全控制。以下通过具体案例来分析路线设计中安全控制的因素。

（1）弯道与直线的交叉事故因素

弯道与直线的交叉事故因素是影响安全控制的主要因素。平曲线是直线公路与曲线弯道交叉的部分，也是交通事故多发地，对交通安全的影响较大。车辆在行驶的过程中，由于冲力的原因，导致横向力增大，长时间行驶在这样的公路中，对车辆的损耗也相应地增加，就必然的增加了公路交通的隐患。曲线公路和普通的公路相比，出现事故的概率也更高。所以，在设计过程中，公路的曲线设计是尤其要注意的部分，为了减少公路中出现的事故，这方面也是首先要考虑的因素。

而公路发生事故的主要原因是车辆驾驶员的粗心大意造成的，行驶在弯道时，公路交叉口的车辆很容易因为驾驶人员在转弯过程中的疏忽而造成的。对于公路的现状来说，想改变这种问题而造成的交通事故，除非对公路的线路有所改变，不然驾驶员在行驶过程中，对于弯道表示的认可也不够明确，转弯过程中，即使没有疏忽，车辆的速度过快或者车辆行驶的速度较快，也都容易出现各种各样不可避免的问题，从而导致事故的发生。因此，如何对工程的整体的施工状况进行系统的分析，加强工程弯道设计的工序是整个路线设计保障性工作。对于车辆冲击力以及驾驶员的惯性行驶进行分析，最终保证工程最终的行车保障。

（2）纵坡度的路线因素的影响

在整体的高速公路的路线设计上由于对路线的整体的设计状况进行分析，将路线的状况进行整体的规整与控制，保证工程的施工质量，最终由于是在地区以及坡度的差异性进行分析，公路的整体的纵坡度进行研究，将工程的施工状况进行均衡的调整，对于山区的高发区将减少坡度的控制，在平原与丘陵地区交通地区的事故发生较低的地区的坡度控制以及对于坡度控制较高的地区进行整体的规整，对山区交通事故的原因进行分析，保证遇到紧急情况时候对于处理山区坡度的角度控制能有所调控，并将对下坡的提示警示牌调整好，避免出现因为突发事件而刹车不灵等情况的发生。

一些驾驶员为了省油，在下坡的时候容易以熄火的方式进行行驶，在整体的施工状况进行相应的调整，并把整体的施工情况进行有效的分析与调控最终达到整体的行驶协调性的控制。对一些由于地势问题而无法保证公路施工的状况进行协调，对于直接的弯道或者坡度有一些相应的标志，提前对驾驶员提醒，减少坡角事故，保障安全是非常有必要的。

（3）多线条的组合形式的因素

由于安全行车的不同要求，对路基的不同线条的限制都有所控制，由于一些不良路基线条的控制以及对于整体线条的规范性调控，最终才能遏制容易出现高发交通事故因素的发生。在不通过的线路的组合上，对于一些不良线路的控制，或是有些线条的控制，对一些线路的调控情况进行控制，最终在路线的整体规划状况进行分析与规整。还有一些是由于在直线路段的凹形纵断面的形式上，在凸形的竖曲线或者凹形的竖曲线进行相应的控制与分析，保证断背曲线的设计规划，在整体的纵坡面以及坡度的长短角度控制进行统一的协调，达到保证行车安全的目的。

有些线条的整体比较多，在线路的规划上因有利交通行车便捷，在交通的整体的规划上，因减少交通事故的发生，并对有些多线条出现事故的地方做一些相应的标记，作为提醒驾驶者的相应提醒事宜，保证多线条路段的行车安全。

（三）在线形设计中的方法分析

1. 设置适合的直线长度

为防止存在过长的直线线路的控制，减少交通安全事故的发生，因此，针对公路施工的整体线路的偏角控制，在直线过长的情况下，为防止驾驶员的单调乏味，建设与地形相适应的其他标志，减少路线设计的整体规划，提高驾驶员的安全行车性，提高驾驶员的心情舒适度，最终达到行车安全的目的。

2. 坡度设置上安全第一

对于影响交通安全事故的纵坡坡长与坡径的控制，加强对整体坡度的控制调整，在比较长坡道上设置隔离带，减少坡道的缓冲速度，加强坡度的整体控制，最终达到减少坡道的行车目的。

设置与水文地质相一致的资料，根据地质条件的整体控制，利用纵坡面的控制，减少对水文地址的整体控制、地质灾害，达到控制地质条件的目的。在加强与自然条件相配合的整体实施情况进行分析，注重道路的需求进行整体的控制，使路线的线条舒适、平、纵横的合理性设置，最终达到整体的路线调控工作，达到公路线条与自然环境相协调的景观。

第二节　桥梁的规划设计

一、桥梁规划的程序及原则

（一）桥梁规划的程序

桥梁的规划设计需考虑的因素很多，涉及工程地区的政治、经济、文化以及人文环境，特别是对于工程比较复杂的大、中桥梁，是一个综合性的系统工程。因此必须建立一套严格的管理体制和有序的工作程序。在我国，基本建设程序分为前期工作和正式设计两个大步骤。

1. 预可行性研究阶段

预可行性研究阶段着重研究建桥的必要性以及宏观经济上的合理性。在预可行性研究阶段研究形成的"预可工程可行性研究报告书"（简称"预可报告"）中，应从经济、政治、国防等方面，详细阐明建桥理由和工程建设的必要性与重要性，同时初步探讨技术上的可行性。对于区域性线路上的桥梁，应以建桥地点（渡口等）的车流量调查（计及国民经济逐年增长）为立论依据。

预可行性研究阶段的主要工作目标是解决建设项目的上报立项问题，因而，在"预可报告"中，应编制几个可能的桥型方案，并对工程造价、资金来源、投资回报等问题有初步估算和设想。设计方将"预可报告"交业主后，由业主据此编制"项目建议书"报主管上级审批。

2. 可行性研究阶段

在"项目建议书"被审批确认后，着手工程可行性研究（简称可行性研究）阶段的工作。在这一阶段，着重研究选用和补充制定桥梁的技术标准，包括：设计荷载标准、桥面宽度、通航标准、设计车速、桥面纵坡、桥面平纵曲线半径等，应与河道、航运、规划等部门共同研究，以共同协商确定相关的技术标准。

在可行性研究阶段，应提出多个桥型方案，并按交通部《公路基本建设工程投资估算编制办法》估算造价，对资金来源和投资回报等问题应基本落实。

3. 初步设计

初步设计应根据批复的可行性研究报告、勘测设计合同和初测、初勘或定测、详勘资料编制。初步设计的目的是确定设计方案，应通过多个桥型方案的比选，推荐最优方案，报上级审批。在编制各个桥型方案时，应提供平、纵、横面布置图，标明主要尺寸，并估算工程数量和主要材料数量，提出施工方案，编制设计概算，提供文字说明和图表资料。初步设计经批复后，即成为施工准备、编制施工图设计文件和控制建设项目投资等的依据。

4. 技术设计

对于技术上复杂的特大桥、互通式立交或新型桥梁结构，需进行技术设计。技术设计应根据初步设计批复意见、勘测设计合同的要求，对重大、复杂的技术问题通过科学试验、专题研究、加深勘探调查及分析比较，进一步完善批复的桥型方案的总体和细部各种技术问题以及施工方案，并修正工程概算。

5. 施工图设计

施工图设计应根据初步设计（或技术设计）批复意见、勘测设计合同，进一步对所审定的修建原则、设计方案、技术措施加以具体和深化。在此阶段中，必须对桥梁各种构件进行详细的结构计算，并且确保强度、刚度、稳定性、裂缝、变形等各种技术指标满足规范要求，绘制施工详图，提出文字说明及施工组织计划，并编制施工图预算。

国内一般（常规）的桥梁采用两阶段设计，即初步设计和施工图设计，对于技术简单、方案明确的小桥，也可采用一阶段设计，即施工图设计。对于技术复杂的大型桥梁，在初步设计之后，还需增加一个技术设计阶段，在这一阶段要针对全部技术难点，进行如抗风、抗震、受力复杂部位等的试验、计算及结构设计，然后再做施工图设计。

（二）桥梁设计的一般原则

桥梁是道路交通的重要组成部分，桥梁设计、建造的规模代表了一个国家（地区）的科技和经济发展的水平。特别是大、中桥梁的建设，对当地政治、经济、国防等都具有重要意义。我国公路桥梁设计的基准期为 100 年，科学合理、因地制宜地进行总体规划和设计，是桥梁建设的百年大计。因此，桥梁设计与规划必须遵照"安全、适用、经济、美观"的基本原则进行，同时应充分考虑建造技术的先进性以及环境保护和可持续发展。

1. 安全性

（1）所设计的桥梁结构在强度、稳定和耐久性方面应有足够的安全储备。

（2）防撞栏杆应具有足够的高度和强度，人与车流之间应做好防护栏，防止车辆危及人行道或撞坏栏杆而落到桥下。

（3）对于交通繁忙的桥梁，应设计好照明设施并有明确的交通标志，两端引桥坡度不宜太陡，以避免因发生车辆碰撞等而引起的车祸。

（4）对于河床易变迁的河道，应设计好导流设施，防止桥梁基础底部被过度冲刷；对于通行大吨位船舶的河道，除按规定加大桥孔跨径外，必要时设置防撞构筑物等。

（5）对于修建在地震区的桥梁，应按抗震要求采取防震措施；对于大跨柔性桥梁，尚应考虑风振效应。

2. 适用性

（1）桥面宽度能满足当前以及今后规划年限内的交通流量（包括行人通行）。

（2）桥梁结构在通过设计荷载时不出现过大的变形和过宽的裂缝。

（3）桥跨结构的下面有利于泄洪、通航（跨河桥）或车辆和行人的通行（旱桥）。

（4）桥梁的两端方便于车辆的进入和疏散，而不致产生交通堵塞现象等。

（5）考虑综合利用，方便各种管线（水、电气、通信等）的搭载。

3. 经济性

（1）桥梁设计应遵循因地制宜、就地取材和方便施工的原则。

（2）经济的桥型应该是造价和养护费用综合最省的桥型。设计中应充分考虑维修的方便和维修费用少，维修时尽可能不中断交通，或中断交通的时间最短。

（3）所选择的桥位应是地质、水文条件良好，并使桥梁长度较短。

（4）桥位应考虑建在能缩短河道两岸的运距，以促进该地区的经济发展，使其产生最大的效益。对于过桥收费的桥梁应能吸引更多的车辆通过，达到尽快回收投资的目的。

4. 美观性

一座桥梁应具有优美的外形，而且这种外形从任何角度看都应该是优美的。结构布置必须精炼，并在空间上有和谐的比例。桥型应与周围环境相协调。合理的结构布局和轮廓是桥梁美观的主要因素，另外，施工质量对桥梁美观也有很大影响。

5. 技术先进

在因地制宜的前提下，桥梁设计应尽可能采用成熟的新结构、新设备、新材料和新工艺。在注意认真学习国内外的先进技术，充分利用最新科学技术成就的同时，努力创新，淘汰和摒弃原来落后和不合理的设计思想。只有这样才能更好地贯彻适用、经济、安全、美观的原则，提高我国的桥梁建设水平，进而赶上和超过世界先进水平。

6. 环境保护和可持续发展

桥梁设计应考虑环境保护和可持续发展的要求。从桥位选择、桥跨布置、基础方案、墩身外形、上部结构施工方法、施工组织设计等多方面全面考虑环境要求，采取必要的工程控制措施，并建立环境监测保护体系，将不利影响减至最小。

二、桥梁的总体设计

（一）桥梁平面设计

桥梁平面设计包括平面线形布置及桥面宽度确定。

桥梁的线形及桥头引道要保持平顺，使车辆能平稳地通过。高速公路和一级公路上的大、中桥，以及各级公路上的小桥的线形及其与公路的衔接，应符合路线布设的规定。

二、三、四级公路上的大、中桥线形，一般为直线，如设计成曲线桥梁时，其各项指标应符合路线布设规定。

从桥梁本身的经济性和施工方便来说，应尽可能避免桥梁与河流或与桥下路线斜纹，但对于一般小桥，甚至中桥，为了改善路线线型，或城市桥梁受原有街道的制约时，也常常修建斜交桥，斜度通常不宜大于 45°，在通航河流上则不宜大于 5°。

1. 平面线形

二级及以下公路小桥涵平面布置应服从路线整体线形设计要求，桥梁平面线形必须与桥头引道平面线形相配合。通航河流上桥梁平面线形宜采用大半径曲线（一般宜采用极限最小平曲线半径的 4 ~ 8 倍），以便于桥上平纵组合，降低桥头引道的高度。且要求桥墩（台）沿水流方向的轴线与通航水位水流方向一致，必须斜交时，交角不宜大于 5°。

山区公路桥涵平面布置服从路线整体线形设计要求，可以减少展线长度、大大节省工程量。

平原地区二级及以下公路特大桥、大桥、中桥平面线形原则上应服从路线走向，桥路综合考虑，尽量将桥轴线保持为直线。

2. 桥面宽度

桥面净空：桥梁人行道、行车道上符合公路建筑限界，保证行车安全的最小空间。

桥面净宽：是指桥梁建筑限界的横向宽度，它包括行车道宽度和侧向宽度（二级及以下公路为土路肩宽度减去 0.25m）之和。上承式桥梁桥面净空的净高没有限制，故桥面净空即指桥面净宽。

桥面宽度：是指桥面宽度与护栏（栏杆、缘石、安全带等）宽度及护栏外侧宽度之和。平微区二级路上的特大桥及大桥等造价较高的桥梁，其侧向宽度可适当减小。

城镇附件桥梁桥面宽度可适当加宽，必须设置人行道或非机动车道时，应计入建筑限界范围内。人行道宽度一般为 0.75m 或 1.0m，大于 1.0m 时按 0.5m 的倍数递增。非机动车道宽度为 1 ~ 2.5m。

（二）桥梁纵断面设计

桥梁纵断面设计包括桥梁跨度和孔径的确定、桥梁配跨、桥下净空及桥面中心线标高的确定、桥梁及引道纵坡设计等内容。

1. 桥梁跨度和孔径的确定

（1）桥梁跨度和孔径的影响因素很多，需要结合各种因素进行综合分析，并经过多方面协商后确定。现将各影响因素影响情况简述列于表 2-2-1。

表2-2-1 桥梁跨度和孔径影响因素

影响因素		影响情况
水文计算	设计洪水频率	二级路特大、大中桥 1/100，小桥涵 1/50 三级路特大桥 1/100、大中桥 1/100，小桥涵 1/50
	墩台稳定	总冲刷深度包括： 1. 河床自然演变冲刷（调查分析） 2. 一般冲刷（分黏性土、非黏性土；河滩、河槽） 3. 局部冲刷（分确定、桥台……）
	通航或漂浮物	1. 通航河流梁底高程应保证桥下净空符合通航标准； 2. 不通航河流梁底高程应保证漂浮物顺畅通过桥孔
地形地物	峡谷平原	山区河流一般不宜压缩河床，平原区宽浅河流一般允许压缩河床
	障碍物	桥梁所跨越公路、铁路、管道等构造物应满足其建筑限界的要求；跨越双车道公路，不得在行车道中间设置桥墩
堤防	水利部门意见	应特别注意水利、河道管理部门意见，充分协商，往往具有决定性的影响
	水流化及雍水	雍水对村镇、农田及堤防等安全的影响；水流变更对河岸的不利作用
	堤内排洪	堤防防洪标准低于设计频率，洪水漫堤后的排洪措施
经济	基础形式	深基础允许较大冲刷、可压缩桥上泄洪面积，浅基则反之
	最大填土高度	软土地基上桥头路堤高度的限制。地基处理与延长桥梁造价比较
	地质条件	地质不良地段设置的代价

注：①基础冲刷深度验算设计洪水频率提高：对于二级公路特大桥采用 1/300；
三、四级公路工程艰巨、修复困难的大桥采用 1/100。
②岩性河床桥梁墩、台基底最小安全值。
③提高设计洪水频率，验算基础冲刷深度不超过基底埋深即可。

（2）对于一般跨河桥梁，总跨径可参照水文计算来确定。桥梁的总跨径必须保证桥下有足够的排洪面积，使河床不致遭受过大的冲刷。另一方面，根据河床土壤的性质和基础的埋置情形，设计者应视河床的允许冲刷程度，适当缩短桥梁的总长度，以节约总投资。由此可见，桥梁的总跨径应根据具体情况经过全面分析后加以确定。例如，对于在非坚硬岩层上修筑的浅基础桥梁，总跨径应该大一些而不使路堤压缩河床；对于深埋基础，一般允许较大的冲刷，总跨径就可适当减小。山区河流一般河床流速本来已经很大，则应尽可能少压缩或不压缩河床；而对于平原区的宽滩河流虽然可允许较大的压缩，但必须注意雍水对河滩路提以及附近农田和建筑物可能造成的危害。

2. 桥梁配跨

在已定桥长和满足上述确定孔径基本要求的基础上，需要进一步明确桥孔划分和布置，其影响因素简述列于表 2-2-2。

表2-2-2 桥孔划分和布置影响因素

影响因素	造价	当地建桥习惯	施工条件	综合技术经济比较	美观
影响情况	上下部结构总造价最低	当地多年设计、施工、管理经验形成的选择桥梁结构形式和跨径的习惯思想	工期和施工地物的水平与设备条件	几种不同跨径布置的概略技术经济比较，确定桥梁的一般经济跨径	尽量满足桥梁美学要求

对于一座较长的桥梁，应当分成几孔，各孔的跨径应当多大，这不仅影响到使用效果、施工难易等，并且在很大程度上关系到桥梁的总造价。跨长愈大、孔数愈少，上部结构的造价就很高，墩台的造价就减少；反之，则上部结构造价降低，而墩台造价将提高。这与桥墩的高度以及基础工程的难易程度有密切关系。最经济的分孔方式就是使上、下部结构的总造价趋于最低。

对于通航河流，在分孔时首先应考虑桥下通航的要求。桥梁的通航孔应布置在航行最方便的河域。对于变迁性河流，鉴于航道位置可能发生变化，就要多设几个通航孔。

在平原地区的宽阔河流上修建多孔桥时，通常在主槽部分按需要布置跨径较大的通航孔，而在两旁浅滩部分则按经济跨径进行分孔。如果经济跨径较通航要求者还大，则通航孔也应取用较大跨径。

在山区的深谷上、在水深流急的江河上，或需在水库上修桥时，为了减少中间桥墩，应加大跨径。条件允许的话，甚至可采用特大跨径单孔跨越。

在布置桥孔时，有时为了避开不利的地质段（如岩石破碎带、裂晾、溶润等），也要将桥基位置移开，或适当加大跨径。

对于某些体系的多孔桥梁，为了合理地使用材料和施工上的考虑，中孔与边孔的跨径应有合宜的比例关系。

从战备方面考虑、应尽量使全桥的跨径做得一样，并且跨径不宜太大，以便于暂时抢通和修复。

对于大桥施工，深水基础工程往往对工期起控制作用，在此情况下，从缩短工期出发，就应减少基础数量而修建较大跨径的桥梁。

一座桥梁既是交通工程结构物，又是自然环境的美化者，对于一些特别重要的桥梁，更应该显示出宏伟社会主义建设的时代特点。因此在整体规划桥梁分孔时必须重视美观上的要求。

总之，对于大、中桥梁的分孔是一个相当复杂的问题，必须根据使用任务、桥位处的地形和环境、河床地质、水文等具体情况，通过技术经济等方面的分析比较，才能做出比较完美的设计方案。

3. 桥梁纵断面线形、桥下净空及桥面最低高程

（1）纵断面线形

小桥和涵洞处的纵坡应按路线规定进行设计。大中桥桥上纵坡宜不大于4%，桥头引

道纵坡宜不大于5%,；位于市镇混合交通繁忙处，桥上纵坡和桥头引道纵坡均应不大于3%，桥头两端引道纵断面线形应与桥上线形相配合。如果桥梁平面线形为曲线，则宜采用大半径曲线（表2-2-3），处理好桥上平纵组合，以利于降低桥头引道填土高度，其基本要求是：平曲线与竖曲线相重合，且平曲线稍长于竖曲线。

表2-2-3 桥上竖曲线（凸、凹）最小半径

公路等级	二级公路		三级公路	
设计速度（Km/h）	80	40	60	30
凸形竖曲线半径（m）	≥4500	≥700	≥2000	≥400
凹形竖曲线半径（m）	≥3000	≥700	≥1500	≥400

（2）桥下净空及桥面最低高程

桥下净空是在设计水位及设计通航水位的基础上保证漂浮物及航船顺畅通过的最小空间。

桥面最低高程是指全桥满足桥下净空要求的最低处桥面的高程。

①不通航河流桥下最小净空：梁底—0.5m；支座垫石顶面—0.25m；无铰拱—拱顶底不小于1.0m，可淹没拱矢高的2/3；

②不通航河流梁底最低高程：H1＝设计水位＋桥下最小净空＋壅水、浪高等影响水位的诸多因素（m）。

③不通航河流桥面最低高程：HP＝H1+桥梁上部结构建筑高度（包括桥面铺装厚度）（m）。

④通航河流梁底最低高程：H2＝设计最高通航水位＋通航净空高度（m）。

⑤通航河流桥面最低高程：Ht＝H2+桥梁上部结构建筑高度（包括桥面铺装厚度）（m）。

⑥大、中桥桥头引道（在洪水泛滥范围内）的路基设计标高，一般应高于该设计水位（包括壅水和浪高）至少0.5m；小桥涵附近的路基设计标高应高于桥涵前壅水位至少0.5m（不计浪高）。

（三）桥梁横断面设计

在桥梁宽度和梁底最低高程基本情况确定的情况下，上部结构高度以便根据其计算跨度和路线纵断面设计高程限制情况来确定。桥梁横断面设计还要初步选定栏杆形式，确定弯桥实现超高、加宽的方式等。

1. 超高与加宽

平曲线设置超高与加宽的条件：

（1）加宽：平曲线半径等于或小于250m时，应在平曲线内侧加宽。

（2）各级公路设置超高的条件如表2-2-4。

表 2-2-4　各级公路设置超高的条件

公路等级	二级		三级	
计算行车速度（Km/h）	80	40	60	30
设置超高的圆曲线半径（m）	＜2500	＜600	＜1500	＜350

2. 超高和加宽值

（1）加宽：一般采用第三类加宽值，按平曲线半径大小选用，其值在 0.8 ～ 2.5m 之间。

（2）超高：根据各级公路等级、计算行车速度，按平曲线半径大小确定超高值，其值在 2% ～ 10% 之间。

3. 超高设置的方式

所谓设置超高就是调整路面横坡，逐渐使其外侧高于内侧一定值，路面横坡有三种状态：

（1）直线段断面为单向横坡；

（2）圆曲线段断面为单向横坡；

（3）超高加宽缓和段为由双向横坡逐渐变成单向横坡的过渡段，其设置方式如表 2-2-5。

表 2-2-5　超高加宽缓和段设置

超高加宽缓和段设置	长度（取其长者）	超高缓和段	长度计算 LC=ß△I/P（应凑成5m的倍数：不小于10m）；直线与半径小于上表1-5值的圆曲线半径，相连接处应设置缓和曲线（回旋线）其长度应大于超高缓和段。超高过渡在回旋线全长进行，也可在其某一区段范围内（采用小渐变率时，如 1.5% ～ 2% 过渡到 0% 的渐变率小于 1/330）		
		加宽缓和段	有回旋线或超高缓和段时，加宽缓和段长度与其相同；不设回旋线或超高缓和段时，加宽缓和段按渐变率 1：15，且长度不小于10m）		
	超高加宽方式	超高缓和段	超高横坡等于路拱横坡度时，将外侧车道绕中线旋转，直到超高横坡值		
			超高横坡大于路拱横坡度时	新建工程采用：绕内侧边缘旋转	
				改建工程采用：绕中线旋转	
				特殊设计采用：绕外侧边缘旋转	
		加宽缓和段	二、三、四级公路：加宽值在回旋线或超高、加宽缓和段全长按长度成比例增加		
			二级公路的桥梁、高架桥、挡土墙、大城市近郊：插入回旋线方法		

注：表中 LC——超高缓和段长度（m）

ß——旋转轴至行车道（设路缘带时为路缘带）外侧边缘的宽度（m）

△I——超高坡度与路拱横坡的代数差（%）；

P——超高渐变率，即旋转轴与行车道（设路缘带时为路缘带）外侧边缘之间的相对坡度（其数值据计算行车速度变化，超高旋转轴为中心线时：1/100 ~ 1/250；，超高旋转轴为边线时：1/50 ~ 1/200）。

4. 桥梁实现加宽、超高的方法

（1）加宽：加宽设置如表 2-2-6。

表 2-2-6　加宽设置

施工方法	两跨以上长桥	单跨短桥
上部结构现浇	桥面宽度按加宽变化值设置	桥面宽度按加宽变化值设置
上部结构预制	桥面宽度按加宽最大值设置	桥面宽度按加宽最大值设置

（2）超高：桥面在由双向坡变为单向坡的缓和段是复杂的几何形状，若再有竖曲线的影响，将更加复杂，常需结合采用以下措施，方可使桥面成为光滑曲面。并注意每孔桥两端外侧超高抬高值不能过大，且要保证桥面铺装层最小厚度不小于 5cm，必要时注意相应调整缘石高度和泄水孔位置。

（四）方案比选过程

为了获得经济、适用和美观的桥梁设计，设计者需要运用丰富的桥梁建筑理论和实践知识，按照以下所述的方法与步骤，进行深入细致的分析研究工作。对于一定的建桥条件，可能做出基本满足要求的多种不同的设计方案。只有通过技术经济等方面的综合比较，才能科学地得出完美的最优设计。桥梁设计的方案比较，是初步设计阶段的主要目标。

1. 拟定桥梁图式

编制设计方案，通常是从桥梁分孔和拟定桥梁图式开始。在做出分孔规划后，就可对所设计的桥梁拟出一系列各具特点而可能实现的桥梁图式。在拟定图式时，思路要宽广，宁可多画几个图式，也不要遗漏可能的桥型与布置方式。每一图式可在跨度、高度、矢度等方面大致按比例在同样大小的桥址断面图上。

下一步工作就是经过综合分析和判断，剔除一些在技术经济上有明显不足的图式，并从中筛选出 2 ~ 4 个构思好，各具优点，但是一时还难以判断孰优孰劣的图式，以此进行下一步的比较。

2. 编制方案

编制方案的目的在于提供各个中选图式的技术经济指标，以便经过相互比较，科学地从中选定最佳方案。这些指标包括：主要材料用量、劳动力（包括专业技术工种）数量、全桥总造价（分上、下部结构列出）、工期、养护费用、运营条件、有无困难工程、是否特种机具、是否美观等。为了获得上述的前三项指标，通常可充分利用已有资料或通过一些简便的近似验算，对每一方案拟定结构主要尺寸。并计算主要工程量。有了工程数量，乘以相应的材料和劳动定额以及扩大单价，就不难得出每个方案的所需材料和劳动力数量，并进而估算全桥造价。其他的一些问题，虽难以得到数量指标，也应进行适当的概略评价。每一方案应绘出总体布置图。

3. 经济技术比较和最优方案的选定

设计方案的评价和比较，是要全面考虑上述各项指标，综合分析每一方案的优缺点，最后选定一个符合当前条件的最佳推荐方案。有时，占优势的方案还可吸取其他方案的优点进一步加以改善，如果改动较多时，甚至最后中选的方案可能是集聚各方案长处的另一个新方案。

一般来说，造价低、材料省、劳动力少的应是优秀方案，但实际上并不尽然，因为有时其他技术因素或使用要求上升成为设计的主要矛盾时，就不得不放弃较为经济的方案。所以在比较时必须从任务书提出的要求、所绘的原始资料以及施工等条件中，找出所面临问题的关键所在，分清主次，才能探索出适合于各具体情况的最佳方案。

第三章 路基施工

第一节 路基的性能与几何要素

一、路基的基本性能

路基的强度和稳定性是保证路面强度和稳定性的先决条件,提高路基的强度和稳定性,可以适当地减薄路面的结构层厚度,从而达到降低成本目的。因此除了要求路基断面尺寸符合设计要求之外,还应满足以下几个要求。

(一)具有足够的整体稳定性

路基是在天然地面的基础上填筑或挖去一部分而建成的。路基建成后,改变了原地面的天然平衡状态,当地质不良或遭遇恶劣气候,新修的路基可能加剧原地面的不平衡状态,从而引发沉陷、滑坍等病害,造成路基损害。为了防止路基在行车荷载及自然因素作用下,发生较大的变形和破坏,必须因地制宜,采取相应的措施来保证路基的整体稳定性。

(二)具有足够的强度和刚度

路基强度是指在行车荷载作用下路基抵抗破坏的能力。路基刚度是指在荷载作用下抵抗变形的能力。行车荷载及路基路面自重对路基下层及地基形成压力,使路基产生变形,影响其路面结构使用性能。

(三)具有一定的水温稳定性

路基在地面水及地下水的作用下,其强度会明显降低。特别是在冰冻地区,由于水温变化,路基产生周期性冻融循环,形成冻胀和翻浆,造成路基强度急剧下降。为了确保路基在不利的水温状况下强度不至降低,这就特别要求路基应具有一定的水温稳定性。路基是铁路建设的重要组成部分。路基在辽阳到安平段改移工程中占整条线路的一半。它是道路结构的主体,又是承受列车荷载的基础,同时也是桥涵工程连接的纽带。

因此路基的好与坏关系整个工程质量及列车的正常行驶。路基工程是一项铁路建设中的主要项目。常视为控制铁路施工进度的关键,特别是铁路通过不良地质和水文地带所遇到的技术问题就更多更难。如果在设计和施工稍有不当就很容易产生各种病害，导致路基路面破坏，影响交通行车安全。路基在一个工程中往往是占有很大比重的方面，不管是填方还是挖方段路基，它所涉及的材料、人工、机械都是十分巨大的。怎样在现有的条件下完成最理想的路基工程，路基质量的控制尤为重要。

二、路基几何要素

路基的几何要素主要包括路基宽度、路基高度及边坡坡度。公路路基宽度为行车道路面及其两侧路肩宽度之和。当设有中间带、加减速车道、爬坡车道、紧急停车道、错车道等或路上设施时，均应包含这些部分宽度。路面宽度应按照设计通行能力及交通量大小而定。

路基高度是指路堤的填筑高度和路堑的开挖深度，是路基设计高程与原地面的高程之差。路基高度有中心高度和边坡高度之分。通常路基高度是指路中心线设计高程与原地面高程之差。但对边坡高度来说是指填方坡脚或挖方坡顶与路基边缘的高度之差。路基的填挖高度是在路线纵断面设计时，综合考虑路线纵坡要求、路基稳定性要求和工程经济要求等多方面因素确定的。

路基边坡坡度对路基的稳定性起着重要的作用，正确合理的确定边坡坡度是路基设计中的重要任务。公路路基的边坡坡度，可用边坡高度 H 与边坡宽度 b 之比来表示，并取 H=1，通常用 1：m 或 1：n 来表示其比率（称为边坡坡率）。路基边坡坡度大小取决于边坡的土质、岩石的性质及水文地质条件等自然条件和边坡高度。陡坡或填挖较大地段，不仅影响土石方量和施工难易性，并且是路基稳定性的关键。因此，路基边坡坡度设计时必须全盘考虑，力求经济合理。

第二节　路基施工技术要求

一、一般规定要求

1. 含草皮、生活垃圾、树根、腐殖质的土严禁作为路基填料。

2. 泥炭、淤泥、冻土、强膨胀土、有机质土及易溶盐超过允许含量的土，不得直接用于填筑路基；确需使用时必须采取技术措施进行处理，经检验满足设计要求后方可使用。

3. 液限于 50%、塑性指数大于 26，含水量不适宜直接压实的细粒土，不得直接作为路堤填料；需要使用时，必须采取技术措施进行处理，经检验满足设计要求后方可使用。

4. 粉质土不宜直接填筑于路床，不得直接填筑于浸水部分的路堤及冰冻地区的路床。

二、路堤施工要求

（一）地质路堤

地基表层处理应符合下列规定：

1. 三、四级公路应不小于 85%。路基填土高度小于路面和路床总厚度时，基底应按设计要求处理。

2. 原地面坑、洞等，应在清除沉积物后，用合格填料分层回填分层压实。

3. 泉眼或露地下水，应按设计要求，采取有效导排措施后方可填筑路堤。

4. 地基为耕地、松散土，水稻田、湖塘、软土、高液限土等时，应按设计要求进行处理，局部软弹的部分也应采取有效的处理措施。

5. 地下水位较高时，应按设计要求进行处理。

6. 陡坡地段、土石混合地基、填挖界面、高填方地基等都应按求进行处理。

（二）路堤填筑应符合下列规定

1. 性质不同的填料，应水平分层、分段填筑，分层压实。同一水平层路基的全宽应采用同一种填料，不得混合填筑。每种填料的填筑层压实后的连续工不宜小于 500 mm。填筑路床顶最后一层时，压实后的厚度应不小于 100 mm。

2. 潮湿或冻融敏感性小的填料应填筑在路基上层：强度较小的填料应填筑在下层；在有地下水的路段或临水路基范围内，宜填筑透水性好的填料。

3. 在透水性不好的压实层上填筑透水性较好的填料前，应在基表面高 2% ~ 4% 的双向横坡，并采取相应的防水措施，不得在由透水性较好的填料所填筑的路堤边坡上覆盖透水性不好的填料。

4. 每一填筑层压实后的宽度不得小于设计宽度。

5. 路堤填筑时，应从最低处起分层填筑，逐层压实；当原地面纵坡大于 12% 或横坡陡于 1：5 时，应要求挖台阶，或设置坡度向人并大于 4%、宽度大于 2m 的台阶。

6. 填方分几个作业段施工时，接头部位如不能交替填筑，则先填路段，应按 1：1 坡度分层留台阶；如能交替填筑，则应分层相互交替搭接，搭接长度不小于 2。

（三）填石堤

填料应符合以下规定：

1. 胀岩石、易深性岩石不宜直接用于路堤填筑，强风化石料、崩解性岩石和盐化岩石不得直接用于路堤填筑。

2. 路堤填料粒径应不大于 50mm，并不宜超过层厚的 2/3，不均匀系数宜为 15 ~ 20。路床底面以下 400mm 范围内，填料粒径应小于 150mm。

3. 路床填料粒径应小于 100mm。

（四）土石路堤

1. 填料应符合以下规定：

膨胀岩石，易深性岩石等不宜直接用于路堤填筑，崩解性岩石和盐化岩石等不得直接用于路堤填筑。

天然土石混合填料中，中硬、硬质石料的最大粒径不得大于压实层厚的 2/3；石料为强风化石料或软质石料时，其 CBR 值应符合表的规定，石料最大料径不得大于压实层厚。

2. 基底处理应满足 4.2.2 条第 1 款的规定。在陡、斜坡地段，土石路真正靠山一侧应按设计要求做好排水和防渗处理。

3. 填筑应符合以下规定：

（1）压实机械宜选用自重不小于 18t 的振动压路机。

（2）土石路堤不得倾填，应分层填筑压实。

（3）碾压前应使大粒径石料均匀分散在填料中，石料间孔隙应填充小粒径石料、土和石渣。

（4）压实后透水性差异大的土石混合材料，应分层或分段填筑，不宜纵向幅填筑；如确需纵向分层填筑，应将压实后渗水良好的土、石混合材料填筑于路堤两侧。

（5）填料由土石混合材料变化为其他填料时，土石混合材料最后一层的压实厚度应小于 300mm，该层填料最大粒径宜小于 150mm，压实后，该层表面应无孔洞。

4. 施工应符合下列规定：

（1）路基应从最低标高处的台阶开始分层填筑，分层压实。

（2）填筑时，应严格处理横向、纵向、原地面等结合界面，确保路基的整体性。

（3）路基填筑过程中，应及时清理设计边坡外的松土弃土。

（4）高度小 800 ㎜的路堤、零填及挖方路床的加固换填宜选用水稳性较好的材料。

三、挖方路基施工

1. 开挖施工应符合下列规定：

（1）可作路基填料的土方，应分类开挖分类使用。

（2）土方开挖应自上而下进行，不得乱挖超挖，严禁掏底开挖。

（3）开挖过程中，应采取措施保证边坡稳定。开挖一对边坡线前，应预留一定宽度，预留的宽度应保证挖坡过程中设计边坡线外的土层不受到扰动。

（4）路基开挖中，基于实际情况，如需修改设计边坡坡度、截水沟和边沟的位置及尺寸等时，应按规定报批。边坡上稳定的孤石应保留。

（5）开挖至零填、路堑路床部分后，应尽快进行路床施工；如不能及时进行，宜在设计路床顶标高以上预留至 300mm 厚的保护层。

（6）应采取临时排水措施，确保施工作业面不积水。

2.边沟与截水沟应从下游向上游开挖。截水沟通过地面坑凹处时，应将凹处填平夯实。边沟及截水沟开挖后，应及时进行孩渗处理，不得渗学习漏、积水和冲刷过程边坡及路基。

3.挖方路基施工遇到地下水时应按下列规定处理：

应采取排导措施，将水引入路基排水系统，不得随意堵塞泉眼。

第三节　路基施工方法和工艺

路基施工应做好施工期临时排水总体规划和建设，临时排水设施应与永久性排水设施综合考虑，并与工程影响范围内的自然排水系统相协调。

路基施工采用配套机械化组合施工作业，挖方段采用挖掘机挖土，装载机配合作业；借方采用挖掘机配合装载机挖装，利用大吨位自卸车运输；填筑路基利用推土机整平、平地机精平、压路机振动碾压。路基填筑施工采用"三阶段、四区段、八流程"作业法。

一、路基开挖

路基开挖是土石方施工的一个重点，挖方更是我标段路基施工的关键工程。开工前我们首先将对设计文件进行全面熟悉，并会同设计代表进行现场核对和施工调查，发现问题后并提出修改意见。在路基开工前，做好施工测量、试验工作。

1.施工方案。路基挖方前，除详细进行施工测量外，应根据地形条件、采用的施工机械设备、土层地质分布及挖方利用情况、合同工期、气候等要求，编制施工方案。路堑的开挖方法应根据纵向长短、路堑挖深及现场实际施工技术条件，确定工期短、边坡稳定、施工安全的方案。方案应体现出经济性、安全性、先进性。

2.挖方路基施工前，应详细检查、核对纵横断面图，发现问题必须进行复测，若设计单位提供的断面图不完善，应全部补测。

3.根据恢复的路线中桩、路基设计表和有关规定，测设并固定路基用地界桩、路堑堑顶、弃土堆等具体位置桩。桩上标出桩号及路中心挖深，并按每500m距离左右增设临时水准点。采用机械开挖时，应在边坡坡顶桩处标明挖深标志，并在距中心桩必要的安全距离处设立能控制路基高程的控制桩，以随时进行施工控制，其间距不宜大于50m。地形复杂、工程量集中的深路堑地段，应加密临时水准点、中桩、边桩，精心控制测量，避免欠挖、超挖。截水沟、排水沟放样时，可每隔20m左右在沟内外缘钉木桩标明里程及挖深。

4.土质路堑开挖，应根据工程的实际情况选用挖掘、装运、平整机械，最大限度地发挥机械的效能，杜绝窝工、停工状况。路堑开挖施工过程中，每天作业结束时，将表面整平，做好临时路拱和临时排水沟，并压实完毕，以使排水良好，路基免受水害。

土方开挖采用履带式挖掘机和推土机开挖，自卸车配合作业，路基土石方按设计断面要求开挖、装车。开挖土质边坡由挖掘机按标准坡度进行控制刷坡，保证一次成型。边坡稳定，无显著凸凹不平。取土场开挖时应按照设计及规范要求进行。

5.弃土及利用土方

路堑挖土方作为废方处理的弃土，必须按以下规定执行：

（1）弃土应不占或少占耕地。

（2）沿河弃土不得挤占河道，影响排洪、加剧河岸冲刷；不得向水库、湖泊、岩溶漏斗、暗河口处弃土；严禁在贴近桥墩处、涵洞口处弃土。

（3）沿线设置弃土堆应符合以下要求：

在地面横坡缓于 1 ：1.5 的地段，弃土可设于路堑两侧。弃土堆内侧坡脚与堑顶间距离对于干燥土不应小于3m；对于软湿土不应小于路堑深度加5m。弃土堆边坡宜为 1 ：1.5，顶面向外设不小于 2% 的横坡，弃土堆高度不宜大于 3m。

在地面横坡陡于 1 ：1.5 的路段，弃土堆不应设置在路堑顶面的山坡上方，但截水沟的弃土可用于路堑与截水沟间筑路台，应拍打密实，台顶设 2% 的倾向截水沟的横坡。

在山坡上侧的弃土应连续而不中断，并在弃土堆外侧设置截水沟；上坡下侧的弃土每隔 50m 设不小于 1m 宽的缺口排水，弃土堆坡脚应进行防护加固。

弃土堆应分层进行碾压，做成规则的外形。

（4）大多数情况下路堑挖土方作为路堤填料利用，利用土方应按下列规定执行：

表层含有机质土应清除并集中堆放，不得与利用路堤填料土混杂放在一起。

利用土方必须根据《公路路基施工技术规范》（JTG F10-2006）要求，进行土工试验，其试验项目包括：液限、塑限、塑性指数、天然稠度或液性指数、颗粒大小分析试验、含水量试验、相对密度试验、土的标准击实试验、土的强度 CBR 值试验。

二、路基填筑

（一）前期准备

（1）路基开工前，应在全面熟悉施工图设计文件和设计交底的基础上，进行现场核对和施工调查，发现问题应及时根据有关程序提出修改意见，报请设计变更。

（2）根据现场收集到的资料，核实工程数量，按合同工期要求、施工难易程度及人员、设备、材料准备情况，编制实施性的施工组织设计，报现场监理工程师和业主批准并及时提交开工报告。

（二）施工测量

（1）路基施工前应做好施工测量工作，其内容包括导线、中线、水准点复测\横断面检查与补测、增设临时水准点等。

（2）导线复测

当原测的中线主要控制桩由导线控制时，必须根据设计资料认真搞好导线复测工作。

导线复测应用全站仪进行复测，仪器使用前应进行检验、校正并报验。

原有导线点不能满足施工要求时，应进行加密，保证在道路施工的全过程中，相邻导线点间能互相通视。

导线起讫点应与设计单位测定结果比较，测量精度应满足规范要求。

（3）中线复测

路基开工前应全面恢复中线并固定路线控制桩，如交点、转点、圆曲线和缓和曲线的起讫点等，本工程采用坐标法恢复主要控制桩。

恢复中线时应注意与结构物中心、相邻施工段的中线闭合，发现问题应及时查明原因，并报现场监理工程师或业主。如发现原设计中线长度丈量错误或需局部改线时，应作断链处理，相应调整纵坡，并在设计图表的相应部位注明断链距离和桩号。

（4）校对及增设水准基点

使用设计单位设置的水准点之前应仔细校核，并与国家水准点闭合，超出允许误差范围时，应查明原因并及时报告有关部门。

增设的水准点应设在便于观测的坚硬基岩上或永久性建筑物的牢固处，也可设在埋入土中至少 1m 深的混凝土桩上。

（三）路基放样

（1）路基施工前，应根据恢复的路线中桩、设计图、施工工艺和有关规定钉出路基用地界桩和路堤坡脚、路堑堑顶、边沟、取土坑、护坡道、弃土堆等具体位置桩。在距路中心一定安全距离处设立控制桩，其间隔不宜大于 50m。桩上标明桩号与路中心填挖高，用（+）表示填方，用（-）表示挖方。

（2）在放完边桩后，应进行边坡放样，对深挖高填地段，每挖填 3m 应复测中线桩，测定其标高及宽度，以控制边坡的大小。

（3）路基施工期间每半年至少应复测一次水准点，季节冻融地区，在冻融以后也应进行复测。

（4）机械施工中，应在边桩处设立明显的填挖标志，在道路施工中，宜在不大于 200m 的段落内，距中心桩一定距离处埋设能控制标高的控制桩，进行施工控制。发现桩被碰倒或丢失时应及时补上。

（5）施工过程中，应保护所有标志，特别是一些原始控制点。

（四）测量资料的形成和报验

（1）开工前对业主提供的水准点和坐标点进行复测，复测闭合完准确无误，形成施工放样资料报监理工程师验桩、点、线准确无误后，形成报验资料。

（2）施工放样资料完成后，会同监理工程师和业主现场代表对路基横断面进行复测，绘成复测图，并准确计算出复测工程量，形成签证资料按实进行增减。

（五）施工场地清理

路基红线范围内的房屋、道路、河沟、通信、电力设施、管道、坟墓及其他建筑物，均应请业主通知相关部门进行及时拆除和清理；对有地下文物、管线需要保护的，请业主提供地下管线图，以防损坏；有文物需迁移的，请及时迁移，对不能迁移的文物需保护的，请业主请专业人士提供保护措施方案，以便予以实施，使文物不受损坏。

（六）技术准备

（1）由项目经理会同技术负责人一起编制实施性施工组织设计、项目质量计划及关键工序作业指导书，并认真熟悉设计图，对图上有疑问的地方记录下来，在技术交底和会审时一并提出，经正式答疑，并形成正式的书面会审纪要存档。

（2）测量人员汇同监理工程师、业主现场代表一道对道路的施工放样和断面及高程进行复测，并形成复测资料。

（3）组织调配好工程所需用的机械设备进场。

（4）为了保证本工程施工进度和质量按期实现，所有进场的工程设备及材料均必须具备产品合格证、质量保证书、生产许可证及使用说明书等资料，并符合施工图的技术要求。到达施工现场的工程设备及工程材料均报建设单位和监理工程师进行验收，未经检验或检验不合格的设备、材料均不得使用。

（5）将施工图设计中各种砼、砂浆等配合比分别记录下来，委托有相应资质的试验室进行试配，取回后严格按照此配合比指导施工。

（6）技术人员进场后，项目部总工程师组织项目技术骨干全面熟悉、核对设计文件，充分了解设计意图，进行施工图纸和技术文件的复审及技术资料的准备工作，编制好施工组织设计和专项施工方案及技术交底文件，开工前对施工人员下达详细的工序技术交底文件。

（7）针对工程特点，做好班组的技术交底工作，进行工前技术、安全、质量、文明施工教育和技术交底，提高现场人员安全、质量、文明施工意识。

（七）路基填筑施工

（1）填前先对稻田、旱田地段进行清表，清表碾压后压实度达到设计要求。

（2）填前做好施工测量工作，对填料按技术规范要求做土样击实试验。场地清理、平整，经监理工程师同意，开始路基的填筑施工。先进行试验段路基施工，以获取达到压实度时的最佳含水量，并掌握最佳碾压方法。当路基填土含水量大于最佳含水量时可在路外晾、晒也可在路基上用铧犁翻拌晾晒；当含水量不足时，可用水车洒水补充，使填土达到最佳含水量的要求，确保达到压实度标准。

施工中高度重视观测工作，及时、准确地获取观测资料，控制回填速率，发现异常及时采取卸载或其他措施，以确保路基稳定。路堤回填时，用自卸车运合格的土到施工现场，按每延米用土量严格控制卸土，用推土机配合摊铺，人工整平。严格按照中桩和边桩上标示的标高线控制每层的松铺厚度，摊铺时，注意按设计要求，控制好纵坡和横坡的坡度。

碾压时，按先用轻型压路机后用重型压路机的方法辗压。一般情况下，由路边线向路中线方向碾压，前后两次轨迹重叠不少于二分之一轨迹，并特别注意均匀。地基水较大的路基，宜由路中线向路边线方向辗压。每层路堤压实以后，报请监理，按设计与规范要求现场取样做压实度试验。路基土方压实度要求达到设计标准。压实度满足规范要求、路基稳定观测符合设计规定标准值，经监理工程师同意，开始上一层路基的填筑。

（3）路基填筑采用水平分层、纵向分段施工，按监理工程师和规范要求指定的厚度分层摊铺。以机械施工为主、人工为辅的作业方法，每层摊铺的路基宽度略大于设计宽度约30cm，以保证路基边坡的压实度。土方路堤填筑至路床顶面最后一层的压实厚度不应小于10cm。

（4）路基的碾压：填土层应在碾压前整平，并做2%～4%的横坡。由路基两则向中心碾压，弯道处由内侧向外侧碾压，碾压时前后两次轨迹重叠20～30cm，并尽快压到规定的压实度，构造物边角如台背等部位的填料按规定处理，压路机难以压到处采用小型打夯机碾压。

（5）路堤处于水田、池塘或泥沼地时，采取抽水或开挖排水沟，或者两者同时采用，以疏通积水，将淤泥及腐殖根茎挖出至设计要求后才能进行路堤填筑。

（6）路基修整：路基填筑完成后，应测量放样路基的中线桩，并按设计进行路基宽度、纵坡、横坡、边坡的修整。其成形、纵坡、边坡和路横断面须符合设计纵坡、横坡的要求。边坡整修用人工配合挖机施工，边坡须按设计放样，用人工或挖机自上而下修整，切除路基超填的宽度，坡面平整畅顺，如边坡缺土时，必须挖成台阶，分层填补夯实。边坡修整后，应立即按设计要求及时进行边坡防护施工。

（八）特殊路基处理

本标段对软弱路基及水泡路段，采用基底换填沙砾方式处理。

按设计深度清除腐殖土或清淤，开挖路槽后用履带式机械碾压2～3遍后再整平、切齐立边，检查验收合格后回填，回填深度小于60cm时一次性回填；回填深度大于60cm时，第一层回填厚度不大于60cm，以上各层回填厚度不大于30cm，分层碾压。自检、抽检验收合格后再回填下一层，回填压实度满足或超过设计要求。

对于取土坑内水泡完全在路基范围内，采取抽水后回填沙砾至原地面的方式处理；反之则采用草袋围堰抽水后挖除淤泥、换填沙砾并高出正常水位50cm方式处理，清除的淤泥做成反压护坡道。

（九）土方掺灰

本工程在路基利用土方中掺石灰，从而降低填料的含水量。

石灰土施工期的最低气温在 5℃以上，并在第一次重冰冻（-3℃ ~ -5℃）到来之前一个月到一个半月完成。石灰土宜经历半月以上温暖和热的气候养生。

（1）石灰土施工必须遵守下列规定

细粒土尽可能粉碎，最大尺寸不大于 15mm，配料必须准确，拌和必须均匀。

石灰质量符合规范规定。混合料组成设计按设计图纸规定。

（2）集料要求

采集集料前，先将树木、草皮、杂土清除干净。集料中的大土块打碎。

在预定的深度范围内采集集料。

石灰集中堆放妥善保管。预计堆放时间较长时，用土、塑料布或其他材料覆盖封存。

生石灰块在使用前 7 ~ 10 天充分消解，消解后石灰保持一定的湿度。

（3）石灰土施工采用厂拌法施工

石灰土在中心站采用挖掘机和装载机配合人工集中拌和，集中拌和时必须掌握下列各要点：

土块要粉碎，最大尺寸不大于 15mm；

配料准确，含水量要略大于最佳值，使混合料运到现场摊铺碾压时的含水量能接近最佳值；拌和均匀，要 12 小时翻拌一次，翻拌次数不低于 3 次。

（4）采取措施保护集料，特别是细集料和石灰免遭雨淋。

（十）石灰土摊铺

采用平地机配合推土机按以下步骤摊铺混合料：

（1）根据摊铺层的厚度和要求达到的压实度干密度计算每车混合料的摊铺面积；

（2）将混合料均匀地卸在路幅中央或卸成两行；

（3）用平地机将混合料按松铺厚度均匀摊铺；

（4）设一个三人小组跟在平地机后面，及时清除粗集料带。

（十一）石灰土压实

摊铺混合料后立即按试验路段确定的施工工艺、压实速度和遍数进行压实，连续碾压达到规定的压实度。

第四节　路基施工质量控制

一、施工准备

（一）测量放样

项目部设立测量队，专门负责全合同段的测量工作。

首先对设计单位提供的基桩（导线点、永久水准点）进行复测，并报监理工程师复测确认无误后，根据桥涵结构物在路线上的分布情况及实际需要加密导线点及增设临时水准点并实施联测，形成测量成果报告并报请监理工程师确认。在整个施工期间，测量人员均要采取有效措施对各导线点、水准点进行妥善固定保护、定期复测，确保测量成果正确指导施工。根据路基中线及施工图纸放出确切的征地边线，经监理工程师确认后，打设边界桩，撒上石灰线作标记。核实占地范围内地上、地下所有需要拆除和需要保护加固的设施，并按施工图提供的逐桩坐标表放出中线桩，测量各桩点的原地面高程。

（二）现场清理

对占地范围内树木、石头、废物和草皮进行清理；将占地范围内的树根挖除干净，对所有路基范围内沟渠、坑槽按规范要求及监理工程师现场确定的范围清除杂物，然后用合格材料分层回填并整平压实，对清理出来的废物、杂物运到指定的弃料场。在场地清理、拆除、挖掘、平整过程中要重视生态植被的保护。

二、一般路段路基开挖

一般路段指填土高度和开挖深度不超过 18m 的路段。本标段土石挖方量大，采用分层机械开挖、爆破与机械组合施工。

（一）路基开挖施工工艺

路堑开挖施工工艺框图见附图二。

（二）施工准备

测量放线：按照设计图纸恢复中心线，并按设计纵坡及横断面计算，测放坡顶线，用白灰标注；在路堑范围内，清除表土；采土样作填料的最大干密度和最佳含水量试验；编制施工方案及申请开工报告，呈报监理工程师批准后实施。

（三）开挖施工

1. 土质路堑开挖方式

（1）单层横向挖掘法

从开挖路堑的一端或两端按断面全宽一次性开挖到设计标高，逐渐向纵深挖掘，当开挖深度不超过 4m 时，采用此种开挖方法。

（2）多层横向挖掘法

开挖路堑的一端或两端按横断面分层开挖至设计标高，逐渐向纵深挖掘，当开挖深度超过 4m 时，采用此种开挖方法。

（3）通道纵挖法

先沿路堑纵向挖掘一条通道，然后利用通道将两侧拓宽扩大工作面，并利用该通道做为运土路线及场内排水的出路。当一层通道拓宽至路堑边坡后，再挖下层通道，如此向纵深挖至路基设计标高。该法适用于路堑较长、较深的路堑开挖。

2. 石质路堑开挖方式

石方开挖有两种方式：一是松土机械作业法；二是爆破作业法。

（1）上层土层及风化严重的粉砂岩施工：采用挖机或装载机拢堆，自卸车运输，运往需处作填料。按实际情况划分施工段，由两侧坡顶线开始，按设计挖方边坡，由外向里，由浅入深，然后两侧进行粗刷坡。

（2）上层施工完毕，请监理工程师进行工序验收。根据开挖情况，研究放缓边坡及护坡方案。

（3）下层施工：挖掘机难于松动，采用控制性爆破松动后，采用挖机或装载机拢堆，自卸车运输。控制性爆破：根据岩石风化情况，选择主要接力面布孔，孔眼直径 3 ~ 5cm，间距 50 ~ 60cm，根据实际计算装炸药，一般约为孔深的 2/3，用黏土封孔，爆破的警戒区控制 200m，安全距离控制在 50m 以外。石方爆破作业应以小型及松动爆破为主，严禁过量爆破，对于比较坚硬，用松土机械作业法施工有困难的软石，可采用浅孔松动爆破，然后再进行松土作业。爆破施工对边坡的稳定性影响很大，为保证边坡的稳定性，不宜用大爆破，选用小型爆破。在石方集中段，采用群爆和微差爆破法进行爆破作业。

（四）边坡修整

通常开挖深度达 5 ~ 10m 后，及时放样边坡，组织人工，用铲、凿削平坡面。对可能出现局部崩塌的坡面，清理塌方后，修整时通常按矩形状，必要时配合防护工程处治。

（五）施工注意事项

（1）在施工期间做好排水，包括临时排水和永久排水。开挖前预估有可能产生流向路基的地表水的路段均要在路堑上边坡坡顶以外开挖临时截水沟。截水沟拦截的水不能直接排入农田，而要与排水沟相连接。路堑开挖过程中开挖成向标高低的相邻填方段方向的纵坡，不能在拉槽中间形成窝坑。雨季施工，在每一层挖土之前，应在挖土层次断面提前挖出纵向排水沟，以避免积水。

（2）路堑开挖到设计标高后，应检测路床顶面以下 0 ~ 80cm 范围内的压实度，若压实度达不到 96% 时，应采用特殊压实机具进一步压实，直到满足要求为止；或者挖除 80cm，再按路基填土的方式分层填筑，同时满足压实要求。若路床以下发现为非适用性材料或不良土质地段，经过监理工程师鉴定和业主批准后应采取换填或改良土质等措施处理。

（3）路堑开挖基本到位后应立刻进行盲沟的施工，以降低路堑的地下水位。

（4）废方处理：路堑开挖的土石方除直接利用、暂存、远调外，往往有大量废方。本作业段有 1 个弃土场，作为弃方使用。

（5）路堑岩石挖方必须采用光面爆破，保证挖方边坡稳定和完整的方法施工。路基开挖应以坡口线由上而下开挖，严禁进行掏挖或平孔抬炮施工而影响边坡稳定。

三、一般路段路基填筑

（一）施工顺序

路基施工的总体布置可以简述为多开作业点，全线全面铺开施工，以保证路基施工的进度要求。根据设计图纸、现场的地形地貌及道路交通情况，将路基分成六个施工队，每个队根据各段的施工条件，可同时开展 2 ~ 4 个工作面同时施工。

（二）施工方法及注意事项

路基填方要求按"准、细、净、全、均、平、压、检"的要求施工，即：施工放样准，施工方案细，清淤干净，全断面施工，施工节奏均衡，填方表面平整，压实机具足、方法科学，检测把好质量关。

路基填筑施工顺序为：测量放样→砍树挖根→施工便道→清除表土和杂物→截水沟临时排水→涵洞、特殊地基处理→路基填筑→路基边坡防护、排水→验收。

路基填筑前进行测量放样，定出中线、路基边缘线及路堤坡脚等相关位置，并清除路线范围内表土、杂草、树根等不适宜材料，将其运出路基范围外堆放，同时修筑全线贯通的临时施工便道。路基清表以推土机、装载机为主，辅以人工相配合进行，确保清基清表的效果符合设计、规范和监理工程师的要求。

对于需清淤换填的路基地段，先将原地面不良的淤泥开挖并清除干净，后用片石、沙砾等分层回填并压实至原地面标高；对于需采取塑料排水板处置的路段，待软土地基处理完后，再进行路堤填筑。

在路基正式填筑前28天，用核准的填料在经过整修处理的路段上铺筑长度为155m（全幅路基）作为试验路段，以确定回填料的最佳含水率和松铺厚度，以及压路机的最佳碾压遍数、行驶速度等，并将试验结果报监理工程师审批，用以指导全段路基的施工。

路基填方按路面平行线分层，严格控制填料松铺厚度，每层填料每侧宽于路堤设计宽度 30cm 以上，以保证路基边坡修整后的路堤边缘有足够的压实度，同时对补偿因软基沉降引起的路基宽度减少。

每层填土在压实前先整平，自路中线向路堤两侧做 2% 的横坡，用重型压路机碾压，碾压时遵循先轻后重，先慢后快，先边后中的原则。初压成型后，用推土机再修整，再碾压至压实度满足要求，报检合格后再进行下步施工。

填土路基分段施工时，其交接处不在同一时间填筑，则先填段按 1∶2 坡度分层留台阶，如两段同时施工，则分层相互交叠衔接，其搭接长度不小于 2m。

为了保证软基路堤的稳定，在路堤填筑时将严格控制填土速率，填土速率控制标准为：填土高度 H ＜ 3m 路段填土速率按 10 ~ 15cm/d，其余路段按 10cm/d 控制。每填一层土，将进行一次监测，如超过此标准应立即停止加载。每填一层土前后过程都要满足填土速率控制标准，若两次填筑间隔时间较长时，每 3 天至少观测一次。填筑路堤将合理安排，大、中桥桥头的路堤将优先填筑。路堤填土严禁前期慢后期快。填土至预压填土高度后，应加强沉降观测，半个月观测一次，直至预压期结束。

施工期间将保持场地始终处于良好的排水状态，修建一定数量的排水沟，以保证施工场地不积水和不受冲刷损坏。

路基填筑材料的最大粒径及强度要求严格按设计及规范要求进行控制，填料摊铺时，粗细颗粒做到分布均匀，不出现粗或细粒集中块区。当石块含量较大时，将在填筑前采用人工先对石块进行破碎。路基横向外侧 1m 范围内采用较细的材料铺筑，严禁将大颗粒集中于坡侧，确保边坡顺畅、密实。

土石混合料路堤的压实采用重型振动压路机（龙工 522）分层压实。碾压时轨迹重叠 1/2 ~ 1/3，其碾压后相邻轮痕低于 5mm 时为止。

由于该施工段所在区域雨水较充分，所以在路基施工过程中，各施工层都随时保持一定的向外排水坡度或形成一定的排水通道。

（三）路基压实标准、压实度及填料强度要求的说明

本路段填方路基一般利用路基挖方中选取合格材料作为路堤填料，并优先选用级配较好的砾类土、砂类土等粗粒土作为填料，浸水路堤选用渗水性良好的材料填筑。

在路堤填筑前必须一律清除原地面植物根茎、表层耕植土及松软浮土等，在地表横（纵）坡陡于 1∶5 的填方路基地段，还应开挖宽度 ＜ 2.5m 且向内倾斜 2 ~ 4% 的台阶；当地表覆盖土层厚度 ＜ 2.5m 时，要根据情况清除表层覆土后在基岩上开挖反向台阶，以确保路基稳定。

填料压实采用重型静压压路机压实。路基填筑的质量，主要取决于路基回填料的质量及压实度，因此在施工时应按设计及规范要求严格控制填料强度、粒径及压实度。路基压

实度、填料最小强度及最大粒径要求见表3-4-1。

表3-4-1 路基压实度、填料最小强度及最大粒径要求表

项目分类		路面底面以下深度（cm）	路基压实度（%）	填料最小强度CBR（%）	填料最大粒径（cm）
填方路基	上路床	0 ~ 30	≥96	8	10
	下路床	30 ~ 80	≥96	5	10
	上路堤	80 ~ 150	≥94	4	15
	下路堤	150 以下	≥93	3	15
零填及路堑路床		0 ~ 30	≥96	8	10
		30 ~ 80	≥96	5	10

本合同段路基主要为水塘、稻田路基及软土路基。根据不同地段、不同的路基结构形式及所采用的填筑材料，并结合设计和规范要求，进行合理科学地安排，精心组织施工。

四、深挖路段施工

深挖路堑的施工方法与普通路堑的施工方法基本相同，但因其开挖量大，施工时间长，影响边坡稳定的因素多，因此是挖方路基施工的关键。因深挖路堑工程量大，施工环境复杂，技术要求高，施工难度大，是控制工程进度的关键工程之一，必须精心组织、精心施工，尽早安排施工。

根据本项目特点，当岩质挖方边坡高度≥30m、土质边坡高度≥20m时，视为深挖路堑。路线多跨越山体和展布于斜坡上，斜坡自然横坡陡一般在 20 ~ 35° 左右，受地形控制，线路挖方高度大于 30m 的岩质高边坡段有 643 米 /4 处。针对路段地层岩性、产状、软弱结构面情况，结合地质钻探资料提供有关参数，设计采用适当放缓边坡后植草绿化的措施进行防护。

深挖路堑的施工除应遵循普通路堑开挖的规定外，还应遵循下列注意事项：

（1）在施工前详细复查深挖路堑地段的工程地质资料及路堑边坡，并收集了解现场的土石界线、工程等级，岩层风化厚度及破碎程度、岩层工程特性。路堑为砂类土时应了解其颗粒级配、密实程度和稳定角；路堑为细粒土时应了解含水量和物理力学性质以及不良地质情况、地下水及其存在形式等。根据详细了解的工程地质情况、工程量的大小和工期编制详细的施工组织设计，配备监理工程师满意的机械设备和劳动力。若地质资料不足时，应进行地质资料的补探工作。

（2）路堑开挖前，应先修筑坡顶的截水沟，防止边坡冲刷造成边坡坍塌。

（3）路堑边坡应严格按照设计边坡施工，施工过程中应定期对边坡坡度进行测量，并及时加以修正。

（4）开挖中发现有较大地质变化时，停止施工，重新进行工程地质补充勘探工作，并根据新的地质资料修正方案，报监理工程师审批后实施。

（5）在路堑开挖中应将边坡防护工程和排水工程看作一个整体，路堑开挖前应对路堑开挖和防护和排水有一个详细的施工组织设计，深路堑开挖应遵循及时开挖及时防护的原则，每开挖到一级台阶时应立刻进行防护工程的施工。

（6）在路堑开挖过程中，应重视排水，开挖时应保证开挖后不集水，必须设置临时排水沟，将水排出路基以外。如有地下水渗出，应根据地下水渗出的位置、流量，修建排水设施将水排走。一级开挖完后，应及时按设计平台的排水设施。

五、质量控制管理措施

（一）严格执行质量交底制度

各分项工程开工前，实行质量交底制度，除了对该分项的工艺流程、质量要求等作详细交底外，对重点、难点部位，建立质量管理控制点。

（二）建立"五不施工""三不交接"制度

"五不施工"即：未进行技术交底不施工；图纸和技术要求不清楚不施工；测量桩和资料未经复核不施工；材料不合格不施工；工程环境污染未经检查签证不施工。"三不交接"即：无自检记录不交接；不经专业人员验收合格不交接；施工记录不全不交接。

（三）对工序实行严格的"三检"

"三检"即：自检、互检、交接检。施工时上道工序不合格，不准进入下道工序，确保各道工序的工程质量。

（四）严格隐蔽工程检查和签证

凡属隐蔽工程项目，首先由班组、项目部逐级进行自检，自检合格后，报业主代表或监理工程师复检，合格后，及时签证隐蔽工程验收证明。

（五）严格材料、成品和半成品验收

对所有入场材料，必须按技术规范要求进行检查，质量检查记录和试验报告保存备查。对检查验收不合格的材料、成品、半成品不得用于本工程中。

（六）加强原始资料的积累和保存

本工程中各部分项工程必须由专职质检人员作好质量检测记录、沉降观测记录，工程结束时交档案资料员负责整理装订成册归档。

（七）强化计量工作，完善检测手段

计量涉及施工生产和经营管理工作的各个环节，计量的准确与否直接关系到质量的好

坏，为此，该工程项目经理部按丙级试验室的标准设置工地试验室，配齐专职计量人员，按照《计量工作管理办法和实施细则》加强计量法规观念，积极使用先进的检测仪器，并定期对各种计量检测器具进行鉴定、维修、保养，以保证其精度。

六、保证质量技术措施

（一）技术保证措施

在掌握一定的设计文件、资料和相关资料的基础上，及时取得更翔实的现场实际资料，作为组织施工的依据。

根据本合同段情况，做好施工控制测量；施工前，根据交接桩资料进行复测，复测无误后，加密网点，并建立重要工点控制网以满足施工需要。施工中的测量工作做到及时、准确，每次测量都有复核。

开工前，系统、全面地对设计文件进行审核，深入地理解设计意图、熟悉设计文件，进一步熟练地掌握设计、施工规范和标准。并与施工技术调查、施工复测相结合，把握其准确性、完整性。

根据施工的情况，进行详细的技术交底，确保工程按设计实施。

投入配套的性能良好的大型机械设备，实行机械化作业。

工序实行规范化、标准化作业，严格执行岗位责任制，对生产过程进行及时有效的质量监控。

通过试验选定最佳工艺参数，严格按其组织施工。对难度较大，技术性较强的操作，组织工前示范和专门讲解，加强施工人员的培训和考核，关键工序实行持证上岗。

（二）路基填筑施工质量保证措施

（1）路基施工前应分段编制土石方详细的调配施工方案。

（2）路基填筑之前，应对原地面进行必要的技术处理，并进行压实达到规定的压实度。

（3）路基位于水田、池塘或泥沼地时，先抽干或开挖排水沟，疏于积水，将淤泥及腐殖根茎全部挖除，直至达到设计要求或监理工程师满意的程序后，才能进行路堤填筑。

（4）施工过程中，采取适当措施对排水系统给予保护，使其始终保持畅通，以防路基范围积水，影响填筑质量。

（5）施工期间，现场提供足够的、合适的、性能良好的压实设备，每层填料压实度经检测符合规范要求后，再进行下道工序。

（6）路基填筑到涵洞时应采用两侧对称填筑，并分层进行机械夯实。

（7）设置现场实验室，配备必要的检测仪器，试验人员必须持证上岗。对压实设备类型，最佳组合方式，碾压遍数及碾压速度、工序，每层材料的松铺厚度，填料的含水量等作认真的试验确定各种数据，并指导施工。

（8）填土路堤，每层其顶面应做成4%双向横坡，使路堤表层不积水。

（三）填石路基质量保证技术措施

（1）填石路堤选择级配好的石块填筑，石料强度不应小于 15MPa，石块最大粒径不超过压实厚度的 2/3。

（2）填石路堤的填料岩性相差较大时，应将不同岩性的填料分层或分段填筑。

（3）填石路堤分层填筑厚度不宜大于 50cm，路堤边坡坡脚用粒径大于 30cm 的硬质石料码砌。

（4）填石路堤使用激振压力 50t 重型碾、激振压力 50t 以上重型振动压路机联合分层碾压，并根据现场压实试验确定的压实遍数碾压。

（5）加强填石路堤的质量检测，填石路堤的压实质量采用施工参数（压实功率、碾压速度、压实遍数、铺筑层厚度等）与压实质量检测联合控制。

第五节　高速公路路基施工成本管理

一、高速公路路基工程实行项目成本管理的必要性

为适应市场竞争的需要，高速公路工程路基施工项目既要保证高质量的要求，又要尽力缩短建设工期，确保项目利润和企业收益。面对项目利润日益透明的今天，工程项目低价竞争、利润空间严重缩小和由此引发的规模极限扩张的阴影笼罩着许多高速公路施工企业，强化成本管理成为各施工企业维持基本生存的必然选择。

一般的路基工程相对于大型单独的桥梁工程、隧道工程来说，其技术要求略低，目前大多数企业积累了相当丰富的管理经验，按照经验施工基本都能完成施工目标。在市场竞争中，正是由于路基工程项目利润日益透明，可获取的利润更是低薄，在项目收入基本稳定不变的情况下，如何改变传统的经验施工思维，降低路基工程成本成为当前高速公路施工企业探讨的热点和难点。

当前，在许多施工企业路基工程项目中，还存在只顾眼前利益、不顾长远利益的现象，对成本与质量、进度关系，局部成本与总体成本、短期成本与长期成本三种成本管理关系理解不当。项目因为追求成本开支的降低、进度的加快，而顾此失彼，导致质量不合格率增高，安全事故频发，增加了成本，最终影响到项目部的利润指标。通过相关高速公路施工企业历年施工资料分析，高速公路路基工程成本构成与一般路面工程成本构成的差别较大，主要表现在，路基工程的人工费、材料费、机械使用费超过了工程总造价的 80%，而其他费用、现场经费和计划利润、税金等各种费率费用占工程总价的比例一般为 20% 以下；路基工程的施工便道、取土场建设费用同时也远远超过了额度相等的一般正常路面项目的建设费用。所以在当前市场竞争的环境下，路基工程项目成本管理成为决定项目利润的重要措施。

二、高速公路路基工程施工项目成本管理现状

（一）成本管理的思路

长期以来，我国高速公路施工企业大多隶属交通部门，缺乏自主经营、自我约束的意识，从而一定程度上造成其成本管理观念淡薄，与现代企业战略成本管理思想有较大差距。引入市场竞争机制以后，施工企业面临着新的挑战，过去粗放的经营管理形式逐渐转向集约管理的形式，但由于长期受到计划经济管理体制的影响，成本管理仍然不能很好地适应多变的复杂环境，经常造成施工项目成本失控而不能达到预期的效果。在管理思路上主要表现为以下几个方面：

（1）认为成本管理是财务部门的事，和其他部门、其他人员无关。项目成本由财务部门管理，实质上仍然是粗放型的管理方式。成本费用的发生贯穿于施工的全部过程，对于每个部门、每个施工环节、每个工作岗位来说，都是成本费用的支出者。而财务人员不可能时时刻刻深入到各施工环节、施工的全过程中去控制每一项费用的支出，只能从总量上去核算和控制，因而会造成成本失控的局面。

（2）认为只需要对施工过程中人工、材料、机械的消耗以及间接费用这部分费用控制好，就算是达到目的了，而对于其他方面诸如因前期准备工作、后期维修等发生的成本费用则不作考虑。

（3）认为成本管理就是"先干后算"中的"后算"部分。一直以来，高速公路施工企业都存在着一种观念：公路工程建设的主要任务就是按期完成特定质量的工程项目，对于其中发生的成本费用则不去考虑，无论是发生多大的代价，只要按期完成施工任务，就算目标达到了；至于成本管理，只是注重事后算账，即工程任务完成之后再进行成本核算，而成本管理也只是收集成本费用资料，进行归集计算的过程，并没有发挥其应有的作用。

（二）成本管理的内容

施工项目成本管理的内容应该是施工项目实施中发生的所有成本费用。但是，由于受到管理思想的限制，大多数高速公路施工项目成本管理只重视施工过程中直接费用（人工、材料、机械费用）和间接费用的控制和核算。当然，直接费用在整个工程成本中的比例很大，几乎占到90%左右，能切实抓好直接费用的管理对项目成本管理的整体效果也是至关重要的，可在实际操作的过程中却是大打折扣。

（1）人工费侧重于控制单价而忽视用工数量。对于人工费的管理在价格控制上是比较严格的，但在用工数量上却不能很好地控制，尤其是临时用工的数量比较混乱。另外，对用工结算单上数量也不能严格把关，并没有经过认真核对，造成用工数量夸大、人工费用激增的现象。

（2）材料费用的控制未能达到预期的效果。首先，是对材料商的选择并不重视，没有经过"货比三家"和招投标规范采购的过程，致使材料价格偏高；其次，是对材料用量

的控制，施工人员在施工过程中，没有严格按照图纸和定额来控制材料的用量，造成材料的浪费，费用的增加；另外，材料存储费用居高不下，材料部门对于采购材料没有一个很好的计划，没有计算材料采购和存储的经济批量，而多数是凭经验去采购，这样既给施工部门和施工人员在使用的过程中带来诸多不便，也使得材料存储费用大大增加。

（3）机械费用的管理不到位。机械费用的管理不到位主要表现在机械利用率上，一般情况下，机械台班费用是由市场来决定的，属于不可控因素，但是机械使用的台班数量是可以控制的。机械利用率过低是大多数施工项目普遍存在的现象，经常同时出现机械闲置和需增加机械数量的情况，造成机械费用的上升，机械成本的增加。另外，在使用过程中，不注重对机械的日常保养，也导致机械的修理费用增加。

（三）成本管理的方法

改革开放以后，随着市场经济体制的建立和不断完善，我国成本管理的方法有了很大的改进，也借鉴了一些西方先进的管理方法，但由于长期受到传统管理方法和计划经济思想的影响，高速公路施工企业的成本管理方法仍然难以适应社会主义市场经济、现代科学技术发展和管理水平提高的需要。

目前，有不少高速公路施工企业仍然只限于对产品生产过程的成本进行计划、核算和分析。但由于成本基础管理工作不完善，无有效的项目管理台账，各种原始资料记录、统计工作不准确，虚假成分多，不能有效进行成本分析和控制；而成本管理核算也只是被动地记账、算账，其侧重点是对施工过程中发生的各项支出进行归集、分配，很少在成本控制方面做出必要的反映和会计监督，成本开支的随意性很大。而且，对于影响成本高低的因素，往往只注重从结果上找原因，由于高速公路工程施工周期长，事后的成本分析对施工的指导和控制不能起到直接作用。

其次，现行的大部分高速公路施工项目对成本的控制也没有拓展到技术领域和流通领域，在整个生产过程中往往只重视进度、工期、质量的完成情况，而对采购成本、工期成本、质量成本以及施工技术组织措施对成本的影响则很少注意。另外，在管理体系上，偏重于事后管理，忽视了事前的预测和决策，难以充分发挥成本管理的预防性作用；在成本责任方面，存在着大锅饭，没有形成一套责任预算、责任核算和责任分析的管理体系，没有与项目的经济责任制度密切结合。

三、高速公路路基工程施工项目成本管理存在的问题

我国高速公路施工企业经过了从计划经济体制向市场经济体制的转轨，在引入市场竞争机制的过程中，施工管理、施工技术水平等多市面得到了提升。但企业效益未能得到根本改善，其中作为企业成本中心的施工项目成本管理水平差是主要原因。以下，就对我国高速公路路基工程施工项目成本管理中所存在的主要问题和原因进行分析。

（一）项目管理人员成本管理意识问题

由于我国高速公路施工企业长期以来，一直是靠国家指令性计划下达施工任务，企业对成本、利润不承担任何风险，只注重施工任务的完成，不管效益的好坏，整个企业都不必担心其他企业与之竞争，也不必担心生存和发展的危机。所以上至企业领导，下到每个员工，都没有形成竞争的观念。

在市场经济的条件下，企业之间的争日益激烈，而企业竞争的实质就是成本的竞争。企业要想得以生存和发展，就必须对市场动态了如指掌，对竞争环境和竞争对手相当熟悉。成本管理的效果直接影响着项目经济效益，影响着施工企业的生存和发展。作为高速公路施工企业的成本中心，项目经理部的管理人员更应加强成本竞争意识的培养。面对市场竞争的沉重压力，有很多施工项目没有深入调查所处的市场环境，与同类竞争对手没有比较，对项目施工所需物料的市场价格了解不够，对价格随着市场变化发生的变动没有充分的心理准备和足够的应付能力，随意选择材料供应商和劳务队伍等，结果使得施工成本无形中增加了很多，这些都是项目管理人员缺乏成本竞争意识的直接表现。

（二）成本管理方法问题

为了适应市场经济发展的需要，为了跟上社会和经济快速发展的步伐，高速公路施工项目必须形成自己的行之有效的成本管理方法和手段。

就目前来看，很多高速公路施工企业并没有根据自身特点，而形成一套切实可行的成本管理方法。不仅如此，还有很多企业仍然沿用一些传统的、过时的成本管理方法和手段，许多项目的成本管理只有事后的成本核算和简单的成本分析，缺乏科学的事前成本预测和决策，缺乏严格的事中控制和事后成本考核等。当然，也有一些施工企业采用了某些现代成本管理方法如标准成本法、目标成本法、价值工程以及一些经济数学模型的应用，但也只是从表面进行分析和研究，没有进一步地推广。更甚者，只有少数管理人员对其管理方法有所了解，而其他员工和施工人员并不知道，从而给实施的过程造成了障碍，所以这些管理方法和手段的作用并没有真正地发挥出来。另外，有些施工企业成本管理的操作仍然是手工操作为主，计算机的应用没有广泛推广，使得各部门基础资料的收集、传递、分析和处理不及时、不准确，从而对成本发生和形成中存在的问题和原因，不能及时分析并采取相应的改进措施，难以达到降低成本提高效益的目的。

（三）成本管理体制问题

成本管理作为一种经济管理活动，也必须有一套与其相适应的管理体制，才能真正发挥其效果。有些施工项目的规章制度也定了不少，但是对于成本管理的规章制度则并不完善，要么责任分工不明确，造成各部门相互推卸责任；要么奖罚办法不得力，难以调动项目员工对于成本管理的积极性。有的项目甚至无论是领导还是员工都没有严格按照规章制度的划分来进行成本管理活动，干脆将其束之高阁，发生这种情况，究其原因无非有二：

其一是整个施工项目对成本管理都不重视，认为成本管理是可有可无的，之所以还有规章制度，也只是为了应付上级的检查；其二就是这个规章制度与实际不相符，不具备操作可行性，所以只好把它放到一边去。

（四）成本管理整体规划问题

由于受到传统观念的影响，一些施工企业在进行成本管理活动的时候，仍然只注重对施工过程的控制，成本管理的内容不够全面。项目施工成本的发生和形成是贯穿于从施工准备到工程竣工交付直至保修期满的全过程，要经历施工准备、工程施工、竣工验收、回访保修等几个阶段，每一个阶段都伴随着人力、物力的消耗及费用的支出。但是，目前仍有很多施工项目缺乏整体规划的意识，对于成本的发生和形成过程和阶段没有认真系统地进行研究，没有追根溯源，从而忽略了对成本的有效控制，尤其是经常会忽略工程项目前期准备以及竣工之后到保修期满这两个阶段中成本的发生，而对其成本费用的发生自然就不能有效的管理和控制了。

另外，在成本管理过程中，还会出现为了降低某个分部分项工程的成本，而忽略整个施工项目总体成本的现象。由于没有对项目整体成本进行详细的规划和研究，各施工班组缺乏互相协调与配合，致使有些时候施工班组不能从大局出发，为了追求分项工程或单位工程的个别施工效益，而将项目的总体成本置于脑后，仅考虑所负责分项工程成本费用的发生。

（五）成本动因分析问题

成本动因是引起一项活动成本发生变化的原因。当前许多高速公路施工项目在进行成本管理时，对引起成本费用发生和形成的原因都有给予足够的重视，或者是根本不去究其原因，或者是对其原因分析不全面、不合理，从而使成本管理发挥的作用大大降低。长期以来，高速公路施工项目在进行成本管理时，只重视对直接费用的管理，如对材料费、人工费、机械费等的分析和控制，而对工期成本、质量成本、安全成本等其他成本很少涉及。还有很多施工项目在实施成本管理的过程中，只看重表面现象，而不去研究和分析其发生的根源，挖出成本降低的潜在因素，以至于忽略了很多隐性成本的发生，使施工项目的成本很难真正降下来。例如国家对行业扶持而制定的优惠政策、国家为完成长远规划而制定的近期目标、省市地区为规范公路建设市场而制定的各种规章制度、行业的整体发展状况、高速公路建设市场中各竞争对手的状况以及市场价格及供求的变化，这些因素都会直接或间接的影响着施工企业和施工项目成本的发生和形成，若是对其中的任何因素视而不见，都会降低施工项目成本管理的效果，以致最终影响施工项目经济效益、社会效益的发挥。

四、高速公路路基工程施工项目成本管理策略

（一）更新成本管理理念

成本管理理念是指人们对成本管理有关问题的认识。在市场经济的条件下，企业作为竞争的主体，树立什么样的成本管理观念来支配企业的成本管理工作，是一个既有理论意义，又有现实意义的问题。

从高速公路施工企业的角度去考虑，高速公路施工项目仍然是施工企业的一个部分，一个成本中心。但由于高速公路建筑产品具有一次性和单件性的特点，决定了高速公路施工项目从成立项目部之后就具有一定的独立性，无论是施工生产、资金运作、还是成本、效益的核算都具有独立性。从中标开始，经过组织施工生产到工程竣工直至保修期满为止，整个运行过程都将影响其成本的变化。并且伴随着市场经济的发展，企业外部环境的变化不断向深度和广度扩展，而现代成本管理正是紧紧围绕影响成本变化的各个因素去实施运作的。因此，树立新的成本管理理念将是搞好成本管理工作的前提条件。

1. 战略成本意识

战略成本管理是战略管理与企业成本管理相结合，旨在提高企业竞争优势的同时进行的成本管理，是指管理人员运用专门方法提供企业本身及其竞争对手的分析资料，帮助管理者形成和评价企业战略，从而创造竞争优势，以达到企业有效地适应外部持续变化环境的目的。战略成本管理可以理解为制定企业战略过程中的成本管理，它区别于我国现行成本管理的最大特征是：在进行成本管理的同时关注企业在市场中的竞争地位，并借助成本管理，使企业更有效地适应其持续变化的外部环境。

战略成本管理的范围一般包括价值链分析、战略定位和成本动因分析。价值链分析是一种战略分析工具，它关注产品的整个价值链，包括行业价值链分析、企业内部价值链分析、竞争对手价值链分析三个方面的内容。战略定位分析就是要求通过战略环境分析，确定应采取的战略，从而明确成本管理的方向，建立与企业战略相适应的成本管理战略成本动因分析是要找出成本的驱动因素，以便对症下药，保证成本管理战略的有效性。

高速公路施工项目从中标开始，经过组织施工到工程竣工，直至保修期满为止，整个运行过程都将影响其成本的变化。将战略成本管理的思想运用到高速公路施工项目成本管理中去，从全局、整体的角度去全面控制项目成本，保持成本竞争优势，对提高项目的经济社会效益有着极其重要的作用。

2. "以人为本"的成本意识

现代企业管理理论是以人的管理为中心，把员工积极性充分调动起来，科学地组织起来，以提高经济效益和社会效益为目的的整体管理方式，在项目管理和成本管理活动中，人是决定成本高低的关键因素，应始终以人为本，把人的因素放在中心位置，把调动人的

积极性放在主导地位。

高速公路施工项目树立"以人为本"的成本管理意识，应主要从以下几个方面入手：

（1）培养全员成本意识，实施全员参与的成本管理。在项目的各项活动中，人是主体，在成本发生和形成的过程中，人也是关键因素，因此，成本管理应以每个员工为起点来进行。所以必须向全体员工进行成本意识的宣传教育，培养全员成本意识，变少数人的成本管理为全员的参与管理。

（2）充分调动员工成本管理的积极性。项目经理作为项目经理部的核心领导，应该起到带头作用，这样才能形成一个以项目经理为核心的成本管理体系，便于调动员工的积极性和主动性，便于大家共同为项目的成本管理献计献策。要鼓励和保护员工展开合理化建议和技术改进活动的积极性、创造性，更有效地利用和节约能源，降低消耗，采用新技术、新工艺、新材料，精打细算，为降低成本、提高效益做出贡献。另外，项目经理部还应该制定一系列的奖励办法，来调动员工的积极性，共同参与成本管理。

（3）发现和挖掘员工成本管理的潜能。

①创造良好的人才成长环境。一是心理环境建设，提高全体员工对"搞好成本管理，人才是关键"的认识；二是政策环境建设，企业在实行技术研究开发和管理创新中，出了问题应由领导承担失误责任，而取得成绩时，荣誉、奖励、署名权都属于科技人员；三是物质环境建设，改善人才的工作环境和生活环境，保证充分发挥他们的潜能。

②建立人才培训体系。一是设立专职的责任部门和责任人，制定以岗位培训为主，以脱产培训、专题进修为辅的教育培训计划制度等；二是在岗锻炼，迅速提高员工成本管理的理论认识和技能。

（4）满足项目员工不同层次的需求，创造一个各尽所能的氛围，以充分发挥人的主观能动性。人的任何活动，归根到底都是为了满足人的各种需求，促进人的全面发展。所以，项目部应该主动营造一个能够发挥员工主动性的氛围，激励每个员工各尽所能，并将其应用到项目的成本管理中去。

3. 利益驱动的成本观念

在市场经济环境下，经济效益始终是企业管理追求的首要目标，成本管理工作也应该树立成本效益观念，实现由传统的节约、节省观念向现代效益观念转变。

高速公路施工项目作为施工企业的一个独立单元，也要具备现代成本效益的观念。尤其是在我国市场经济体制逐步完善的今天，更应该以市场需求为导向，通过提供质量高、功能完善的高速公路建筑产品，力求获取尽可能多的利润。因此成本管理应与项目的整体经济效益直接联系起来，以一种新的效益驱动观念看待成本管理问题。

项目的一切成本管理活动应以效益驱动的观念作为支配思想，从"投入"与"产出"的对比分析来看待"投入"（成本）的必要性、合理性，即努力以尽可能少的成本付出，创造尽可能多的使用价值，为项目获取更多的经济效益。如在施工过程中，对某分部分项工程的施工作些改进，也许会使该分部分项工程的成本增加，但是却会使项目的总体成本降低，提高项目的整体效益，那么这部分增加的成本就是符合成本效益观念的。使项目获取最大的效益或避免可能发生的损失而发生的这些费用都是必须的，这种成本观念可以说是"花钱是为了省钱"，是效益成本观念的体现。

总之，在现代市场经济环境下，从效益出发进行项目的日常成本管理活动，研究收益增减与成本增减的关系，以确定最有利于提高效益的成本预测和决策方案。

4. 系统化管理的成本观念

由于长期受到传统经济观念的影响，施工项目在成本管理中往往只注重施工过程的成本管理，没有对成本进行系统地分析与研究，这种成本管理观念远远不能适应市场经济环境的要求。

在市场经济环境下，企业应树立成本的系统管理观念，将企业的成本管理视为一项系统工程，强调整体与全局，对企业成本管理的对象、内容、方法进行全方位的分析研究。凡是影响成本的一切因素，不论是技术、行政，还是党群管理等方面，都应纳入成本管理的范畴，都要进行成本和功能、成本与方案、成本与资源、成本与工艺、成本与质量、成本与规模、成本与体制机制、成本与市场竞争等的分析和研究，要求成本管理必须与生产经营的动态因素相结合，从整体上把握总体成本的水平。

首先，施工项目对成本要进行全程管理，使其不再局限于施工过程中，而是应对其从招投标开始，到项目中标后的前期准备、施工过程、竣工验收、保修期内保养维修的整个过程的总体成本来全面考虑，才可以使企业和项目始终保持强大的竞争力。

其次，在市场经济条件下，项目成本管理的重心应由内部转向外部，由重生产管理转向重经营决策管理，既要充分了解相关技术的发展态势、掌握市场动态、对市场供求进行分析，又要研究分析各种决策成本如相关成本、机会成本、边际成本、付现成本、重置成本、可避免成本、可递延成本、未来成本等，有效地避免决策失误给企业带来的巨大损失，为保证企业做出最优决策、获取最佳经济效益提供基础。

最后，随着市场经济的发展，非物质产品日趋商品化。与此相适应，成本管理的内涵也应由物质产品成本扩展到非物质产品成本，如人力资源成本、资本成本、质量成本、工期成本、安全成本、环境成本等。

5. 科技驱动的成本观念

科技进步和创新是增强企业综合竞争力的决定性因素。随着科学技术的发展，成本管理正在从经验型走向科技型管理，降低成本的根本出路在于科技创新。为增强竞争力，企业必须加快科技创新的步伐，提升企业技术水平。随着市场经济体制的逐步完善，高速公路建筑市场也逐步实现规范化，高速公路施工行业的竞争日益激烈，也逐步迈入了"微利"时期，施工企业已经不可能依靠较高的标价去获取利润。因此，科技时代下的施工企业成本管理必将与施工生产、技术工艺、企业信誉等交融在一起，在改进技术，提高工艺，降低成本消耗的同时，又要通过强化成本控制，提高经济效益来促进科技进步。

一方面，要重视施工方案的优化、工艺技术的创新、新材料的运用、设备技术的改进、员工素质的提高和采用计算机管理等措施，实现管理手段、方法的科学化，进而将降低成本与技术进步有机结合起来，由此形成了一个比较完整、系统的、能够适应市场经济发展要求的现代成本管理体系。

另一方面，在实施成本管理时，要时刻以市场为导向，通过优化企业资源配置，把企业的各种生产要素有机结合在一起，运用现代科技方法和手段，建立以科技驱动为核心的成本管理体系，使企业生产组织更趋现代化，资源配置更加合理，从而加快企业从劳动密集型向技术型转变。

（二）正确地选择成本管理方法

成本管理方法的选用，必须根据项目自身特点和实际情况，全面考虑企业的经济实力、技术状况、人员因素以及项目的工期、质量要求等各方面的因素。选用科学合理的管理方法，才能真正达到降低成本、提高效益的目的。

1. 作业成本法在高速公路施工项目成本管理中的应用

随着市场经济的发展，这些年来，我国高速公路施工企业管理思想、组织模式的创新、施工技术的进步和信息化程度的提高、以及中国加入 WTO 后更加激烈的竞争环境，都促使我国高速公路施工企业去采用一种全新的经营决策理念。高速公路施工企业规模的扩大，制造化、机械化程度的提高，随着新理论、新材料、新思想、新经营模式等的出现，促使高速公路施工企业的经营范畴和服务类型将更为丰富。所以作业成本法基本理论的引入与实施，有助于高速公路施工企业对施工项目成本的准确核算，优化施工作业流程，减少施工生产过程中的不增值作业，减少资源的浪费，从而达到降低施工成本，增强企业争实力，实现企业的经营发展战略等目标。

将作业成本法运用到高速公路施工项目成本管理中，体现了战略成本管理的思想。具体表现在以下几个方面：

（1）它是一种全面管理的方法。

第一，它是对施工项目全过程的管理。在施工项目实施的过程中，每一道工序，都伴随着价值的形成，而作业链 - 价值链的不断完善和优化过程，就是对施工项目成本的全程管理过程。第二，是对高速公路施工项目成本进行全员管理的一种方法，在对施工项目实施的过程中，人始终是处在主体的地位，每道工序的进行、每种资源的消耗，都是由人来操作和进行的，因此，作业链的优化过程，是施工项目全体员工共同进行成本管理的过程。第三，作业成本管理是一种全面质量管理，由于高速公路施工项目具有单件性和一次性的特点，每个分部分项工程的价值集合为项目的总体价值，对施工项目中每个不增值作业的消除和每个增值作业的优化，就是对每个分部分项工程进行质量管理的过程，因此，作业链 - 价值链的优化过程，就是施工项目全面质量管理的过程。

（2）作业成本法体现一种系统管理的观念。作业成本法在高速公路施工项目成本管理中的实施，不是哪个部门、哪个班组或者哪个岗位能独立完成的，它要求项目从管理层到施工操作层，从资源采购、消耗到价值形成，以及各部门、各岗位的相互协调，形成一个从上到下、由此及彼的循环过程，直至最终项目实施的完成，形成一个层层完善的系统工程。

（3）是一种动态管理的过程。施工项目作业链 - 价值链优化的整个过程，都体现了动态管理的思想。在以作业为起点和核心的管理过程中，要求项目把重点放在每一作业的完成及其所耗费的资源上，并通过作业分析，溯本求源，根据技术与经济相统一的原则，不断改变作业方式，重新配置有限资源，从而达到持续降低成本的目标。这种不断消除不增值作业，改善增值作业的过程，正是全程的动态管理。

2. 目标成本法在高速公路施工项目成本管理中的应用

目标成本法经过多年的发展和完善，目前在我国高速公路施工项目成本管理中得到充分运用，具体步骤如下：

（1）成本目标的确立。成本目标的确立是施工项目实施成本管理的起点，目标成本制定的科学性和合理性直接影响到目标成本管理的有效性。

首先，在项目实施之初，项目经理部要充分掌握市场动态和国家有关的方针政策，结合项目自身状况，对未来的施工成本进行科学的预测，并进行认真分析和研究，避免盲目性和减少风险性；然后再制订出切实可行的成本计划，进一步确定施工项目在计划期内的生产费用、成本水平、降低成本率和降低成本额所采取的主要措施和方案。

（2）成本目标的分解。成本目标确定后，就要按部门将目标成本通过 WBS 分解到部门、分包单位、班组、岗位等各层次上，并根据项目的工期要求，按时间分解为年、月、季度、旬的成本目标，按费用项目分解为人工费、材料费、机械费、管理经费等成本目标，形成各自的成本目标体系。其基本分解方法是自上而下、由粗到细，将项目施工成本依次分解、归类，形成层层保证、相互联系的分解结构。在进行成本目标分解的同时，应注意与各部门和个人的岗位责任制和经济责任制结合起来，做到权责利相互结合，只有这样目标成本才能落到实处。而且，分解到各个部门和个人的目标成本必须是该部门和个人能控制的成本，否则，将失去成本管理的意义。

（3）成本目标的控制。成本目标的控制即对成本发生和形成的过程进行全程控制。目标成本能否实现取决于目标成本的实际执行情况，即目标成本的控制。根据设定的目标成本，选定合适的施工技术与方法等，以实现目标为准，采用各种控制手段，进行指导、调节、限制和监督，保证目标成本的实现。既要找出影响目标成本实现的重点因素，采用科学的方法，对这些重点因素进行重点跟踪控制。又要对发生的偏差或出现的问题，及时进行分析研究，查明原因，并立即采取有效措施，以保证所发生的成本在预定范围内。

（4）成本核算。目标成本管理要求成本核算过程不仅能够反映出成本的实际发生情况，更应该将所设定的目标成本在一定时期分解的目标与实际发生情况表示出来，供下一步的成本控制使用。成本的核算工作一定要及时，以便准确地进行成本分析。

（5）成本分析。成本分析主要是将成本核算得到的具体数据资料与设定的成本目标进行比较分析，提示成本节约和超支的情况，并给管理者提供产生的原因，为进入下一个循环奠定基础。成本分析作为成本管理工作的重要组成环节，对成本降低起到极其重要的作用。尤其是对于那些占成本比重很大、经常发生波动并且控制比较困难的目标成本更要经常性地进行检查，并在此基础上进行分析，分清主观因素和客观因素、有利因素和不利因素以及主要因素和次要因素，对比差距，揭露矛盾，充分挖掘项目内部潜力，为今后制定目标成本提供新的依据。

（6）成本考核。成本管理绩效的好坏，需要按目标责任考核对象进行考核。将经济责任同成本目标紧密联系在一起，用经济责任来保证成本目标的实施，使目标责任制度化、规范化，有利于成本管理的深化。其基本做法是：首先，层层签订责任状。即由项目经理部将成本目标责任分解到各具体施工人员，明确目标责任与经济利益的考核措施，充分体现施工成本目标管理责、权、利相结合的原则。其次，定期检查。由项目部组织有关人员进行目标执行情况的检查。检查成本实际支出情况是否符合目标要求，同时检查目标责任的落实情况，为最终考核提供资料。最后是对成本目标的相符率和达成率进行考核和评价，表扬先进，惩罚落后，并给予适当的奖励，从而调动各方面降低成本的积极性。

（三）建立科学的成本管理保障体系

1. 建立高效的组织机构

任何管理工作的顺利进行都是以组织为保障的。只有一个完善的、运行有序的组织管理体系，才能保证管理工作沿着既定的目标前进。成本管理体系中组织机构是指企业员工为实现相应的成本管理目标，按照其相应的管理岗位在工作中进行分工协作，在职务范围、责任、权力方面所形成的结构体系。组织机构的本质是权力分配和员工的分工协作关系。

施工项目管理组织机构可以分为三个层次：一是项目管理决策层，它是项目管理的核心，从总体上把握施工项目的施工生产和成本管理，它掌握着施工生产要素的调配权；二是中级管理层，它是由一批施工、生产管理和技术方面的复合型人才组成的，包括各类专业技术人员、财会人员、合同管理人员和其他人员，负责实施项目决策层的施工、管理决策，并从不同角度对劳务作业层的施工操作过程进行控制；三是劳务作业层，这是为工程项目的施工输出劳务的一级组织，包括施工队一级的管理人员和操作人员，是现场实际操作的执行者，并对其任务目标负责。

项目经理部必须结合本项目的实际情况和特点确定成本管理的组织及人员，负责本项目经理部所承担工程的施工项目成本管理，对本项目的施工成本及成本降低率负责。而且，随着成本管理活动的展开，根据不同的管理范围和管理重点，各部门、各岗位的权力和责任也有不同。因此，在确定成本管理的职权结构时，要注意权力要有层次，严格分清决策、落实和执行层次的责任和管理权限，职责要有范围，分工要明确，关系要清晰，防止责任不清造成相互扯皮推诿，影响成本管理职能的发挥。总之，只有建立完整高效的组织机构，才能保证成本管理活动的有效运行。

2. 建立合理的成本管理制度

明晰的运行程序和严格的管理制度是成本管理工作顺利进行的基础。制定合理的成本管理制度，用来规范、指导项目的成本管理工作，在成本管理体系中，是极其重要的。尤其是对一个独立的工程项目而言，为了保证成本管理的有效性，项目成本管理制度必须是可操作性较强的执行文件，要求每个员工都要严格遵循。因此，在编制成本管理制度时，要做到以下几点：

（1）要选择结合实际的成本管理方法，采取的相关措施要具有可操作性。

（2）成本管理目标的制定要明确。成本管理范围的界定要清晰、简明，方便操作，否则将失去指导意义。

（3）各部门、岗位的职责要具体，人员分工要明确。只有分工明确才能使各部门、各岗位的人员明确各自的职责，并做到各司其职，发挥项目管理的整体优势，确保项目成本管理目标的实现。

（4）要有明确、严格的工作程序。包括原材料供应、劳务分包、机械租赁等要素的供应时间、供应方式、组织方式等都要给予认真设计和准确描述。

（5）要制定严格的考核制度和奖惩办法，对各部门、各岗位员工管理工作成果与其目标进行比较，对其成本管理活动效果做出评价，并做出奖励或者处罚。考核内容包括施工项目成本考核和成本管理体系及其运行质量考核。施工项目成本管理是施工项目成本全过程的实时控制，因此，考核也是全过程的实时考核，要以全过程的实时考核确保最终考核的通过。同时，要将考核与奖惩办法挂钩，根据考核的结果确定奖惩，以调动员工进行成本管理活动的积极性。

3. 建立完善的信息体系

成本管理的信息来源非常广泛，要从企业内部、外部市场、竞争对手、顾客、供应商乃至政府等多处搜集信息。所提供的信息也要求全面而多样化：既包括企业内部生产经营信息，又包括企业外部环境信息；既包括货币性的财务成本信息，又包括诸如市场供求量、顾客满意度等与企业战略管理相关的非财务信息。而成本管理的过程也同时是对各类信息体系进行处理的过程。要想加强成本管理，保持成本优势，提高企业效益，就必须建立完善的信息体系。

高速公路施工项目的成本管理活动，同样也离不开对信息的收集和处理的。不仅要注意采集市场供求、竞争对手、供应商等外部信息，内部各部门工作的有效完成，也需要部门之间信息的准确传递。上至管理决策层指令任务的下达、中间各部门对目标任务的分析及落实，下到施工操作层的具体实施等各环节工作的有效完成，都有赖于信息的准确传递和处理，高速公路施工项目应该以部门为单位，各自收集相关的信息，进行加工处理，同时，各部门之间还要加强沟通，做到信息共享。另外，还要作好信息的长期积累工作，便于项目对各方面因素的分析，对成本增加及降低的趋势进行认真研究探讨，及时采取相应措施进行改进和完善。

建立完善的信息体系要着重注意以下几点：

（1）信息来源要准确。无论是外部市场信息还是内部施工操作作息，如果不准确则会造成成本管理决策失误，导致不必要的成本费用的发生。

（2）信息收集要及时。及时地对相关信息收集，有利于项目抓住先机，对各种有利和不利情况做出反应，继而采取相应措施。

（3）信息传递要完整、准确、及时。信息传递是上下级之间或者部门之间互相协作，共同完成目标任务的前提条件，若不能做到完整、准确和及时，施工项目的整体目标就难以实现。

（四）制定切实可行的具体管理措施

1. 施工前的成本管理

首先在工程投标阶段根据工程概况和招标文件，结合高速公路建筑市场和竞争对手的情况，进行成本预测，提出投标决策意见。中标以后，应根据项目的建设规模，组建与之相适应的项目经理部，同时以《标书》等相关资料为依据确定项目的目标成本和目标利润，并下达至项目经理部，并由公司相关职能部门加强监督管理。

其次，在施工准备阶段。项目经理部根据设计图纸和有关技术资料，对施工方法、施工顺序、作业组织形式、机械设备选型、技术组织措施等认真分析，并依据成本管理的原则、任务等，制定出科学先进、经济合理的施工方案；根据公司下达的成本目标，以分部分项工程实物工程量为基础，制定劳动定额、材料消耗定额和技术组织措施的节约计划；在优化的施工方案指导下，编制明细而具体的成本计划，并按照部门、施工队和班组的分工进行分解，作为部门、施工队和班组的责任成本落实下去，为今后的成本控制做好准备。

第三、合理制定工程目标责任成本。根据项目建设时间的长短和参加建设人数的多少，编制工程项目预算，并对上述预算进行明细分解，以项目经理部相关部门或业务人员责任成本的形式落实下去，为今后的成本控制和绩效考核提供依据。

编制项目目标责任成本时，一定要注意目标责任成本数额的合理确定。目标责任成本过低，项目施工管理人员能较轻松地完成指标，不利于提高企业施工管理水平和利润水平；同时在按责任合同兑现奖惩时，可能会拉大企业管理人员与项目施工人员的收入差距，造成企业内部矛盾。目标责任成本过高，致使项目部成员全力以赴也无法完成，就会打击项目各级管理人员积极性，降低企业创造力。

2. 施工阶段的成本管理

首先，加强施工任务单和限额领料单的管理，特别要做好每一个分部分项工程完成后的验收，包括实际工程量的验收和工作内容、工程质量、文明施工的验收，以及实耗人工、实耗材料的数量核对，以保证施工任务单和限额领料单的结算资料绝对正确，为成本控制提供真实可靠的数据。

其次，将施工任务单和限额领料单的结算资料与施工预算资料进行核对，计算分部分项工程的成本差异，分析差异产生的原因，并采取有效的纠偏措施。

第三，做好月度成本原始资料的收集和整理，正确计算月度成本，分析月度预算成本、目标成本、实际成本差异。对于一般的成本差异要在充分注意差异的基础上，认真分析差异产生的原因，以防对后续作业成本产生不利影响。

第四，在月度成本核算的基础上，实行责任成本核算。也就是利用原有会计核算的资料，重新按责任部门或责任者归集成本费用，每月结算一次，并与责任成本进行对比，由责任部门或责任者自行分析成本差异和产生差异的原因，自行采取措施纠正差异。

第五，经常检查对外经济合同的履约情况，为顺利施工提供物资保证。如遇拖期或质量不符合时，应根据合同规定向对方索赔；对缺乏履约能力的单位，要采取断然措施，立即中止合同，并另行寻找可靠的合作单位，以免影响施工，造成经济损失。

最后，定期检查各部门和责任者的成本控制情况，检查成本控制责、权、利的落实情况，一般为每月一次。发现成本差异偏高或偏低的情况，应会同责任部门或责任者分析产生差异的原因，并督促他们采取相应的对策来纠正差异，如因责、权、利不到位而影响成本控制工作的情况，应针对责、权、利不到位的原因，调整有关各方的关系，落实责、权、利相结合的原则使成本控制工作得以顺利进行。

3. 竣工阶段的成本管理

首先，精心安排、干净利落地完成工程竣工扫尾工作。从现实情况看，很多工作一到竣工扫尾阶段，就把主要施工力量抽调到其他在建工程，以致扫尾工作拖拖拉拉，战线拉得很长，机械、设备无法转移，成本费用照常发生，使在建阶段取得的效益逐步流失。扫尾阶段工作面小，人多了反而会造成浪费，因此，一定要精心安排，采取"快刀斩乱麻"的方法，把竣工扫尾时间缩短到最低限度。

其次，重视竣工验收工作，顺利交付使用。在验收以前，要准备好验收所需要的各种书面资料包括竣工图，送业主备查。对验收中业主提出的意见，应根据设计要求和合同内容认真处理，如果涉及费用，应请业主签证，列入工程结算。

第三，及时办理工程结算。在施工过程中，有些按实结算的经济业务，是由财务部门直接交付的，项目预算不掌握资料，往往在工程结算时容易遗漏。因此，在办理工程结算以前，要求项目预算员和公司成本核算员进行一次认真全面的核对。

最后，在工程保修期间，应由项目经理指定保修责任者，保修责任者根据实际情况提出保修计划包括费用计划，以此作为控制保修费用的依据。

第四章　路面施工

第一节　路面结构与分类

一、路面结构

行车载荷和自然因素对路面的影响随深度的增加而逐渐减弱；对路面材料的强度、刚度和稳定性的要求也随着深度的增加而逐渐降低。为适应这一特点，绝大部分路面的结构是多层次的，按使用要求、受力状况、土基支承条件和自然因素影响程度的不同，在路基顶面采用不同规格和要求的材料分别铺设垫层、基层和面层等结构层。

（一）面层

是直接同行车和大气相接触的层次。承受行车荷载较大的竖向力、水平力和冲击力的作用，同时又受到降水的侵蚀作用和温度变化的影响。因此，面层应较其他各层具有更高的结构强度、刚度、不透水和温度稳定性，表面还应有良好的平整度、粗糙度和耐磨性。面层有时采用上下两层的双层结构。

（二）联结层

是为了加强面层与基层之间的联结和提高面层抵抗疲劳能力而设置的，也是面层的一部分。多用于交通繁重的道路，有时为了防止或减少面层受下层裂缝反映的影响，也采用联结层。

（三）基层

是路面结构中的承重部分。主要承受车辆荷载的竖向力，并把面层传下来的力扩散到垫层或土基，故基层也应具有足够的强度和刚度。基层受自然因素的影响虽不如面层强烈，但也应具有足够的水稳定性，以防基层湿软后产生过大的变形，导致面层损坏。

（四）底基层

是基层下面的一层，用来加强基层承受和传递荷载的作用，在重交通道路和高速公路上多用之。对底基层材料的强度和刚度的要求可以略次于基层。组成基层和底基层的材料有：用各种工业废渣组成的混合料，用水泥、石灰或沥青稳定的或碎、砾石混合料，各种轧碎的砾石混合料或天然砂砾石和片石、块石、圆石等。

（五）垫层

是介于基层（或底基层）和土基之间的层次。其主要作用为改善土基的湿度和温度状况，以保证面层和基层的强度稳定性和抗冻胀能力，并扩散由基层传来的荷载以减小土基产生的变形，故垫层常铺设在土基水温状况不良地段。在冻深较大的地区铺设的能起防冻作用的垫层称为防冻层；在地下水位较高的地区铺设能起隔水作用或防止地表积水下渗的垫层称为隔离层。常用的垫层材料有砂、砾石、炉渣、石灰土、炉渣石灰土等透水性或稳定性较好的材料。

二、路面等级与分类

（一）路面等级

路面等级按面层材料的组成、结构强度、路面所能承担的交通任务和使用的品质划分为高级路面、次高级路面、中级路面和低级路面等四个等级。

（二）路面类型

（1）路面基层的类型。按照现行规范，基层（包括底基层）可分为无机结合料稳定类和粒料类。无机结合料稳定类有：水泥稳定土、石灰稳定土、石灰工业废渣稳定土及综合稳定土；粒料类分级配型和嵌锁型，前者有级配碎石（砾石），后者有填隙碎石等。

①水泥稳定土基层。在粉碎的或原来松散的土中，掺入足量的水泥和水，经拌和得到的混合料在压实养生后，当其抗压强度符合规定要求时，称为水泥稳定土。可适用于各种交通类别的基层和底基层，但水泥土不应用作高级沥青路面的基层，只能作底基层。在高速公路和一级公路的水泥混凝土面板下，水泥土也不应用作基层。

②石灰稳定土基层。在粉碎或原来松散的土中掺入足量的石灰和水，经拌和、压实及养生得到的混合料，当其抗压强度符合规定要求时，称为石灰稳定土。适用于各级公路路面的底基层，可作二级和二级以下的公路的基层，但不应用作高级路面的基层。

③石灰工业废渣稳定土基层。一定数量的石灰和粉煤灰或石灰和煤渣与其他集料相配合，加入适量的水，经拌和、压实及养生后得到的混合料，当其抗压强度符合规定要求时，称为石灰工业废渣稳定土，简称石灰工业废渣。适用于各级公路的基层与底基层，但其中的二灰土不应用作高级沥青路面及高速公路和一级公路上水泥混凝土路面的基层。

④级配碎（砾）石基层。由各种大小不同粒径碎（砾）石组成的混合料，当其颗粒组成符合技术规范的密实级配的要求时，称其为级配碎（砾）石。级配碎石可用于各级公路的基层和底基层，可用作较薄沥青面层与半刚性基层之间的中间层。级配砾石可用于二级

和二级以下公路的基层及各级公路的底基层。

⑤填隙碎石基层。用单一尺寸的粗碎石作主骨料，形成嵌锁作用，用石屑填满碎石间的空隙，增加密实度和稳定性，这种结构称为填隙碎石。可用于各级公路的底基层和二级以下公路的基层。

（2）路面面层类型。根据路面的力学特性，可把路面分为沥青路面、水泥混凝土路面和其他类型路面。

①沥青路面。沥青路面是指在柔性基层、半刚性基层上，铺筑一定厚度的沥青混合料面层的路面结构。沥青面层分为沥青混合料、乳化沥青碎石、沥青贯入式、沥青表面处治等四种类型。

沥青混合料可分为沥青混凝土混合料和沥青碎石混合料。沥青混凝土混合料是由适当比例的粗、细集料及填料组成的符合规定级配的矿料，与沥青拌和而制成的符合技术标准的沥青混合料，简称沥青混凝土，用其铺筑的路面称为沥青混凝土路面。而沥青碎石路面是由几种不同粒径大小的级配矿料，掺有少量矿粉或不加矿粉，用沥青作结合料，按一定比例配合，均匀拌和，经压实成型的路面。热拌热铺沥青混合料路面是指沥青与矿料在热态下拌和、热态下铺筑施工成型的沥青路面。热拌热铺沥青混合料适用于各种等级公路的沥青面层。高速公路、一级公路沥青面层均应采用沥青混凝土混合料铺筑，沥青碎石混合料仅适用于过渡层及整平层。其他等级公路的沥青面层的上面层，宜采用沥青混凝土混合料铺筑。

当沥青碎石混合料采用乳化沥青作结合料时，即为乳化沥青碎石混合料。乳化沥青碎石混合料适用于三级及三级以下公路的沥青面层、二级公路的罩面层施工以及各级公路沥青路面的联结层或整平层。乳化沥青碎石混合料路面的沥青面层宜采用双层式，单层式只宜在少雨干燥地区或半刚性基层上使用。

沥青贯入式路面是在初步压实的碎石（或轧制砾石）上，分层浇洒沥青、撒布嵌缝料，经压实而成的路面结构，厚度通常为 4 ~ 8cm；当采用乳化沥青时称为乳化沥青贯入式路面，其厚度为 4 ~ 5cm。沥青贯入式路面适用于二级及二级以下公路，也可作为沥青混凝土路面的联结层。

沥青表面处治是用沥青和集料按层铺法或拌和方法裹覆矿料，铺筑成厚度一般不大于3cm 的一种薄层路面面层。适用于三级及三级以下公路、城市道路支路、县镇道路、各级公路施工便道以及在旧沥青面层上加铺罩厩层或磨耗层。

②水泥混凝土路面。水泥混凝土路面指以水泥混凝土面板和基（垫）层组成的路面，亦称刚性路面。

③其他类型路面。主要是指在柔性基层上用有一定塑性的细粒土稳定各种集料的中低级路面。

路面还可以按其面层材料分类，如水泥混凝土路面、黑色路面（指沥青与粒料构成的各种路面）、砂石路面、稳定土与工业废渣路面以及新材料路面。这种分类用于路面施工和养护工作以及定额管理等方面。表 4-1-1 列出了各级路面所具有的面层类型及其所适用的公路等级。

表 4-1-1　各级路面所具有的面层类型及其所适用的公路等级

公路等级	采用的路面等级	面层类型
高速，一、二级公路	高级路面	沥青混凝土
		水泥混凝土
二、三级公路	次高级路面	沥青灌入式
		沥青碎石
		沥青表面处治
四级公路	中级路面	碎、砾石（泥结或级配）
		半整齐石块
		其他粒料
四级公路	低级路面	粒料加固土
		其他当地材料加固或改善土

第二节　沥青路面施工

一、施工前准备

施工前的准备工作主要有确定料源及进场材料的质量检验、施工机具检查、修筑试验路段等项工作。

（一）确定料源及进场材料的质量检验

1. 沥青材料

在全面了解各种沥青料源、质量及价格的基础上，无论是进口沥青还是国产沥青，均应从质量和经济两方面综合考虑选用。对进场沥青，每批到货均应检验生产厂家所附的试验报告，检查装运数量、装运日期、订货数量、试验结果等。对每批沥青进行抽样检测，试验中如有一项达不到规定要求时，应加倍抽样做试验，如仍不合格，则退货并索赔。沥青材料的试验项目有：针入度、延度、软化点、薄膜加热、蜡含量、密度等。有时根据合同要求，可增加其他非常规测试项目。

沥青材料的存放应符合下列要求：

（1）沥青运至沥青厂或沥青加热站后，应按规定分摊进行检验其主要性质指标是否符合要求，不同种类和标号的沥青材料应分别贮存，并应加以标记。

（2）临时性的贮油池必须搭盖棚顶，并应疏通周围排水渠道，防止雨水或地表水进入池内。

2. 矿料

矿料的准备应符合下列要求：

（1）不同规格的矿料应分别堆放，不得混杂，在有条件时宜加盖防雨顶棚。

（2）合种规格的矿料到达工地后，对其强度、形状、尺寸、级配、清洁度、潮湿度进行检查。如尺寸不符合规定要求时，应重新过筛，若有污染时，应用水冲选干净，待干燥后方可使用。

选择集料料场是十分重要的，对粗集料料场，重要是检查石料的技术标准能否满足要求，如石料等级、饱水抗压强度、磨耗率、压碎值、磨光值及石料与沥青的黏结力，以确定石料料场。实际中，有些石料虽然达到了技术标准要求，但不具备开采条件，在确定料厂时也应慎重考虑。对各个料场采取样品、制备试件、进行试验，并考虑经济性后确定。碎石受石料本身结构与加工设备（颚式或锤式轧石机）的影响较大，应先试轧，检验其有关指标，以防止不合格材料入场。

细集料的质量是确定料场的重要条件。进场的砂、石屑及矿粉应满足规定的质量要求。

（二）施工机械检查

沥青路面施工前对各种施工机具应作全面检查，并应符合下列要求：

（1）洒油车应检查油泵系统、洒油管道、量油表、保温设备等有无故障，并将一定数量沥青装入油罐，在路上先试洒、校核其洒油量，每次喷洒前应保持喷油嘴干净，管道畅通，喷油嘴的角度应一致，并与洒油管呈15°～25°的夹角。

（2）矿料撒铺车应检查其传动和液压调整系统，并应事先进行试撒，以确定撒铺每一种规格矿料时应控制的间隙和行驶速度。

（3）沥青混合料拌和与运输设备的检查。拌和设备在开始运转前要进行一次全面检查，注意联结的紧固情况，检查搅拌器内有无积存余料，冷料运输机是否运转正常，有无跑偏现象，仔细检查沥青管道各个接头，严禁吸沥青管有漏气现象，注意检查电气系统。对于机械传动部分，还要检查传动链的张紧度。检查运输车辆是否符合要求，保温设施是否齐全。

（4）摊铺机应检查其规格和主要机械性能，如振捣板、振动器、熨平板、螺旋摊铺器、离合器、乱板送料器、料斗闸门、厚度调节器、自动找平装置等是否正常。

（5）压路机应检查其规格和主要机械性能（如转向、启动、振动、倒退、停驶等方面的能力）及滚筒表面的磨损情况，滚筒表面如有凹陷或坑槽不得使用。

（三）铺筑试验路段

高等级公路在施工前应铺筑试验段,铺筑试验段是不可缺少的步骤,应该成为一种制度。

其他等级公路在缺乏施工经验或初次使用重大设备时，也应铺筑试验段。试验段的长度应根据试验目的确定，宜为 100 ～ 200m，太短了不便施工，得不出稳定的数据。试验段宜在直线段上铺筑。如在其他道路上铺筑时，路面结构等条件应相同。路面各层的试验可安排在不同的试验段。

热拌热铺沥青混合料路面试验段铺筑分试拌及试铺两个阶段，应包括下列试验内容：

（1）根据沥青路面各种施工机械相匹配的原则，确定合理的施工机械、机械数量及组合方式。

（2）通过试拌确定拌和机的上料速度、拌和数量与时间、拌和温度等操作工艺。

（3）通过试铺确定以下各项：

透层沥青的标号与用量、喷洒方式、喷洒温度；

摊铺机的摊铺温度、摊铺速度、摊铺宽度、自动找平方式等操作工艺；

压路机的压实顺序、碾压温度、碾压速度及碾压遍数等压实工艺；

确定松铺系数、接缝方法等。

（4）验证沥青混合料配合比设计结果，提出生产用的矿料配比和沥青用量。

（5）建立用钻孔法及核子密度仪法测定密实度的对比关系。确定粗粒式沥青混凝土或沥青碎石面层的压实标准密度。

（6）确定施工产量及作业段的长度，制订施工进度计划。

（7）全面检查材料及施工质量。

（8）确定施工组织及管理体系、人员、通信联络及指挥方式。

在试验段的铺筑过程中，施工单位应认真做好记录分析，监理工程师或工程质量监督部门应监督、检查试验段的施工质量，及时与施工单位商定有关结果。铺筑结束后，施工单位应就各项试验内容提出试验总结报告，并取得主管部门的批复，作为施工依据。

二、沥青面层施工

（一）材料要求

材料堆放场地一定要按照要求进场硬化，其中表面层质石料的场地应用水泥砼硬化，防止泥土对材料污染；各种材料要堆放整齐，界限清楚。

1. 粗集料

各种粗集料 ≥2.36mm 碎石要符合规范要求，集料色泽基本一致压碎值小于 25%，对沥青粘附性 ≥4 级。特别强调：当其短边与长边或厚度与长度之比小于 1∶3 时均属针片状颗粒材料，其总含量应不大于 15%，（不准使用颚式碎石机生产的石料，碎石应用锤式机生产），其检测方法应按《公路工程集料试验规程》JTJ058-94实测。不准含有山皮土和软弱颗粒。路面表面层粗集料采用玄武岩或安山岩等中、碱性岩石，依据下表的规格要求，各施工单位要根据石料厂所产碎石通过率分析（试样通过随机选点方法取得）计算各规格碎石提运比例。中、下面层集料宜采用石灰岩等碱性石料，并应具有良好的颗粒形状。

2. 细集料

细集料采用坚硬、洁净、干燥、无风化、无杂质并有适当级配的优质天然砂或机制砂；若条件不具备时，也可加入硬质石料（玄武岩、安山岩等）生产的石屑，但其用量不得超过细集料总量的50%，其他岩质石屑不得使用（因山皮土含量高）。细集料应与沥青有良好的黏结能力，与沥青黏结性很差的天然砂及用花岗岩、石英岩等酸性石料破碎的机制砂不能用于沥青砼面层。细集料的泥土含量须小于3%，雨季要对细集料进行覆盖，防止雨淋。

3. 填料

填料采用石灰岩或岩浆岩中的强基性岩石等憎水性石料经磨细得到的矿粉原石料中应不含有泥土等杂质，拌和机采用干法除尘的粉尘可作为矿粉的一部分回收使用，其量不超过填料的30%，矿粉要求洁净。为提高沥青与石料的粘附性，经工程师批准，低标号水泥也可用作填料，其用量不宜超过矿料总量的2%。

4. 沥青

沥青的各项指标均必须符合规定，要保证试验频率满足要求。沥青性能整套检验，每批到货至少试验一次，各施工单位和监理仅对沥青延度（15℃）、软化点、针入度进行日常的检查。沥青技术指标见下表4-2-1：

表4-2-1　沥青技术指标

项目	要求标准 AH-70	要求标准 AH-90
针入度（25℃、100g、5S）（0.1mm）	60-80	80-100
延度（5cm/min、15℃）（cm）	≥100	≥100
软化点（环球法）（℃）	44-54	42-52
闪点（coc）（℃）	≥230	≥230
含蜡量（蒸馏法）（%）	≤2	≤2
密度（15℃）（g/cm3）	实测记录	实测记录
溶解度（三氯乙烯）（%）	≥99.0	≥99.0
绝对动力黏度（60℃）P	4000±1000	4000±1000

项目		要求标准 AH-70	要求标准 AH-90
薄膜加热试验 163℃ 5h	质量损失（%）	≤0.8	≤1.0
	针入度比（%）	≥55	≥50
	延度（5cm/min，15℃）	实测记录	实测记录
	延度（5cm/min，15℃）	≥50	≥75

（二）组成设计

1. 目标配合比设计阶段

首先计算出各种材料的用量比例，配合成符合要求的矿料级配范围。

然后，遵照试验规程 JTJ052-93 和模拟生产实际情况，以 6 个不同的沥青用量（间隔0.5%），采用实验室小型沥青混合料拌和机与矿料进行混合料拌和成型及马列歇尔试验（包括浸水马歇尔试验）测定的各项指标应符合下表所示的热拌沥青混合料马歇尔试验技术标准的要求，确定最佳期沥青用量。该阶段极为重要，应由技术过硬的试验工程师，在总工的指导下完成，要保证试验方法正确，结果可靠。以此矿料级配及沥青用量作为目标配合比，供确定各冷料仓向拌和机的供料比例，进料速率及试拌使用。该项工作是技术与经验的反映，为保险起见，应作平行试验。

表 4-2-2 热拌沥青混合料马歇尔试验技术标准

试验项目	标准要求
击实次数（次）	两面各 75
稳定度（KN）	> 7.5
流值（0.1MM）	20 ~ 40
空隙率（%）	3 ~ 5
沥青饱和度（%）	70 ~ 85
残留稳定度（%）	> 75

注：粗粒式沥青混凝土稳定度可降低 1KN。

2. 生产配比设计阶段

必须从筛分后进入拌和机冷、热料仓的各种材料的进行取样筛分试验、调整，使生产时的各种材料满足目标配比的要求，以确定各热料仓的材料比例，供拌和机控制室使用，同时反复调整冷料仓进料比例以达到供料平衡，并取目标配合比设计的最佳沥青用量、最佳沥青用量 ±0.3% 等三个沥青用量进行马歇尔试验，确定生产配合比的最佳沥青用量，根据高速公路车辆渠化的要求，中、下面层的最佳沥青用量宜低于中值 0.2 ~ 0.3%，但不低于目标配合比所定沥青用量的底线。

3. 生产配比验证阶段

拌和机采用生产配合比进行试拌并铺筑试验段，并用拌和的沥青混合料及路上钻取的芯样进行马歇尔试验和矿料筛分、沥青用量检验，检验生产产品的质量符合程度，由此确定生产用的标准配合比，作为生产控制的依据和质量检验的标准。标准配合比的矿料级配至少应包括 0.074MM、2.36MM、4.75MM 三档的筛孔通过率接近要求级配的中值。满足要求后，即作为生产配合比，施工过程中，不得随意更改，保证各项指标符合要求并相对稳定，标准偏差尽可能的小。

（三）准备下承层

1. 沥青面层

施工前要对基层进行一次认真的检验，特别是要重点检查：标高是否符合要求（高出的部分必须用洗刨机刨除）；表面有无松散（局部小面积松散要彻底挖除，用沥青砼补充夯实，出现大面积松散要彻底返工处理）；平整度是否满足要求，不达标段应进行处理。以上检验要有检验报告单及处理措施和最终质量报告单。

2. 作封层。

（四）施工要求

1. 试验路段

施工前要首先完成试验段（200m），用以确定以下内容：

（1）确定合理的机械、机械数量及组合方式；

（2）确定拌和机的上料速度、拌和数量、拌和温度等操作工艺；

（3）确定摊铺温度速度、碾压顺序、温度、速度、遍数等；

（4）确定松铺系数、接缝方法等；

（5）验证沥青混合料配比；

（6）全面检查材料及施工质量；

（7）确定施工组织及管理体系、人员、通信联络及指挥方式；

（8）首先有计划，然后完成总结上报审批。

试验段的具体要求如下：

（1）在铺筑试验路之前 28 天，承包人应安装好本项工程有关的全部试验仪器和设备（包括沥青、混合料等室内外试验的配套仪器、设备及取芯机等），配备足够数量的熟练试验技术人员，报请工程师审查批准。

（2）在路面工程开工前 14 天，承包人应在工程师批准的现场，用备齐并投入该项工程的全部机械设备及每种沥青混凝土，以符合规范规定的方法铺筑一段长约 200M（单幅）的试验路。此项试验应在工程师的严格监督下进行。路面各层的试验可安排在不同的试验段。

（3）在拌和场应按 JTJ052-93 标准方法随机取样，进行沥青含量和集料筛分的试验，并在沥青混合料摊铺压实 12 小时后，按 JTJ052-93 标准方法钻芯取样进行压实度、厚度、施工孔隙率的检验，各种混合料抽样试验的频度见下表所示，或按工程师的指示办理。

表 4-2-3　试验路抽样试验项目及频率表

序号	检查项目	检测频率
1	厚度、密实度	取 9 处（随机取样）
2	沥青含量	取样 3 次
3	流值、孔隙率、饱和度、密度	1 次，每次一组试件
4	标高	5 个断面
5	平整度	整个路段
6	横坡度	5 个断面

（4）试验的目的是用以证实混合料的稳定性以及拌和、摊铺、压实设备的效率、施工方法和施工组织的适应性。确定沥青混凝土的压实标准密度。要对混合料的松铺厚度、压路机碾压次序、碾压速度和遍数设专岗检查，总结出经验。

（5）试验段路面完成后，承包人应写出书面报告，报请工程师审查批准。

（6）批准的试验路面应同完成后的工程一起支付，如未能取得工程师的批准，该试验路面应由承包人破碎清除并重新铺筑和试验，其费用应由承包人负担。

2. 施工设备

（1）拌和

拌和厂应在其设计、协调配合和操作方面，都能使生产的混合料符合生产配合比设计要求。拌和厂必须配备足够试验设备的实验室，并能及时提供使工程师满意的试验资料。

热拌沥青混凝土宜采用间歇式有自动控制性能的拌和机拌制，能够对集料进行二次筛分，能准确地控制温度、拌和均匀度、计量准确、稳定、设备完好率高，拌和机的生产能力每小时不低于 200t/h。拌和机均应有防止矿粉飞扬散失的密封性能及除尘设备，并有检测拌和温度的装置。拌和设备要有成品贮料仓。

拌和机应具有自记设备，在拌和过程中能逐盘显示沥青及各种矿料的用量及拌和温度。

拌和机热矿料二次筛分用的振动筛筛孔应根据矿料级配要求选用，其安装角度应根据材料的可筛分性、振动能力等由试验确定。

拌和设备的生产能力应和摊铺机进度相匹配，在安装完成后应按批准的配合比进行试拌调试，直到其偏差值符合下表 4-2-4 所示的要求。

表 4-2-4　热拌沥青混凝土检测标准

序号	检测项目	规定值或允许偏差
1	大于 4.75mm 的筛余集料	±6%，且不超出标准级配范围
2	通过 4.75mm 集料	±4%，且不超出标准级配范围
3	通过 2.36mm 的集料	±2%
4	通过 0.075mm 的粉料	±1%
5	沥青用量（油石化）	±0.2%
6	空隙率	±0.5%
7	饱和度	±5%
8	稳定度、流值	按表"热拌沥青混合料马歇尔试验技术标准规定"

要具有 500T 的沥青贮存能力（散装沥青），要配备脱桶设备（能力要和拌和能力相适应）；沥青材料应采用导热油加温。

计量装置应由计量部门进行检验和核正准确。

应注意高速拌和楼振动筛筛孔，使每层筛网余石料大致相等，避免溢料和待料影响产量。

（2）运输设备

应采用干净有金属底板的载重大于 12 吨自卸翻斗车辆运送混合料，车槽内不得粘有机物质。为了防止尘埃污染和热量过分损失，运输车辆应备有覆盖设备，车槽四角应密封坚固。

沥青混合料运输车的运量应较拌和能力或摊铺速度有所富余，施工过程中摊铺机前方应有料车处于等待卸料状态，保证连续摊铺。

（3）摊铺及压实设备

用 1 ~ 2 台摊铺机（两台中其中一台应为 12M）一次性整幅摊铺。摊铺机应具有自动找平功能，具有振捣夯击功能，且精度要高，能够铺出高质量的沥青层。整平板在需要时可以自动加热，能按照规定的典型横断面和图纸所示的厚度在车道宽度内摊铺。

摊铺混合料时，摊铺机前进速度应与供料速度协调，底面层、中面层和表面层的摊铺速度分别按 1.7m/min、2m/min、2.5m/min 控制。

摊铺机应配备整平板自控装置，其一侧或双侧装有传感器，可通过基准线和基准点控制标高和平整度，使摊铺机能铺筑出理想的纵横坡度。传感器应由参考线或滑橇式基准板操作。

横坡控制器应能让整平板保持理想的坡度，精度在 ±0.1% 范围内。

压实设备应配有震动压路机 2 台、轮胎压路机 2 台，能按合理的压实工艺进行组合压实。

底面层摊铺机应用"走钢丝"参考线的方式控制标高，中、表面层摊铺机应用浮动基准梁（滑橇）的方式控制厚度。

3. 混合料的拌和

（1）粗、细集料应分类堆放和供料，取自不同料源的集料应分开堆放，应对每个料源的材料进行抽样试验，并应经工程师批准。

（2）每种规格的集料、矿粉和沥青都必须分别按要求的比例进行配料。

（3）沥青材料应采用导热油加热，加热温度应在 160 ~ 170℃ 范围内，矿料加热温度为 170 ~ 180℃，沥青与矿料的加热温度应调节到能使拌和的沥青混凝土出厂温度在 150 ~ 165℃ 不准有花白料、超温料，混合料超过 200℃ 者应废弃，并应保证运到施工现场的温度不低于 140 ~ 150℃。沥青混合料的施工温度见下表 4-2-5 所示：

表 4-2-5　沥青混合料的施工（℃）

沥青加热温度		160 ~ 170
矿料温度		170 ~ 180
混合料出厂温度		正常范围 150 ~ 165 超过 200 废弃
混合料运输到现场温度		不低于 140 ~ 150
摊铺温度	正常施工	不低于 130 ~ 140，不超过 165
	低温施工	不低于 140 ~ 150，不超过 175
碾压温度	正常施工	130 ~ 140 不低于 120
	低温施工	140 ~ 150 不低于 130
碾压终了温度		不低于 70

（4）热料筛分用最大筛孔应合适选定，避免产生超尺寸颗粒。

（5）沥青混合料的拌和时间应以混合料拌和均匀、所有矿料颗料全部裹覆沥青结合料为度，并经试拌确定，间歇式拌和机每锅拌和时间宜为 30 ~ 50s（其中干拌时间不得小于 5s）。

（6）拌好的沥青混合料应均匀一致，无花白料，无结团成块或严重的粗料分离现象，不符合要求时不得使用，并应及时调整。

（7）出厂的沥青混合料应按现行试验方法测量运料车中混合料的温度。

（8）拌好的沥青混合料不立即铺筑时，可放成品贮料仓贮存，贮料仓无保温设备时，允许的贮存时间应符合摊铺温度要求为准，有保温设备的储料仓储料时间不宜超过 6 小时。

4. 混合料的运输

（1）从拌和机向运料车上放料时，应每卸一斗混合料挪动一下汽车位置，以减少粗细集料的离析现象。尽量缩小贮料仓下落的落距。

（2）当运输时间在半小时以上或气温低于 10℃ 时，运料车应用篷布覆盖。

（3）连续摊铺过程中，运料车应在摊铺机前 10 ~ 30cm 处停住，不得撞击摊铺机。卸料过程中运料车应挂空挡，靠摊铺机推动前进。

（4）已经离析或结成不能压碎的硬壳、团块或运料车辆卸料时留于车上的混合料，以及低于规定铺筑温度或被雨淋湿的混合料都应废弃，不得用于本工程。

（5）除非运来的材料可以在白天铺完并能压实，或者在铺筑现场备有足够和可靠的照明设施，发天或当班不能完成压实的混合料不得运往现场。否则，多余的混合料不得用于本工程。

5. 混合料的摊铺

（1）在铺筑混合料之前，必须对下层进行检查，特别应注意下层的污染情况，不符合要求的要进行处理，否则不准铺筑沥青砼。

（2）为消除纵缝，应采用一台摊铺机整幅摊铺或用两台摊铺机组成梯队联合摊铺的方法摊铺，两台摊铺机中应有一台为 12M。以保证摊铺的纵向搭接处于行车道与硬路肩的结合部，两台摊铺机的距离以前面摊铺的混合料尚未冷却为度，一般为 5 ~ 10M。相邻两幅的摊铺应有 5 ~ 10CM 左右宽度的摊铺重叠。

（3）正常施工，摊铺温度不低于 130 ~ 140℃不超过 165℃；在 10℃气温时施工不低于 140℃，不超过 175℃。摊铺前要对每车的沥青混合料进行检验，发现超温料、花白料、不合格材料要拒绝摊铺，退回废弃。

（4）摊铺机一定要保持摊铺的连续性，有专人指挥，一车卸完下一车要立即跟上，应以均匀的速度行驶，以保证混合料均匀、不间断地摊铺，摊铺机前要经常保持 3 辆车以上，摊铺过程中不得随意变换速度，避免中途停顿，影响施工质量。摊铺室内料要饱料，送料应均匀。

（5）摊铺机的操作应不使混合料沿着受料斗的两侧堆积，任何原因使冷却到规定温度以下的混合料应予除去。

（6）对外形不规则路面、厚度不同、空间受到限制等摊铺机无法工作的地方，经工程师批准可以采用人工铺筑混合料。

（7）在雨天或表面存有积水、施工气温低于是 10℃时，都不得摊铺混料。

混合料遇到水，一定不能使用必须报废，所以雨季施工时千万注意。底面层摊铺要在左右侧各设一条基准线，控制高程，其准线设置一定要满足精度要求，支座要牢固，测量要准确（应两台水准仪，同时观测）。中面层、表面层采用浮动基准梁摊铺（不具备该条件的不准摊铺）。

6. 混合料的压实

（1）在混合料完成摊铺和刮平后应立即对路面进行检查，对不规则之处及时用人工进行调整，随后进行充分均匀地压实。

（2）压实工作应按试验路确定的压实设备的组合及程序进行，并应备有经工程师认可的小型振动压路机或手扶振动夯具，以用于在窄狭地点及停机造成的接缝横向压实或修补工程。

（3）压实分初压、复压和终压三个阶段。压路机应以均匀速度行驶，压路机速度应符合下表4-2-6的规定。

表4-2-6 压路机碾压速度（km/h）

碾压阶段 压路机类型	初压	复压	终压
钢筒式压路机	1.5-2.0	3.0	3.0
轮胎压路机	……	4.0	……
振动压路机	不振 1.5-2.0	振动 4-5	不振 2.0-3.0

初压：摊铺之后立即进行（高温碾压），用静态二轮压路机完成（2遍），初压温度控制在130°～140°。初压应采用轻型钢筒式压路机或关闭振动的振动压路机碾压，碾压时应将驱动轮面向摊铺机。碾压路线及碾压方向不应突然改变而导致混合料产生推移。初压后检查平整度和路拱，必要时应予以修整。

复压：复压紧接在初压后进行，复压用振动压路机和轮胎压路机完成，一般是先用振动压路机碾压3～4遍，再用轮胎压路机碾压4～6遍，使其达到压实度。

终压：终压紧接在复压后进行，终压应采用双轮钢筒式压路机或关闭振动的振动压路机碾压，消除轨迹（终了温度＞80℃）。

（4）初压和振动碾压要低速进行，以免对热料产生推移、发裂。碾压应尽量在摊铺后较高温度下进行，一般初压不得低于130℃，温度越高越容易提高路面的平整度和压实度。要改变以前等到混合料温度降低到110℃才开始碾压的习惯。

（5）碾压工作应按试验路确定的试验结果进行。

（6）在碾压期间，压路机不得中途停留、转向或制动。

（7）压路机不得停留在温度高于70℃的已经压过的混合料上，同时，应采取有效措施，防止油料、润滑脂、汽油或其他有机杂质在压路机操作或停放期间洒落在路面上。

（8）在压实时，如接缝处（包括纵缝、横缝或因其他原因而形成的施工缝）的混合料温度已不能满足压实温度要求，应采用加热器提高混合料的温度达到要求的压实温度，再压实到无缝迹为止。否则，必须垂直切割混合料并重新铺筑，立即共同碾压到无缝为止。

（9）摊铺和碾压过程中，要组织专人进行质量检测控制和缺陷修复。压实度检查要及时进行，发现不够时在规定的温度内及时补压，在压路机压不到的其他地方，应采用手夯或机夯把混合料充分压实。已经完成碾压的路面，不得修补表皮。施工压实度检测可采用灌砂法或核子密度仪法。

7. 接缝的处理

（1）铺筑工作的安排应使纵、横向两种接缝都保持在最小数量。接缝的方法及设备，应取得工程师批准，在接缝处的密度和表面修饰与其他部分相同。

（2）纵向接缝应该采用一种自动控制接缝机装置，以控制相邻行程间的标高，并做到相邻行程间可靠的结合。纵向接缝应是热接缝，并应是连续和平行的，缝边应垂直并形成直线。

（3）在纵缝上的混合料，应在摊铺机的后面立即有一台静力钢轮压路机以静力进行碾压。碾压工作应连续进行，直至接缝平顺而密实。

（4）纵向接缝上下层间的错位至少应为 15cm。

（5）由于工作中断，摊铺材料的末端已经冷却，或者在第二天恢复工作时，就应做成一道横缝。横缝应与铺筑方向大致成直角，严禁使用斜接缝。横缝在相邻的层次和相邻的行程间均应至少错开 1m。横缝应有一条垂直经碾压成良好的边缘。在下次行程摊铺前，应在上次行程的末端涂刷适量粘层沥青，并注意设置整平板的高度，为碾压留出适当预留量。

8. 质量要求

（1）沥青面层施工过程中工程质量检查的内容和要求见下表 4-2-7：

表 4-2-7　沥青面层施工过程中工程质量检查的内容和要求

序号	检查项目		检查频率	试验方法
1	外观		随时	目测
2	接缝		随时	目测、用 3m 直尺测量
3	施工温度	出场温度	1 次 / 车	温度计测量
		摊铺温度	1 次 / 车	
		碾压温度	随时	
4	石料级配：与生产设计标准级配的差 ≥4.75mm < 2.36mm < 0.075mm		每台拌和机 2 次 / 日（上、下午各 1 次）	拌和厂取样，用抽取后的矿料筛分，应至少检查 0.075mm、2.36mm、4.75mm、最大集料粒径及中间粒径 5 个筛孔，中间粒径宜为：中粒式 9.5mm；粗粒式为 13.2mm。
5	沥青用量		每台拌和机 2 次 / 日（上、下午各 1 次）	拌和厂取样，离心法抽提（用射线法沥青含量测定仪随时检查）
6	马歇尔试验稳定度、流值密度、空隙率		每台拌和机 1 次 / 日每次 6 个试件	拌和厂取样成型试验
7	浸水马歇尔试验		必要时	拌和厂取样成型试验

（2）施工过程中材料质量检查的内容与频率应符合下表的规定。

（3）在完工的沥青混凝土面层上，单幅每300m随机钻取芯样1处，检验压实度、厚度和施工孔隙率。

（4）所有取样和检验均应按照工程师的要求办理。承包人应在取样后3天内将试验结果提交给工程师检查。当试验结果表明需要做任何调整时，应在工程师的同意下进行。沥青混凝土面层的压实度应以马歇尔稳定度击实成型标准为准。

表4-2-8 施工过程中材料质量检查的内容与频率

序号	材料	检查项目	检查频率
1	粗集料	外观（石料品种、扁、平细长颗粒、含泥量等）	随时
		颗粒组成、压碎值、磨光值、洛杉矶磨耗损失	必要时
		含水量、松方单位重	施工需要时
2	细集料	颗粒组成	必要时
		含水量、松方单位	施工需要时
3	矿粉	外观	随时
		含水量、< 0.075mm 含量	必要时
4	石油沥青	针入度、软化点、延度	每100t1 次
		含蜡量	必要时

（5）质量标准

1）实测项目：沥青混凝土面层的允许偏差及检查方法应符合下表的规定。

表4-2-9 沥青砼面层检测标准

序号	检查项目		规定值或允许偏差	检查频率
1	压实度（%）		≥97% 代表值 ≥96% 极值	每100 不少于1 处
2	平整度（mm）	标准差 σ	底面层：1.5mm 以内； 中面层：1.0mm 以内； 表面层：0.7mm 以内。	平整度仪：全线连续按每100 米计算 σ，半幅往返各1 次（超车道和外侧的行车道）
3	弯沉值（0.01mm）		不大于允许值	用5.4m 弯沉仪
4	抗滑	摩擦系数	符合设计	摆式仪每100M 测1 处或摩擦系数测定车测试
		构造深度	构造深度> 0.5mm	砂铺法：每1000m 测1 处

续 表

序号	检查项目		规定值或允许偏差	检查频率
5	厚度 （mm）	代表值	总厚度 -8 上面层 -4	每 100M 测 1 处
		极值	总厚度 -15 上面层 -8	
6	中线平面偏位（mm）		20	经纬仪：每 100 米不少于 4 个
7	纵断高程（mm）		± 10	水准仪：每 100 米不少于 4 个
8	宽度（mm）		± 20	尺量：每 100 米不少于 4 个
9	横坡度（%）		± 0.2	水准仪：每 100 米不少于 4 个断面（每断面 3 点）
10	施工孔隙率		≤7%	钻芯取样，每 300m1 处
11	油石比		± 0.2%	拌和厂取样，离心法抽取，每台拌和机 2 次 / 日

注：弯沉值、抗滑检测项目仅限于表面层

2）外观鉴定

表面平整密实，不应有泛油、松散、裂缝、粗细集料集中等现象。存在缺陷的面积不得超过受检面积的 0.03%。

接茬应紧密平顺，烫缝不得枯焦。

面层与路缘石及其他构筑物应顺接，不得有积水现象。

表面无明显碾压轨迹。

9. 施工过程中的注意事项

（1）随时检测标高。

（2）对局部出现的离析要人工筛料弥补。

（3）对碾压产生的推拥现象，人工用夯夯除。

（4）三米直尺逐段丈量平整度，尤其是接头、摊铺机停机、压路机换向部位要作为检测控制的重点。要采取横向碾压等方式，使平整度满足要求。

（5）表面层原则上不准人工修补、处理，摊铺时发现混合料有问题需要将混合料彻底清除。

所以表面层施工一定要精益求精。我们要求，在表面层摊铺前，要对中面层进行彻底检查（主要是平整度，对平整度明显不好的部位采取洗刨、打磨、挖除找补等方法彻底处理，在中面层上处理掉一切问题）。要有完整的检测记录或检测报告，经监理工程师批准后方可铺筑表面层。

表面层一定要做到：表面平整均匀、色泽一致、构造深度、摩擦系数符合要求。

（6）对平整度的要求是：底面层 $\sigma < 1.5$，中面层 $\sigma < 1.0$，表面层 $\sigma < 0.7$。我

们将实施奖励政策，优质优价。

10. 要点提示

沥青砼面层是工程的精华部分，各单位一定要高度重视，从设备选型、技术准备、施工工艺、保证措施等各方面做好充分的准备，这是精品工程成败的关键，也是衡量各单位技术能力、水平高低、信誉攸关的事情。所以要算大账，既算经济账，又算政治账，要舍得投入（设备、技术）。

（1）设备要足量、性能良好（拌和能力 220t/h，摊铺机至少 2 台）。

（2）原材料一定要符合要求，严格把好进料关，不合格的料要坚决不进、坚决不用，坚决清除出场，万万不可放松。

（3）确保配比准确。

（4）底面层严格控制好标高。

（5）中、表面层严格控制厚度、平整度。

（6）施工压实度应派专人进行现场跟踪检测。

（7）表面层铺筑前要完成除标线外的一切工程。要对中面层进行平整度检测，尤其桥头、接头等部位，凡满足不了平整度标准要求或行车有明显感觉的要进行处理，直到达到要求。

（8）不准对表面层带来任何污染。

（9）沥青废料不准抛撒到边坡、路肩、中央分隔带上。

（10）接缝一律采取垂直搭接，用切割机切割，用三米直尺检查，确保切割断面处于标准断面，接缝处搭接时要涂热沥青。

（11）路缘石安装在水泥碎石基层完成后即可砌筑，但必须在表面层铺筑之前完成，并注意在碾压沥青底、中面层时不得将路缘石撞坏或错位。

第三节　水泥混凝土路面施工

一、施工准备

（一）施工技术准备

1. 应熟悉招投标文件、施工合同；熟悉设计文件、进行图纸审查，对设计中存在的问题及时提请设计单位解决，并做好施工技术交底。

2. 应对施工现场进行全面详尽、深入的调查。

3. 应详细了解设计标准，结构做法和质量要求以及设计中所采用的新技术、新材料、新工艺、新标准。

4. 根据招、投标文件，施工合同，设计文件和有关规范及现场实际情况编制实施性施工组织设计。

（二）施工现场准备

1. 应做好施工现场控制测量。

2. 应做好三通一平，做好交通疏导、围挡、地下管线的迁移及保护工作。

3. 修建临时施工设施。

4. 做好材料储存和堆放以及疏通供应渠道的工作。

5. 应根据当地政府的有关规定完成现场文明施工设施建设。应根据工程内容及计划制定做好现场文明施工管理，防止大气污染，水源污染，噪音污染，保护和改善施工现场环境。

6. 建立安全管理系统，执行安全生产制度，遵守国家、行业和当地政府的有关安全生产法规。制定安全技术措施，加强安全检查，并对职工进行安全生产教育。

（三）材料与设备检查

1. 在工程开始前以及施工过程中材料来源或规格发生变化时，应对材料来源、材料质量、数量、供应计划、材料场堆放及储存条件等进行检查。

2. 施工前材料的质量检查应以同一料源、同一次购入并运至生产现场的相同规格品种的材料为一"批"进行检查。材料试样的取样数量与频率应符合表 4-3-1 的规定。每批材料的质量应符合本规程规定。

表 4-3-1　混凝土原材料检测项目和频率

材料	检查项目	检查频率	
		快速路和主干道	次干道和支路
水泥	抗折强度、抗压强度、安定性	机铺 1500t 一批，小型机具 500t 一批	机铺 1500t 一批，小型机具 500t 一批
	凝结时间、标稠需水量、细度	机铺 2000t 一批，小型机具 500t 一批	机铺 3000t 一批，小型机具 500t 一批
	f-CaO、MgO、SO$_3$ 含量，铝酸三钙、铁铝酸四钙，干缩性、耐磨性、碱度、混合材料种类及数量	必要时进场前检测	必要时进场前检测
	温度、水化热	冬夏季施工需要时检测	冬夏季施工需要时检测

续 表

材料	检查项目	检查频率	
		快速路和主干道	次干道和支路
粉煤灰	活性指数、细度、烧失量	机铺1500t一批，小型机具500t一批	机铺1500t一批，小型机具500t一批
	需水量比	每标段不少于3次，进场前检测	每标段不少于3次，进场前检测
	SO$_3$含量	必要时进场前检测	必要时进场前检测
粗集料	针片状、超径颗粒含量，级配，表观密度，堆积密度，空隙率	机铺2500m^{3}一批，小型机具1500m^{3}一批	机铺5000m^{3}一批，小型机具1500m^{3}一批
	含泥量、泥块含量	机铺1000m^{3}一批，小型机具1000m^{3}一批	机铺2000m^{3}一批，小型机具1000m^{3}一批
	坚固性、岩石抗压强度、压碎指标	每种粗集料每标段不少于2次	每种粗集料每标段不少于2次
	碱集料反应	怀疑有碱活性集料时进场前检测	怀疑有碱活性集料时进场前检测
	含水量	降雨或湿度变化随时测	降雨或湿度变化随时测
砂	细度模数，表观密度，堆积密度，空隙率，级配	机铺2000m^{3}一批，小型机具1500m^{3}一批	机铺2000m^{3}一批，小型机具1500m^{3}一批
	含泥量、泥块、石粉含量	机铺1000m^{3}一批，小型机具500m^{3}一批	机铺1000m^{3}一批，小型机具500m^{3}一批
	坚固性	每种砂每标段不少于3次	每种砂每标段不少于3次
	云母含量、轻物质与有机物含量	目测有云母或杂质时测	目测有云母或杂质时测
	含盐量	必要时测	必要时测
	含水量	降雨或湿度变化随时测	降雨或湿度变化随时测
外加剂	减水剂减水率，液体外加剂含固量和相对密度，粉状外加剂的不溶物含量	机铺5t一批，小型机具3t一批	机铺5t一批，小型机具3t一批
	引气剂引气量、气泡细密程度和稳定性	机铺2t一批，小型机具1t一批	机铺3t一批，小型机具1t一批
钢纤维	抗拉强度、弯折性能、长度、长径比、形状	开工前或有变化时，每标段3次	开工前或有变化时，每标段3次
	杂质、质量及其偏差	机铺50t一批，小型机具30t一批	机铺50t一批，小型机具30t一批

材料	检查项目	检查频率	
		快速路和主干道	次干道和支路
养生剂	有效保水率、抗压强度比、耐磨性、耐热性、膜水溶性	开工前或有变化时，每标段3次	开工前或有变化时，每标段3次
	含固量、成膜时间	试验路段测，施工每5t测一次	试验路段测，施工每5t测一次
水	PH值、含盐量、硫酸根及杂质含量	开工前或水源有变化时（采用饮用水可不检测）	开工前或水源有变化时（采用饮用水可不检测）

注：1. 开工前所有原材料项目均应检验，当原材料规格、品种、生产厂、来源发生变化时，必检。

2. 机铺是指滑模、轨道、三辊轴机组摊铺，数量不足一批时，按一批检验。

3. 施工前应对拌和厂、站及路面施工机械和设备的配套情况、性能、计量精度等进行检查。

4. 对实行监理制度的工程项目，材料试验结果及据此进行的配合比设计结果、施工机械和设备的检查结果，都应在使用前规定的期限内向监理工程师提出正式报告，待取得正式认可后，方可使用。

（四）测量放线

1. 在验收合格的道路基层上，根据设计图纸放出中心线及道路边线（路缘石线）并钉桩，并测定高程。测量精度应满足相应规范的要求。

2. 应按设计规定划分路面板块。宜由路口开始，路口弧线部位（"八字"处）分块时，应避免面层板出现锐角；在曲线段分块，应使横向分块线与该点法线方向一致。

3. 混凝土路面层板块分块线距检查井盖的边缘距离应大于1m。

二、混凝土拌和与运输

（一）混凝土搅拌站设置

1. 应根据施工方案、施工路线长短、运输工具等条件，选择搅拌站位置，施工路线较长时，搅拌站宜设置在摊铺路段的中间位置。搅拌站站址应具备水源、电源与运输道路，并应有按规格堆放砂石料及搭建水泥仓等的条件；水源的供水能力应满足搅拌、清洗、养生用水等的需要，并保证水质，供水能力不足时，应设置与日搅拌量相适应的蓄水池。电源的电力总容量应满足全部施工用电设备、夜间施工照明及施工用电的需要，必要时应配备两套电源。

2. 砂石料储备

（1）施工前，宜储备正常施工10～15d的砂石料。

（2）砂石料场应建在排水通畅的位置，其底部应做硬化处理。不同规格的砂石料之间应有隔离设施，并设标识牌，严禁混杂。

（3）在低温天、雨天、大风天及日照强烈的条件下，应在砂石料堆上架设顶棚或覆盖。

3. 搅拌站的生产和运输能力，应满足浇筑工作不间断，且水泥混凝土运到浇筑地点时，仍保持均匀性和规定的坍落度。从搅拌地点运至浇筑地点水泥混凝土拌和料的运输时间不宜超过表4-3-2规定。

表4-3-2　水泥混凝土拌和物运输时间限制表

气温（℃）	无搅拌设施运输（min）	有搅拌设施运输（min）
30～35	15	45
20～30	30	60
10～20	45	75
5～10	60	90

注：1. 掺用外加剂或采用快硬水泥拌制混凝土时，应通过试验，查明所配制水泥混凝土的凝结时间，确定运输时间限制。

2. 表列时间系指从加水搅拌到入模时间。

4. 搅拌机安装高度应满足上料、卸料需要，卸料高度不应超过1.5m，料场四周和搅拌机附近，应有排水设施。

5. 施工前必须对机械设备、测量仪器、模板和各种试验仪器等进行全面的检查、调试、校核标定、维修和保养。主要施工机械的易损零部件应有适量储备。

（二）搅拌设备

搅拌场的拌和能力配置应符合下列规定：

不同摊铺方式所要求的搅拌楼最小生产容量应满足表4-3-2的规定。一般可配备2～3台搅拌楼，最多不宜超过4台。搅拌楼的规格和品牌尽可能统一。

表4-3-2　混凝土路面不同摊铺方式的搅拌楼最小配置容量（m3/h）

摊铺方式 摊铺宽度	滑模摊铺	轨道摊铺	碾压混凝土	三辊轴摊铺	小型机具
单车道3.75～4.5m	≥100	≥75	≥75	≥50	≥25
双车道7.5～9m	≥200	≥150	≥150	≥100	≥50
整幅宽≥12.5m	≥300	≥200	≥200	-	-

（三）拌和技术要求

1. 每台搅拌楼在投入生产前，必须进行标定和试拌。在标定有效期满或搅拌楼搬迁安装后，均应新标定。施工中应每15d校验一次搅拌楼计量精确度。搅拌楼配料计量偏差不得超过表 4-3-3 的规定。不满足时，应分析原因、排除故障，确保拌和计量精确度。采用计算机自动控制系统的搅拌楼时，应使用自动配料生产，并按需要打印每天（周、旬、月）对应路面摊铺桩号的混凝土配料统计数据及偏差。

表 4-3-3　搅拌楼的混凝土拌和计量允许偏差（%）

材料名称	水泥	掺合料	钢纤维	砂	粗集料	水	外加剂
快速路和主干道每盘	±1	±1	±2	±2	±2	±1	±1
快速路合主干道累计每车	±1	±1	±1	±2	±2	±1	±1
次干道和支路	±2	±2	±2	±3	±3	±2	±2

2. 应根据拌合物的粘聚性、均质性及强度稳定性试拌确定最佳拌和时间。混凝土拌和过程中，不得使用沥水、夹冰雪、表面沾染尘土和局部曝晒过热的砂石料。外加剂的质量应符合 GB8076 等国家现行标准的规定。

3. 拌合物质量检验与控制应符合下列要求：

（1）搅拌过程中，低温或高温天气施工时，拌合物出料温度宜控制 10℃ ~ 35℃。并应测定原材料温度、拌合物的温度、坍落度损失率和凝结时间等。

（2）拌合物应均匀一致，有生料、干料、离析或外加剂、粉煤灰成团现象的非均质拌合物严禁用于路面摊铺。一台搅拌楼的每盘之间，各搅拌楼之间，拌合物的坍落度最大允许偏差为 ±10mm。拌和坍落度应为最适宜摊铺的坍落度值与当时气温下运输坍落度损失值两者之和。

（四）运输

1. 自拌混凝土可选配车况良好、载重量 5 ~ 20t 的自卸车，自卸车后挡板应关闭紧密，运输时不漏浆撒料，车厢板应平整光滑。远距离运输或摊铺钢筋混凝土路面及桥面时，宜选配混凝土罐车。

2. 运输技术要求

（1）应根据施工进度、运量、运距及路况，选配车型和车辆总数。总运力应比总拌和能力略有富余。确保新拌混凝土在规定时间内运到摊铺现场。

（2）运输到现场的拌合物必须具有适宜摊铺的工作性。不同摊铺工艺的混凝土拌合物从搅拌机出料到运输、铺筑完毕的允许最长时间应符合表 4-3-4 的规定。不满足时应通过试验、加大缓凝剂或保塑剂的剂量。

表 4-3-4　混凝土拌合物出料到运输、铺筑完毕允许最长时间

施工气温 *（℃）	到运输完毕允许最长时间（h）		到铺筑完毕允许最长时间（h）	
	滑模、轨道	三轴、小机具	滑模、轨道	三轴、小机具
5 ~ 9	2.0	1.5	2.5	2.0

续表

施工气温*（℃）	到运输完毕允许最长时间（h）		到铺筑完毕允许最长时间（h）	
	滑模、轨道	三轴、小机具	滑模、轨道	三轴、小机具
10 ~ 19	1.5	1.0	2.0	1.5
20 ~ 29	1.0	0.75	1.5	1.25
30 ~ 35	0.75	0.50	1.25	1.0

注：*指施工时间的日间平均气温，使用缓凝剂延长凝结时间后，本表数值可增加 0.25 ~ 0.5h。

3. 翻斗车仅限于运送坍落度小于80mm的混凝土凝土拌和物，并保证运送容器不漏浆，内壁光滑平整，具有覆盖设施。

4. 混凝土拌合物的运输除应满足上述规定外，还应符合下列技术要求：

（1）运输混凝土的车辆装料前，应清洁厢罐，洒水湿润，排干积水。装料前，自卸车应挪动车位，防止离析。搅拌楼卸料落差不应大于2m。

（2）混凝土运输过程中漏浆、漏料和污染路面，途中不得随意耽搁。自卸车运输应减少颠簸，防止拌合物离析。车辆起步和停车应平稳。

（3）超过表3-3-4规定摊铺允许最长时间的混凝土不得用于路面摊铺，混凝土一旦在车内停留超过初凝时间，应采取紧急措施处置，严禁混凝土硬化在车厢（罐）内。

（4）烈日、大风、雨天和低温天远距离运输时，自卸车应遮盖混凝土，罐车宜加保温隔热套。

（5）使用自卸车运输混凝土最远运输半径不宜超过20km。

三、水泥混凝土铺筑

（一）模板的安装

1. 模板技术要求

（1）混凝土路面板、桥面板和加铺层的施工模板宜采用刚度足够的槽钢、轨模或钢制边侧模板，不宜使用木模板、塑料模板等其他易变形的模板。模板的精确度应符合表4-3-5的规定。钢模板的高度应为面板设计厚度，模板长度宜为3 ~ 5m。需设置拉杆时，模板应设拉杆插入孔。每米模板应设置1处支撑固定装置，模板垂直度用垫木楔方法调整。

表4-3-5　模板（加式矫正）允许偏差

施工方式	高度偏差（mm）	局部变形（mm）	垂直边夹角（°）	顶面平整（mm）	侧面子整度（mm）	纵向变形（mm）
三辊轴机组	±1	±2	90±2	±1	±2	±2
轨道摊铺机	±1	±2	90±1	±1	±2	±1

续 表

施工方式	高度偏差（mm）	局部变形（mm）	垂直边夹角（°）	顶面平整（mm）	侧面子整度（mm）	纵向变形（mm）
小型机具	±2	±3	90±3	±2	±3	±3

（2）横向施工缝端模板应按设计规定的传力杆直径和间距设置传力杆插入孔和定位套管。两边缘传力杆到自由边距离不宜小于150mm。每米设置1个垂直固定孔套。

2. 支模前在基层上应进行模板安装及摊铺位置的测量放样，每20m设中心桩；每100m宜布设临时水准点；核对路面标高、面板分块、胀缝和构造物位置。测量放样的质量要求和允许偏差应符合相应规范的规定。

3. 纵横曲线路段应采用短模板，每块模板中点应安装在曲线切点上。

4. 小型机具水泥混凝土路面层钢筋或钢筋网布设（含边缘及角隅构造筋）应满足设计要求，钢筋安装牢固，位置准确。且传力杆安装应符合下列要求：

（1）胀缝传力杆应与胀缝板一起安放；

（2）缩缝传力杆应在摊铺混凝土时安放，传力杆安装应位置准确、牢固；

（3）纵缝传力杆安装应位置准确、牢固，符合设计要求。当分幅摊铺时，宜在混凝土摊铺后，按预留孔位置安放，并采取固定传力杆措施。

5. 模板应安装稳固、顺直、平整，无扭曲，相邻模板连接应紧密平顺，不得有底部漏浆、前后错茬、高低错台等现象。模板应能承受摊铺、振实、整平设备的负载行进、冲击和振动时不发生位移。严禁在基层上挖槽、嵌入安装模板。

6. 模板安装检验合格后，与混凝土拌合物接触的表面应涂脱模剂或隔离剂；接头应粘贴胶带或塑料薄膜等密封。

7. 模板安装完毕，应经过测量人员检验，其安装精确度应符合表的规定。

表4-3-6 模板安装精确度要求

检测项目	三辊轴机组	轨道摊铺机	小型机具
平面偏位（mm），≤	10	5	15
摊铺宽度偏差（mm），≤	10	5	15
面板厚度（mm），≥ 代表值	-3	-3	-4
面板厚度（mm），≥ 极值	-8	-8	-9
纵断高程偏差（mm）	±5	±5	±10
横坡偏差（%）	±0.10	±0.10	±0.20
相邻板高差（mm），≤	1	1	2
顶面接茬3m尺平整度（mm），≤	1.5	1	2

检测项目 ＼ 施工方式	三辊轴机组	轨道摊铺机	小型机具
模板接缝宽度（mm），≤	3	2	3
侧向垂直度（mm），≤	3	2	4
纵向顺直度（mm），≤	3	2	4

（二）水泥混凝土面层铺筑

1. 铺筑前检查

（1）基层应平整，设有砂垫层的，垫层表面应平整、密实；

（2）模板尺寸、位置、高程等应满足设计要求，支撑牢固稳定，隔离剂涂刷均匀，模板接缝严密、模内洁净；

（3）预埋胀缝板的位置正确；

（4）边缘、角隅及其他部位的钢筋安装牢固，位置准确，传力杆与胀缝垂直，绑扎牢固，套筒齐全、位置准确；

（5）各种检查井盖井座、雨水口篦子篦圈应预先安装完成，且安装牢固，位置准确，标高与路面标高协调一致。

（6）水泥混凝土运输应确保及时、连续；

（7）设有纵缝的水泥混路面层，在成型水泥混凝土板块侧立面，应按要求涂刷隔离剂。

2. 小型机具水泥混凝土铺筑

（1）人工小型机具施工水泥混凝土路面层，应符合下列要求：

a. 摊铺水泥混凝土时，应预留水泥混凝土振实的沉落量，拌和物松铺系数宜控制在 k=1.10 ~ 1.25 之间；

b. 摊铺厚度达到水泥混凝土板厚的三分之二时，应拔出模内铁钎，并填实钎洞；

c. 混凝土面层分两次摊铺时，上层水泥混凝土的摊铺应在下层水泥混凝土初凝前完成，且下层厚度宜为总厚的 3/5；

d. 一块水泥混凝土板应一次连续浇筑完毕，施工缝应留在分缝处；

e. 摊铺水泥混凝土应有防雨措施，施工过程中遇雨，应停止浇筑，同时对刚成型混凝土做好防护措施，并架好防雨罩。

（2）混凝土振捣应符合下列要求：

a. 使用插入式振捣棒振捣时，在待振横断面上，每车到路面应使用 2 根振捣棒，组成横向振捣棒组，沿横断面连续振捣密实，并应注意路面板底、内部及边角处不得欠振或漏振。

b. 使用插入式振捣棒振捣时，振捣棒在每一处的持续时间，应以拌合物全面振动液化、表面不再冒气泡和泛水泥浆为限，不宜过振，也不宜少于 30s，振捣棒移动间距不宜大于

50cm，至模板边缘的距离不应大于20cm。应避免碰撞模板、钢筋、传力杆和拉杆。

c. 插入式振捣棒振捣深度宜离基层3～5cm，振捣棒应轻插慢提，不得猛插快拔，严禁在拌合物中推行和拖拉振捣棒振捣。

d. 插入式振捣棒振捣时，应辅以人工补料，并随时检查振实效果和模板、钢筋网、传力杆、拉杆的移位、变形、松动、漏浆等情况，发现异常，及时纠正。

e. 在插入式振捣棒已完成振捣的部位，可开始采用平板振捣器纵横交错两遍全面提浆振实，每车到路面应配备一块平板振捣器。

f. 平板振捣器在每一处振捣的持续时间不应少于15s，振捣移位时应重叠10～20cm左右；平板振捣器应由两人提拉振捣和移位，行进速度应均匀一致，不得自由放置或长时间持续振动。横缝和纵缝边缘应加强振捣；须达到密实、表面平整、不露石子；缺料的部分应辅以人工补料找平。

四、真空吸水

（一）混凝土真空吸水工艺的特点

混凝土真空吸水工艺是提高工程质量、加快施工进度的一种先进工艺，它是在浇灌、振捣、抹平后的混凝土表面铺上吸垫，启动真空设备，从混凝土中吸出游离水，以降低混凝土水灰比的一种方法。现在已经广泛用于道路及大面积工业厂房地坪、机场、港口、大坝等工程。

（二）工艺制作参数的选用

采用合理的工艺参数是保证真空吸水混凝土质量，提高施工效率的关键。真空吸水工艺主要包括真空度、真空处理延续时间和真空处理时间的振动制度等三个参数。1. 真空度：真空度表示真空吸垫中气压数值的大小，通常以负压数值来表示，用真空压力表测量，单位为Pa。真空度愈高，脱水愈大，真空延续时间久愈短，混凝土愈密实，在实际施工中真空度一般为66.5～79.8KPa。若真空度低于53.6KPa，总脱水量较少，真空时间延长，效率相应降低。2. 真空处理延续时间：真空处理延续时间或真空度、混凝土的厚度、水泥用量及品种、混凝土坍落度和温度等因素有关，又直接影响施工效率和能耗，因而真空处理的重要参数。当真空度和混凝土的配合比一定时，构件厚度愈大，真空延续时间愈长。此外，水泥用量愈多混凝土坍落度愈大，真空处理时间愈长。如采用保水性较大的火山灰水泥，需用真空时间和真空处理时间应适当提高和延长。3. 真空处理时的震动制度：用插入式振捣棒对梁混凝土进行振捣，用平板振捣器对板混凝土进行振捣。振捣后对混凝土进行真空处理。

（三）真空吸水设备和配套机具

1. 混凝土真空吸水处理设备主要包括真空泵机组、气垫薄膜吸水装置和振动梁、抹光机等组成。

2.混凝土真空吸水装置。选用 HZX60 型混凝土真空吸水装置，主要结构包括主机和附件梁部分，主机由真空泵，电动机以及带有真空室和集水室的水箱组成。主机安装在可移动小车上。附件吸垫用软管与真空相连。为了加快生产进度，还可用两组或多组吸垫并联同时工作。

3.真空泵使用注意事项：（1）在真空泵启动前，应将真空室和集水箱中注满清水，检查软管、吸垫及接头有无损伤，吸水通道是否通畅，铺设的盖垫应伸出混凝土四周10cm；（2）启动时，应先检查动力箭头方向是否正确，确保吸垫紧附在混凝土表面，真空吸水时间一般为每厘米 1min 左右，如出现"气蚀"现象，应停止吸水，另行处理以免影响机械性能及混凝土质量；（3）操作结束后要用清水洗水箱及吸垫，并坚持吸水孔是否堵塞，严禁用机械直接抽水。

4.选用 S158 号尼龙布作吸水过滤布，V82 高强改性聚氯乙烯盖垫两大部分组成。盖垫是由透明的，单面带有半球凸头的气垫薄膜制成。使用时光面朝上，既为密封层，带有凸头的面，通过滤布压于混凝土表面，凸头之间的空隙形成真空腔，过滤布业可紧贴在凸头面直接缝合在真空吸垫上。在光面的中心安装有吸水管，连接真空泵，在真空垫的四周边粘有橡胶薄膜封边，真空处理过程中，始终贴于混凝土表面起封闭作业。保证盖垫具有良好的封闭性能。尼龙布能够阻挡吸水过程中水泥颗粒通过。盖垫中心设有弯头与真空泵用软管连接。

5.设备操作要点。第一步：真空室和集水室中都灌满清洁水，盖上盖板扣紧；检查软管、盖垫及接头有无损伤，尼龙布、吸水通道不堵塞；在已平整的混凝土表面上铺设尼龙布，然后将盖垫覆盖在尼龙布上，并向两边摊平，盖垫四周应伸出 10cm；接上软管及电源。第二步：开动电动机并检查转向，电机风扇罩壳上的箭头指示正确的转向；确保吸垫紧密贴合在混凝土表面上，安装在真空室上的真空表读数为 53.2 ～ 90.4KPa 之间；真空吸水处理时间域混凝土厚度等有关检验数据一般式每厘米厚度 1min 左右，15cm 厚度约为20min；达到预定时间后，掀起盖垫两个短边，露出尼龙布 2cm，继续抽真空保持一个短时间，以除去残留水分。

（四）真空吸水的作用

采用真空吸水工艺，可解决干硬性混凝土施工操作的困难，并可提高混凝土在未凝结硬化前的表层结构强度，能有效防治表面缩裂和防冻等性能，缩短整平、抹面、拉毛、拆模工序的间隔时间，为混凝土施工机械化连续作业创造条件。

（五）真空吸水施工

1.采用真空吸水的混凝土拌合物，按设计配合比适当增大用水量，水灰比可为0.48 ～ 0.55 之间，其他材料用量维持原设计不谈；

2.混凝土拌合物经振实整平后进行真空吸水。真空吸水时间（min）宜为混凝土厚度（cm）的 1 ~ 1.5 倍，并应以剩余水灰比来检验真空吸水效果；

3.真空吸水的作业深度不宜超过 30cm；

4.开机后真空度应逐渐增加，当达到要求的真空度（500 ~ 600mm 汞柱）开始正常出水后，真空度要保持均匀；结束吸水工作前，真空度应逐渐减弱，防止在混凝土内部留下出水通路，影响混凝土的密实度；

5.混凝土面完成真空吸水作业后，用抹光机抹面，并进行拉毛或压槽等工作。

（六）真空吸水作业工艺要求：

1.真空吸水作业应在面层水泥混凝土振捣后、抹面成活前进行；

2.真空吸水作业工艺不适宜板厚超过 24cm 的混凝土面板施工，吸水时间（min）宜为板厚（cm）的 1 ~ 1.5 倍，相同板厚面板，昼夜平均气温越高，吸水时间越短，并应以剩余水灰比来检验真空吸水效果；

3.开机后应逐渐升高真空度，当达到要求的真空度开始正常出水后，真空度要保持均匀，最大真空度不宜超过 0.085Mpa，待脱水达到规定时间和脱水量要求时，逐渐减小真空度；

4.吸水垫放设位置之间，不能有未经吸水的脱空部位；

5.真空系统安装位置，应有利于水泥混凝土摊铺与排水。

五、接缝施工和养生

（一）模板拆除及矫正

1.当路面混凝土抗压强不小于 8.0Mpa 时，方可拆模。如缺乏强度实测数据，边模的允许最早拆模时间应符合规定。达不到要求，不能拆除端模时，可空出一块面板，重新起头摊铺，空出的面板待两端均可拆模后再补做。

表 4-3-7　混凝土路面板的允许最早拆模时间（h）

昼夜平均气温（℃）	-5	0	5	10	15	20	25	≥30
硅酸盐水泥、R 型水泥	240	120	60	36	34	28	24	18
道路、普通硅酸盐水泥	360	168	72	48	36	30	24	18
矿渣硅酸盐水泥	-	-	120	60	50	45	36	24

注：允许最早拆模时间从混凝土面板精整成形后开始计算。

2.拆模不得损坏板边、板角和传力杆、拉杆周边的混凝土，也不得造成传力杆和拉杆松动或变形。模板拆卸宜使用专用拔楔工具，严禁使用大锤强击拆卸模板。

3.拆卸的模板应将黏附的砂浆清除干净，并矫正变形或局部损坏，矫正精度应符合表

4-3-7 的规定。

（二）养护和填缝

混凝土板做面完毕应及时进行养护，使混凝土中拌和料有良好的水化、水解强度发育条件以及防止收缩裂缝的产生。养护时间一般约为 14 ~ 21d。混凝土宜达到设计要求，且在养护期间和封缝前，禁止车辆通行，在达到设计强度的 40 说后，方可允许行人通行。其养护方法一般有两种方法：湿治养生法，这是最为常用的一种养护方法。即是在混凝土抹面 2h 后，表面有一定强度，用湿麻袋或草垫，或者 20 ~ 30mm 厚的湿砂覆盖于混凝土表面以及混凝土板边侧。覆盖物还兼有隔温作用，保证混凝土少受剧烈的天气变化影响。在规定的养生期间，每天应均匀洒水数次，使其保持潮湿状态；塑料薄膜养生法，即在混凝土板做面完毕后，均匀喷洒过氯乙烯等成膜液（由过氯乙烯树脂、溶剂油和苯二甲酸二丁酯，按 10%、88% 和 3% 的重量比配制而成），使形成不透气的薄膜保持膜内混凝土的水分，保湿养生。但注意过氯乙烯树脂是有毒、易燃品，应妥善防护。封（填）缝工作宜在混凝土初凝后进行，封缝时，应先清除干净缝隙内泥沙等杂物。如封缝为胀缝时，应在缝壁内涂一薄层冷底子油，封填料要填充实，夏天应与混凝土板表面齐平，冬天宜稍低于板面。常用的封缝料有两大类，即：加热施工式封缝料。常用的是沥青橡胶封缝料，也可采用聚氯乙烯胶泥和沥青玛蹄脂等；常温施工式封缝料。主要有聚氨酯封缝胶、聚硫脂封缝胶以及氯丁橡胶类、乳化沥青橡胶类等常温施工式封缝料。目前已广泛使用滑动模板摊铺机建筑混凝土路面。这种机械尾部两侧装有模板随机前进，能兼做摊铺、振捣、压人杆件、切缝、整面和刻画防滑小槽等作业，可铺筑不同厚度和宽度的混凝土路面，对无筋或配筋的混凝土路面均可使用。这种机械工序紧凑、施工质量高，行驶速度一般为 1.2 ~ 3.0m/min，每天能铺筑 1600m 双车道路面。

（三）横向缩缝

1. 应按设计要求设置横向缩缝。普通混凝土路面横向缩缝宜等间距布置，不宜采用斜缝。必须调整板长时，最大板长不宜大于 6.0m，最小板长不宜小于板宽。对高填土、弯道和软土路基地段板长应适当减小；交叉口及接近构造物处的路面板块尺寸可适当调整。

2. 横缝中的胀缝间距和缝宽，应根据设计要求确定，当设计未要求时，施工方或监理方应在设计交底会上提出，并由设计方通过设计变更或洽商记录予以明确。与结构物衔接处、道路交叉和填挖土方变化处，应设置胀缝。胀缝宽度不宜小于 20mm。

4. 缩缝宽度宜为 4 ~ 6mm，有传力杆的缩缝深不应小于路面层板厚的三分之一，且不小于 70mm；无传力杆缩缝的切缝深度不应小于路面层板厚的四分之一，且不小于 60mm，缩缝应与混凝土面板垂直，并应与设计要求的位置一致。

5. 采用切缝机切割缩缝时，应严格控制切割时机，其切缝时机一般为水泥混凝土强度达到设计强度 25% ~ 30%。

6. 每天摊铺结束或摊铺中断时间超过 30min 时，应设置横向施工缝，其位置宜与胀缝或缩缝重合，确有困难不能重合时，施工缝应设置螺纹传力杆，且应与路中心线垂直。横向施工缝在缩缝处采用平缝加传力杆型，在胀缝处其构造与胀缝相同。

（四）纵缝施工

1. 应按设计规定设置纵缝（间距宜为 3.5 ~ 4.0m），位置应避开轨迹。

2. 企口纵缝施工时，宜先浇注凹榫一侧的水泥混凝土。

3. 已成型的水泥混凝土路面层板，纵缝侧面应涂刷沥青或隔离剂；沥青或隔离剂不得涂于传力杆上。

4. 当一次摊铺宽度大于 4.5m 时，应采用假缝拉杆型纵缝，即锯切纵向裂缝，纵缝位置应按车道宽度设置，并在摊铺过程中用专用的拉杆插入装置插入拉杆。

5. 钢筋混凝土路面、桥面和搭板的纵缝拉杆可由横向钢筋延伸穿过接缝代替。钢纤维混凝土路面切开的假纵缝可不设拉杆，纵向施工缝应设拉杆。

6. 插入的纵向拉杆应牢固，不得松动、碰撞或拔出。若发现拉杆松脱或漏插，应在横向相邻路面摊铺前，钻孔重新植入。当发现拉杆可能被拔出时，应进行拉杆拔出力（握裹力）检验。

（五）混凝土路面养生

1. 水泥混凝土路面层成活后，应及时养护。养护应根据施工工地情况及条件，选用喷洒养生剂养生、覆盖保湿养生或塑料薄膜覆盖养生等。

2. 混凝土路面采用喷洒养生剂养生时，喷洒应均匀，成膜厚度应足以形成完全密闭水分的薄膜，喷洒后的表面不得有颜色差异。喷洒时间宜在表面混凝土泌水完成后进行。喷洒高度宜控制在 0.5 ~ 1m，使用一级品养生时，最小喷洒剂量不得少于 0.3kg/m2；合格品的最小喷洒剂量不得少于 0.35kg/m²。不得使用易被雨水冲刷掉的和对混凝土强度、表面耐磨性有影响的养生剂。当喷洒一种养生剂达不到 90% 以上有效保水率要求时，可采用两种养生剂各喷洒一层或喷一层养生剂再加覆盖的方法。

3. 覆盖保湿养生宜使用保湿膜、土工毡、土工布、麻袋、草袋、草帘等进行覆盖，混凝土成活后应及时覆盖、及时洒水，保持混凝土表面始终处于潮湿状态。覆盖物覆盖时，应确保混凝土表面、侧面覆盖到位，不漏盖。

4. 塑料薄膜覆盖养生的初始时间以不压坏细观抗滑构造为准，薄膜厚度（韧度）应合适，宽度应大于覆盖面 600mm。两条薄膜对接时，搭接宽度不应小于 400mm，养生期间应始终保持薄膜完整盖满。

5. 养生时间应根据混凝土弯拉强度增长情况而定，不宜小于混凝土设计弯拉强度的 80%，应特别注重前 7 天的保湿（温）养生。一般养生天数宜为 14 ~ 21 天，气温较高时，养生不宜少于 14d；低温时，养生期不宜少于 21d；掺粉煤灰的混凝土路面最短养生时间不宜少于 28d。

6. 昼夜温差大于 10℃ 以上的地区或日平均温度小于 5℃ 施工的混凝土路面应采取保温保湿养生措施，防止混凝土板产生收缩裂缝。

7. 混凝土板在养护期间和填缝前，禁止车辆通行，在达到设计强度的 40% 以后，方可允许行人通行。

8. 养护期间应封闭交通、不得堆放重物；面板达到设计弯拉强度后，方可开放交通；养护终结，应及时清除路面层养护材料。

六、竣工验收及总结

（一）工程质量检查与验收

1. 城镇道路水泥混凝土路面应按下列规定进行施工质量控制：

（1）工程采用的主要材料、半成品、成品等应进行现场验收，并按有关规定进行复验。现场验收和复验结果应经监理工程师检查认可。凡涉及结构安全和使用功能的，监理工程师应按规定进行平行检验或见证取样检测。

（2）水泥混凝土路面施工完成后应进行检查，并形成记录。

2. 城镇道路水泥混凝土路面作为城镇道路单位工程的分项工程，可根据施工工艺、质量控制及路段长度等划分为若干个检验批。

3. 对城镇道路水泥混凝土路面分项工程的质量验收，应进行质量控制资料、外形实测指标及外观质量验收，并应对涉及结构安全的材料、试件等进行见证检测或结构实体检验。

4. 当城镇道路水泥混凝土路面施工质量不符合要求时，应按下列规定进行处理：

（1）经返工重做的，应重新进行验收。

（2）经有资质的检测单位检测鉴定能够达到设计要求的，应予以验收。

（3）经有资质的检测单位检测鉴定达不到设计要求，但经原设计单位核算认可能够满足结构安全和使用功能的，可予以验收。

（4）经返修或加固处理的部分工程，虽然改变外形尺寸但仍能满足使用要求，可按技术处理方案和协商文件进行验收。

（5）通过返修或加固处理仍不能满足安全使用要求的城镇道路水泥混凝土路面，严禁验收。

（二）工程施工总结

1. 工程结束后，施工单位应根据国家竣工文件编制的规定，提交竣工验收报告，连同竣工图表等完整的工程技术档案和施工管理资料，一并提交业主及有关档案管理部门。

2. 竣工验收报告应包括工程概况（包括设计及变更情况）、工程基础资料、材料、施工组织、机械及人员配备、施工方法、施工进度、试验研究、工程质量评价等。

3. 工程技术档案和施工管理资料是工程竣工验收和质量保证的重要依据之一，应包括质量保证体系、图纸会审和设计交底记录、设计变更通知、隐蔽验收记录、试验段铺筑报告、施工前及施工中材料质量检查结果（测试报告）、施工中工程质量检查结果（测试报告）、工程完工后质量自检结果（测试报告）、工程质量评价、竣工图以及原始记录、相册、录像等各种附件。

第五章 桥梁工程施工

第一节 桥梁结构与类型

一、桥梁结构的组成

桥梁一般由上部结构（也称桥跨结构）、下部结构、支座和附属设施四个基本部分组成。

桥梁上部结构是承担线路荷载，跨越障碍的主要承重结构。它的作用是承担上部结构所受的全部荷载并传给支座。例如梁式桥中的主梁，拱桥中的拱肋（拱圈）、桁架梁桥中的主桁等。它是桥梁承载和跨越的重要部分。

桥梁下部结构是桥墩、桥台及桥梁基础的总称，是支撑桥跨结构并将荷载传至地基的建筑物。桥墩和桥台一般合称墩台。

（一）桥墩

桥墩位于多孔桥跨的中间部位，支承相邻两跨上部结构的建筑物，其功能是将上部结构荷载传至基础。

1. 重力式桥墩

重力式桥墩是一实体圬工墩，主要靠自身的重量（包括桥跨结构重力）平衡外力，从而保证桥墩的强度和稳定。此种桥墩自身刚度大，具有较强的防撞能力，但同时存在阻水面积大的缺陷，比较适合于修建在地基承载力较高、覆盖层较薄、基岩埋深较浅的地基上。重力式桥墩墩帽采用 20 号以上的混凝土，加配构造钢筋。

重力式桥墩的墩身用 15 号或大于 15 号片石混凝土浇筑，或用浆砌块石和料石，也可以用混凝土预制块砌筑。

2. 箱形桥墩

箱形桥墩：保持实体桥墩的基本特点，如较大的轮廓体形，较大的圬工结构，少量的钢筋等。在截面强度和刚度足以承担和平衡外力的前提条件下，减少圬工数量，使结构更经济。

薄壁空心桥墩：基本结构形式与部分镂空实体桥墩相似，但一般采用强度高、墩身壁较薄的钢筋混凝土构件，混凝土标号一般为 20 ~ 30 号混凝土。

3. 柱式桥墩

柱式桥墩是目前公路桥梁中广泛采用的桥墩形式。它具有线条简捷、明快、美观，既节省材料数量又施工方便的特点，特别适用于桥梁宽度较大的城市桥梁和立交桥。

4. 柔性墩

主要特点：减少单个柔性墩所受到的水平力，减小桩墩截面。

柔性墩的布置：柔性墩一般布设在两端具有刚性较大桥台的多跨桥中，同时，在全桥除一个中墩上设置活动支座外，其余墩台均采用固定支座。

多跨柔性墩：多跨长桥采用柔性墩时宜分成若干联。

连续 - 刚构桥：薄壁柔性桥墩和上部结构预应力混凝土连续梁在支点处固结组成连续一刚构桥，它既能支承上部结构重量，保持桥墩稳定，避免连续梁桥施工中的体系转化；又有一定柔性，适应上部结构位移的需要。

5. 框架式桥墩

构造形式：一般构造，V 形墩、X 形墩及 Y 形墩。

V 形墩、X 形墩及 Y 形墩的特点：美观，但结构构造比较复杂、施工比较麻烦。

（二）桥台

桥台位于桥梁的两端，支承桥梁上部结构，并使之与路堤衔接的建筑物，其功能是传递上部结构荷载于基础，并抵抗来自路堤的土压力。为了维持路堤的边坡稳定并将水流导入桥孔，除带八字形翼墙的桥台外，在桥台左右两侧筑有保持路肩稳定的锥形护坡，其锥体填土，坡面以片石砌筑。

1. 重力式桥台

重力式桥台依据桥梁跨径、桥台高度及地形条件的不同，有多种形式。常用的类型有 U 形桥台，埋置式桥台，八字式和一字式桥台等。重力式桥台在铁路桥上还有 T 形桥台，十字形桥台等其他形式。

U 形桥台：U 形桥台由台身（前墙）台帽、基础与两侧的翼墙组成，在平面上呈 U 字形。U 形桥台构造简单，基础底承压面大，应力较小，但圬工体积大，桥台内的填土容易积水，结冰后冻胀，使桥台结构产生裂缝。

埋置式桥台：桥台台身埋置于台前溜坡内，不需另设翼墙，仅由台帽两端的耳墙与路堤衔接。埋置式桥台，台身为圬工实体，台帽及耳墙采用钢筋混凝土，当台前溜坡有适当保护不被冲毁时，可考虑溜坡填土的主动土压力。因此，埋置式桥台圬工数量较省，但由于溜坡伸入桥孔，压缩了河道，有时需要增加桥长。它适用于桥头为浅滩，溜坡受冲刷较小，填土高度在 10m 以下的中等跨径的多跨桥中使用。当地质情况较好时，可将台身挖空成拱形，以节省坼工，减轻自重。

2. 轻型桥台

（1）薄壁轻型桥台

薄壁轻型桥台常用的形式有悬臂式、扶壁式、撑墙式及箱式等。在一般情况下，悬臂式桥台的混凝土数量和用钢量较高、撑墙式与箱式的模板用量较高。薄壁桥台的优点与薄壁墩类同，可依据桥台高度，地基强度和土质等因素选定。

（2）支撑梁轻型桥台

单跨或少跨的小跨径桥，在条件许可的情况下，可在轻型桥台之间或台与墩间，设置 3 ~ 5 根支撑梁。支撑梁设在冲刷线或河床铺砌线以下。梁与桥台设置锚固栓钉，使上部结构与支撑梁共同支撑桥台承受台后土压力。此时桥台与支撑梁及上部结构形成四铰框架来受力。

轻型桥台可采用八字式和一字式翼墙挡土，如地形许可，也可做成耳墙，形成埋置式轻型桥台并设置溜坡。

3. 桥梁基础

是桥梁最下部的结构，上承墩台，并将全部桥梁荷载传至地基。基底应设置在有足够承载力的持力层处，并要求有一定的埋置深度。基础工程在整个桥梁工程施工中是比较困难的部分，而且常常需要在水中施工，因而遇到的问题也很复杂。

4. 支座

支座设于桥（墩）台顶部，支承上部结构并将荷载传给下部结构的装置。它能保证上部结构在荷载、温度变化或其他因素作用下的位移功能。

5. 附属设施

包括桥面系、桥头搭板、护坡、导流堤等。桥面系一般由桥面铺装、栏杆（防撞墙）、人行道、伸缩缝、照明系统等组成。桥面铺装用以防止车轮直接磨耗桥面板、排水和分布轮重。伸缩缝位于桥梁墩顶上部结构之间或其他桥型上部结构与桥台端墙之间，以保证结构在各种因素作用下的自由变位，为使桥面上行车顺适、不颠簸。

二、桥梁的类型

（一）结构体系分类

结构工程上的受力构件，总离不开拉、压和弯三种基本受力方式。按结构体系分类是以桥梁结构的力学特征为基本着眼点，以主要的受力构件为基本依据，可分为梁式桥、拱式桥、刚架桥、斜拉桥、悬索桥及其组合桥。现代的桥梁结构也一样，不过其内容更丰富，形式更多样，材料更坚固，技术更进步。下面从受力特点、建桥材料、适用跨度、施工条件等方面来阐明桥梁各种体系的特点。

1. 梁式桥

主梁为主要承重构件，受力特点为主梁受弯。主要材料为钢筋混凝土、预应力混凝土，多用于中小跨径桥梁。简支梁桥合理最大跨径约 20 米，悬臂梁桥与连续梁桥合宜的最大跨径约 60 ~ 70 米。

优点：采用钢筋砼建造的梁桥能就地取材、工业化施工、耐久性好、适应性强、整体性好且美观；这种桥型在设计理论及施工技术上都发展得比较成熟。

缺点：结构本身的自重大，约占全部设计荷载的 30% 至 60%，且跨度越大其自重所占的比值更显著增大，大大限制了其跨越能力。

2. 拱式桥

拱肋为主要承重构件，受力特点为拱肋承压、支承处有水平推力。主要材料是圬工、钢筋砼，适用范围视材料而定。跨径从几十米到三百多米都有，目前我国最大跨径钢筋砼拱桥为 170 米。

优点：跨越能力较大；与钢桥及钢筋砼梁桥相比，可以节省大量钢材和水泥；能耐久，且养护、维修费用少；外形美观；构造较简单，有利于广泛采用。

缺点：由于它是一种推力结构，对地基要求较高；对多孔连续拱桥，为防止一孔破坏而影响全桥，要采取特殊措施或设置单向推力墩以承受不平衡的推力，增加了工程造价；在平原区修拱桥，由于建筑高度较大，使两头的接线工程和桥面纵坡量增大，对行车极为不利。

3. 钢架桥

是一种桥跨结构和吨台结构整体相连的桥梁，支柱与主梁共同受力，受力特点为支柱与主梁刚性连接，在主梁端部产生负弯矩，减少了跨中截面正弯矩，而支座不仅提供竖向力还承受弯矩。主要材料为钢筋砼，适宜于中小跨度，常用于需要较大的桥下净空和建筑高度受到限制的情况，如立交桥、高架桥等。

优点：外形尺寸小，桥下净空大，桥下视野开阔，混凝土用量少。

缺点：基础造价较高，钢筋的用量较大，且为超静定结构，会产生次内力。

4. 斜拉桥

梁、索、塔为主要承重构件，利用索塔上伸出的若干斜拉索在梁跨内增加了弹性支承，减小了梁内弯矩而增大了跨径。受力特点为外荷载从梁传递到索，再到索塔。主要材料为预应力钢索、混凝土、钢材。适宜于中等或大型桥梁。

优点：梁体尺寸较小，使桥梁的跨越能力增大；受桥下净空和桥面标高的限制小；抗风稳定性优于悬索桥，且不需要集中锚锭构造；便于无支架施工。

缺点：由于是多次超静定结构，计算复杂；索与梁或塔的连接构造比较复杂；施工中高空作业较多，且技术要求严格。

5. 悬索桥

主缆为主要承重构件，受力特点为外荷载从梁经过系杆传递到主缆，再到两端锚锭。主要材料为预应力钢索、混凝土、钢材，适宜于大型及超大型桥梁。

优点：由于主缆采用高强钢材，受力均匀，具有很大的跨越能力。

缺点：整体刚度小，抗风稳定性不佳；需要极大的两端锚锭，费用高，难度大。

6. 组合体系桥

将上述几种结构形式进行合理的组合应用，即形成组合体系桥梁。常见的组合方式是梁、拱结构的组合。梁、拱、吊组合体系，同时具备梁的受弯和拱的承压特点，可以是刚性拱及柔性拉杆，也可以是柔性拱及刚性梁。这类结构的主要优点是：利用梁部受拉，来承受和抵消拱在竖直荷载下产生的水平推力。这样，桥跨结构既具有拱的外形和承压特点，又不存在很大的水平推力，可在一般地基条件下修建。相对而言，这种组合体系的施工较为复杂。此外，为获得更大跨越能力，可以由悬索和斜拉组合形成组合体系桥梁。

（二）其他分类

1. 按跨径分类

是一种行业管理的手段，并不反映桥梁工程设计和施工的复杂性。以下是我国公路工程技术标准（JTJ001-97）规定的按跨径划分桥梁的方法。

表 5-1-1 桥梁类型

桥梁分类	多孔跨径总长 L（m）	单孔跨径（L0）
特大桥	L≥500m	L0≥100m
大桥	100m≤L < 500m	40m≤L0 < 100m
中桥	30m < L < 100m	20m≤L0 < 40m
小桥	8m≤L≤30m	5m≤L0 < 20m

2. 按桥面位置分类

上承式桥：桥面布置在桥跨结构上面

下承式桥：桥面布置在桥跨结构下面

中承式桥：桥面布置在桥跨结构中间

按主要承重结构所用的材料

3. 按主要承重结构所用的材料来划分

有木桥、钢桥、圬工桥（包括砖、石、混凝土桥）、钢筋混凝土桥和预应力钢筋混凝土桥。

木桥：用木料建造的桥梁。木桥的优点是可就地取材，构造简单，制造方便，小跨度多做成梁式桥，大跨度可做成行架桥或拱桥。其缺点是容易腐朽、养护费用大、消耗木材且易引起火灾。多用于临时性桥梁或林区桥梁。

钢桥：桥跨结构用钢材建造的桥梁。钢材强度高，性能优越，表观密度与容许应力之比值小，故钢桥跨越能力较大。钢桥的构件制造最合适工业化，运输和安装均较为方便，架设工期较短，破坏后易修复和更换，但钢材易锈蚀，养护困难。

圬工桥：用砖、石或素混凝土建造的桥。这种桥常做成以抗压为主的拱式结构，有砖拱桥、石拱桥和素混凝土拱桥等。由于石料抗压强度高，且可就地取材，故在公路和铁路桥梁中，以石拱桥用得较多。

钢筋混凝土桥：又称普通钢筋混凝土桥。桥跨结构采用钢筋混凝土建造的桥梁。这种桥梁，沙石骨料可以就地取材，维修简便，行车噪音小，使用寿命长，并可采用工业化和机械化施工，与钢桥相比，钢材用量与养护费用均较少，但自重大，对于特大跨度的桥梁，在跨越能力与施工难易度和速度方面，常不及钢桥优越。

预应力钢筋混凝土桥：桥跨结构采用预应力混凝土建造的桥梁。这种桥梁，利用钢筋或钢丝（索）预张力的反力，可使混凝土在受载前预先受压，在运营阶段不出现拉应力（称全预应力混凝土），或有拉应力而未出现裂缝或控制裂缝在容许宽度内（称部分预应力混凝土）。其优点是：能合理利用高强度混凝土和高强度的钢材，从而可节约钢材，减轻结构自重，增大桥梁的跨越能力；改善了结构受拉区的工作状态，提高结构的抗裂性，从而可提高结构的刚度和耐久性；在使用荷载阶段，具有较高的承载能力和疲劳强度；可采用悬臂浇筑法或悬臂拼装法施工，不影响桥下通航或交通；便于装配式混凝土结构的推广。它的不足之处是施工工艺较复杂、质量要求较高和需要专门的设备。

4. 按跨越方式分类

按跨越方式分类，可分为固定式桥梁、开启桥、浮桥、漫水桥等。

固定式桥梁指一经建成后各部分构件不再拆装或移动位置的桥梁；

开启桥指上部结构可以移动或转动的桥梁；

浮桥指用浮箱或船只等作为水中的浮动支墩，在其上架设贯通的桥面系统以沟通两岸交通的架空建筑物；

漫水桥又称过水桥，指洪水期间容许桥面漫水的桥梁。

5. 按施工方法分类

按施工方法分类，混凝土桥梁可分为整体式施工桥梁的和节段式施工桥梁。

整体式是在桥位上搭脚手架、立模板、然后现浇成为整体式的结构。

节段式节段式是在工厂（或工场、桥头）预制成各种构件，然后运输、吊装就位、拼装成整体结构，或在桥位上采用现代先进施工方法逐段现浇而成整体结构。用于大跨径预应力混凝土悬臂梁桥、T型刚构桥、连续梁桥、拱桥以及斜拉桥、悬索桥的施工。

第二节　桥梁下部结构施工技术

一、明挖基础施工

（一）施工准备

1. 技术准备

熟悉图纸，编制土方开挖施工方案，并向有关人员进行技术交底和安全交底。

根据施工区域的地形与作业条件、土的类别与基坑深度、土方量选择机械或人工挖土。

开挖低于地下水位的桥墩台基坑时，应根据当地工程地质资料，采取措施将地下水位降至基础底面以下0.5m后再开挖。

2. 机具设备

机械：挖土机、推土机、自卸汽车等。

工具：铁锹（尖、平头两种）、手推车、小线或20#铅丝和钢卷尺等。

3. 作业条件

土方开挖前，应根据施工图纸和施工方案的要求，将施工区域内的地下、地上障碍物清除，完成对地下管线进行改移和采取保护措施。

场地平整，并做好临时性排水沟。

夜间施工时，应有足够的照明设施；在危险地段应设置明显标志。

施工机械进入现场所经过的道路、桥梁等应事先经过检查，并进行必要的加固或加宽。

施工区域运行路线的布置，应根据桥梁工程墩台的大小、埋深、机械性能、土方运距等情况加以确定。

配备人工修理边坡、清理槽底，完成机械施工无法作业的部位。

（二）施工工艺

1. 测量放线

（1）桥墩台施工测量放线可参照"桥梁工程施工测量"规定进行。

（2）桥墩台的定位控制线（桩），水准基点（桩）和开槽的上口灰线尺寸，必须经检验合格，并办理预检手续。

2. 土方开挖

（1）基坑尺寸和坡度的确定

1）桥墩台基坑尺寸应满足施工要求。当基坑为渗水的土质基底，坑底尺寸应根据排水要求（包括排水沟、集水井、排水管网等）和基础模板设计所需基坑大小而定。一般基底应比基础设计的平面尺寸宽0.5m～1.0m。当不设模板时，可按基础的设计尺寸开挖基坑。

2）基坑坑壁坡度应按地质条件、基坑深度、施工方法等情况，一般确定如下：

①在天然湿度的土中，开挖基坑时，当挖土深度不超过下列规定时，可不放坡，不加支撑。

密实、中密的砂土和碎石类土（充填物为砂土）不深于1.0m；

硬塑、可塑的黏质粉土及粉质黏土不深于1.25m；

硬塑、可塑的黏土和碎石类土（充填物为黏性土）不深于1.5m；

坚硬的黏土不深于2.0m。

②超过上述规定深度，在3m以内时，当土具有天然湿度、构造均匀、水文地质条件好，且无地下水，基坑可不加支撑，但必须放坡。边坡最陡坡度应符合表4-2-1的规定。

表5-2-1　各类土的边坡坡度

坑壁土类	坑壁坡度		
	坡顶无荷载	坡顶有静载	坡顶有动载
砂类土	1：1	1：1.25	1：1.5
碎、卵石类土	1：0.75	1：1	1：1.25
亚砂土	1：0.67	1：0.75	1：1
亚砂土、黏土	1：0.33	1：0.5	1：0.75
极软土	1：0.25	1：0.33	1：0.67
软质岩	1：0	1：0.1	1：0.25
硬质岩	1：0	1：0	1：0

③如土的湿度有可能使坑壁不稳定而引起坍塌时，基坑坑壁坡度应缓于该湿度下的天然坡度。

④当基坑有地下水时，地下水位以上部分可以放坡开挖；地下水位以下部分应采取措施加固后再开挖。

（2）开挖放坡的基坑时，应按施工方案规定的坡度，随挖随修坡，一次成活。

（3）开挖基坑时，应合理选择开挖机械，确定开挖顺序、路线，尽可能将墩台基坑土方一次挖除。挖至标高的土质基坑不得长期暴露、扰动或浸泡，并应及时检查基坑尺寸、高程、基底承载力符合要求后，立即进行基础施工。

（4）在开挖过程中，应随时检查边坡的稳定状态。深度大于1.5m时，应根据土质变化情况做好基坑的支撑准备，以防塌方。

（5）挖基坑时，不得超挖，避免扰动基底原状土。可在设计基底标高以上暂留0.3m不进行土方机械开挖，应在抄平后由人工挖出。如超挖，应将松动部分清除，其处理方案应报监理、设计单位批准。

（6）在机械施工挖不到的土方（如桩基间土方），应配合人工随时进行清除。

（7）开挖基坑的土方，在场地有条件堆放时，一定留足回填需用的好土；多余的土方应一次运走，避免二次倒运。

（8）在基槽边弃土时，应保证边坡的稳定。当土质良好时，槽边的堆土应距基槽上口边缘1.0m以外，高度不得超过1.5m。

3. 当土体不稳定时，应根据现场实际情况采用土钉墙、锚喷、板撑等措施对坑壁加以支护，具体施工应按国家现行标准《公路桥涵施工技术规范》（JTJ 041）明挖地基有关规定执行。

4. 修边和清底：在距基底设计标高0.2m-0.5m槽帮处，抄出水平线，钉上小木橛，然后用人工将暂留土层挖走。同时由两端轴线（中心线）引桩拉通线，检查距槽边尺寸，确定基槽宽度，以此修整槽边。

5. 钎探验收：开挖完成后，对于墩台采用扩大基础应按设计地基承载力要求对基底进行钎探，具体施工参照有关施工规范国家现行的规定。

（三）季节性施工

1. 雨期施工

（1）雨期施工时，在基坑四周外0.5m～1m处设排水沟和挡水捻，防止地面水流入基坑内。

当基坑较大、地下水位较高时，应设临时排水沟和集水坑。基坑人工清底到设计标高后，应及时浇筑垫层混凝土。

（2）雨期开挖基坑，应注意边坡稳定。必要时，可以适当放缓边坡或设置支撑。

2. 冬期施工

（1）冬期开挖基坑土方时，应在冻结以前用保温材料覆盖或将表层土翻耕耙松，其翻耕深度应根据当地气温条件确定，一般不小于0.3m。

（2）开挖基坑时，必须防止基底土受冻。当混凝土垫层不能及时施工时，应在基底标高以上预留适当厚度的松土，或用其他保温材料覆盖。

（四）质量标准

1. 基本要求

基坑和墩台基础土质必须符合设计要求，并严禁扰动。

地基承载力必须符合设计要求。

基底平面位置、尺寸大小、基底标高符合设计要求。

基底处理和排水情况符合国家现行标准《公路桥涵施工技术规范》（JTJ 041）的有关规定。

2. 实测项目

表 5-2-2　基坑开挖实测项目

项次	检查项目		规定值或允许偏差	检验频率		检验方法
				范围	点数	
1	基底高程	土方	0，—20	每座	5	用水准仪测量四角和中心
		石方	＋50，—200		5	
2	轴线位移		≤50		4	用经纬仪测量，纵横各计2点
3	基坑尺寸		不小于规定		4	用钢尺量每边各计1点
4	对角线差		0，50		1	用钢尺量两对角线

3. 外观鉴定

基坑内无积水和其他杂物，基坑边坡无反坡现象。

（五）成品保护

1. 开挖完成后，严禁对边坡、基底进行扰动。施工人员必须从指定地点的梯道上下。

2. 土方开挖时，应防止邻近已有道路、管线发生下沉和变形，并与有关单位协商采取保护措施。

3. 土方开挖时应对定位桩、轴线引桩、标准水准点加以保护、防止挖土时碰撞。

（六）应注意的质量问题

1. 开挖基坑不得超过基底标高。如个别地方超挖时，其处理方法应取得设计单位的同意，不得私自处理。

2. 基坑开挖后应尽量减少对基底土的扰动。如遇承台不能及时施工时，可在基底标高以上预留 0.3m 土层不挖，待做承台时再挖。

3. 基坑底部的开挖宽度和坡度，除应考虑结构尺寸要求外，宜根据施工需要增加工作面宽度，如排水设施、支撑结构等所需的宽度，以防开挖尺寸不足。

（七）环境、职业健康安全管理措施

1. 环境管理措施

施工现场道路和场地应做硬化处理，配备洒水车洒水降尘。

土方施工在城区运输时，必须封闭、覆盖，不得沿途遗洒；运土车辆出工地时，应对轮胎进行清洗，防止污染社会道路。

夜间土方开挖时，司机不得随意鸣笛，应控制施工机械人为噪声，防止噪声扰民。

2. 职业健康安全管理措施

沟槽深度超过 1.5m 时，必须按规定放坡或做可靠支撑，并设置人员上下坡道或爬梯。深度超过 2m 时，在距沟槽边 1m 处设置两道不低于 1.2m 高的护身栏。施工期间设警示牌，夜间设红色标志灯。

夜间施工要有足够的照明。

3. 沟槽边堆土高度不得超过 1.5m，堆土距沟槽边大于 1m。

4. 汛期开槽时，要放缓边坡坡度，并做好排水措施。

5. 严禁在机械运行范围内停留，机械行走前应检查周围情况，确认无障碍后鸣笛操作。

二、钻孔灌注桩基础施工

现在建设桥的桩基础有两种类型：预制桩和灌注桩。前者是用各种桩工机械将桩埋入土壤的下层，以提高基础的承载；而后者则是用钻孔机在土层上钻出深孔，以供灌注混凝土。所以桩工机械也分为预制桩施工机械和灌注桩施工机械两大类。

（一）桩工机械的分类

1. 按桩基础类型分类

（1）预制桩施工机械

预制桩施工主要有四种方法：打入法、振入法、射水法和压入法，不同的施工方法对应不同的施工机械。

1）打入法即利用冲击能量冲击桩头，把桩打入土中，使用的机械是各类锤。

2）振入法是利用高频振动器在桩头上施振，使桩在自重和振动器冲击力的作用下贯入土中。所采用的机械是振动锤。

3）射水法是利用高压水泵通过射水管沿桩身冲击其周围的土壤，减少土壤对桩身的摩擦阻力，桩靠自重沉入土中。

4）压入法是给桩头施加强大的静压力，把桩压入土中。这种施工方法噪音极小，桩头不受损坏。但使用的压桩机非常笨重，组装迁移都比较困难。

（2）灌注桩的施工机械

灌注桩的施工关键在成孔，成孔的方法有挤土成孔法和取土成孔法，不同的施工方法对应不同的施工机械。

1）挤土成孔法是把一根钢管打入土中，至设计深度后将钢管拔出，即可成孔。这种施工方法常用振动锤。

2）取土成孔法可分为冲击成孔、冲抓成孔和回转钻削成孔等。采用的机械主要有：冲击式钻孔机、循环式钻孔机和螺旋钻孔机等。

2. 按驱动的方法分类

按驱动的方法分有落锤、气锤、柴油锤和电动锤四种。

（1）落锤

它是将一个重铁块，悬挂在桩架顶端定滑轮的钢丝绳上，由于其提升到一定的高度后再让它自由落下，靠锤的自重冲击桩头。这是一种古老的设备，由于其效率过低，劳动强度大，故目前基本上不再使用。

（2）气锤

它是利用蒸汽或者压缩空气的能量，使气缸中的活塞产生往复运动而冲击桩头。前者称蒸汽锤，使用历史比较悠久；后者是随着制备压缩空气技术的发展而采用的。两者的结构和工作原理相同。

（3）柴油锤

它的基本部分为一个特制的二冲程柴油机，它依靠柴油机在气缸内燃烧膨胀时所做的功，将冲击锤头提升到一定的高度，然后再自由落下冲击桩头。它与气锤相比，效率高，使用方便，易于迁移，故目前使用较广泛。

（4）电动锤

它是利用电动机驱动一个振动器，使之在垂直方向产生振动，然后将激振力传给桩头使之下沉，故它又称为振动桩锤。它也适用拔桩。

3. 按锤头的冲击动能分类

按锤头的冲击动能分，有单作用式和双作用式两种。

（1）单作用式

锤头的冲击动能，仅仅是依靠锤头的自重在自由下落时冲击桩头产生。如落锤、单动气锤及柴油锤都属于这种形式.

（2）双作用式

锤头的冲击动能，是由其自重及附加冲击力两种动能之和产生。如双动气锤的冲击锤头升降都是靠气力，锤头下落冲击桩头时，其冲击动能不但有锤头的自重，而且还有作用于锤头的气力所致。因此，它比单作用式冲击动能大，生产效率高。

4. 按操纵情况分类

按操纵情况分，有人工操纵，半自动化操纵和自动化操纵三种。

（1）人工操纵式

锤头的升降都是靠人工控制的，如落锤的升降是利用人工通过绞车来控制的。因其劳动强度大，生产效率低，故目前基本上不再使用。

（2）半自动化操纵式

锤头的升降是靠人工控制的，而下落则自动控制。单动气锤就是属于半自动化操纵。气缸的上升是由于人工控制气体从空心活塞杆进入气缸上腔，推动气缸上移。气缸下落则靠操纵机构自动切断进气通路，并打开气缸上腔的排气道，使缸内的气体排入大气，于是气缸就自行下落而冲击桩头。

（3）自动化操纵式

锤头在工作中，其上下运动靠本身机构自动控制的。也就是说启动时只要将锤头升起，然后使其落下，启动后的锤头升降就可以自动控制了。如双动气锤头在上下运动中，是通过配气机构自动配气的，不再需要人工操纵。

以上所介绍的各种桩工机械桩锤都是安装在打桩架上时打桩作业的。打桩架有专用的，也有利用挖掘机、起重机的长臂吊杆加装一个龙门架改装而成。后者移动方便，使用比较广泛。

（二）预制桩施工机械

1. 柴油桩锤的构造及工作原理

气锤虽然经过一些改进，有良好的技术性能。但由于其本身很笨重，加之在工作时还需要配备笨重的锅炉或者空气压缩机，因此移动很不方便。为了快速移动和迅速开工，常采用柴油桩锤。柴油桩锤的工作原理和二冲程柴油机大致相同，它不是依靠外来的能量来工作，而是利用柴油机在气缸内燃烧的爆炸力来抬升锤头，然后自由落下冲击桩头。

2. 振动桩锤的构造及工作原理

振动沉桩法和冲击沉桩法相比，其效率比较高，设备简单、费用比较低、体积小、质量轻、搬运方便、不容易损坏、沉桩时横向位移小。还可用于拔桩。振动桩锤按其作用原理的不同，有振动锤和振动冲击锤两种。

（1）振动锤

振动锤的构造及工作原理与振捣器基本相同。不过将振捣扳改为打桩用的桩帽而已。它由振动器、电动机、桩帽以及三角皮带或链传动等主要部分组成。

简单的振动器的电动机螺栓，直接固定在振动器的外壳的上端面上，电动机通过三角皮带或链传动将其动力传至振动器的两根偏心轴上，使两偏心轴反向同步回转。这样，振动器就沿着桩的轴线作定向运动，使桩体周围上层的摩擦阻力明显的下降，于是桩体借其自重而下沉。具有弹簧支撑的振动锤，其电动机与振动器之间装有螺旋弹簧，以作减震装置。装有减震装置的振动锤称为柔性振动锤，而不装减震装置的振动锤称为刚性振动锤。柔性振动锤不容易损坏。可采用更换传动皮带轮的办法调整振动频率。也有把偏心块做成可调的，以适应在不同的土壤上打不同桩对激振力不同的要求。

（2）振动冲击锤

振动冲击锤所产生的振动，不是直接传到桩体上，而是通过冲击板作用在桩体上。它沉桩入土既靠振动，又靠冲击，故沉桩效率比振动锤高。适用于黏性土壤和坚硬的土层上打桩和拔桩。

它由壳体、电动机、偏心块、冲击板以及悬挂装置等部分组成。振动器和冲击板经弹簧用螺栓相连。当两台电动机带着偏心块作反向旋转时，壳体便作垂直方向的振动。它给予冲击板一连串快速的冲击，于是激振力和冲击力通过冲击板下面的桩帽传给桩体，使桩体以较快的速度下沉。振动冲击锤具有较大的振幅和冲击力，功率消耗小。缺点是冲击时噪音大，电动机由于受频繁的冲击作用容易损坏。

（三）灌注桩施工机械

随着基础工程向大型化的发展，采用现场钻孔灌注混凝土的施工技术应用越广泛。钻孔灌注桩所用的机械越来越先进。

钻孔法灌注混凝土施工包括下套管（或者管柱）、除套管内土壤、（钢筋）混凝土灌注、拔套管等过程，所用的机械比较多。下面仅介绍钻孔（成孔）机械。钻孔的方法一般有冲抓成孔、冲击成孔和回转钻削成孔三种。

1. 冲抓成孔

冲抓成孔是利用一个悬挂在钻架上的冲抓斗，直接抓取套管内已冲击的土石料，然后升起卸于孔外。它的构造和工作原理与抓斗挖掘机相似。这种冲抓斗可用来冲抓任何种类的土壤和夹有鹅卵石的地层。它配合下套管施工时，可在套管中央一直向下冲抓，套管内壁的土石料不断向中央塌落，故套管能顺利地向下压。

根据土质的不同，常用的冲抓斗有双瓣式和四瓣式两种。瓣片有长有短，如冲抓软土可用长的双瓣，而冲抓含砂，砾石的土质则可采用短双瓣。

2. 冲击成孔

冲击成孔是在起重机的长臂吊杆上悬挂一个冲锥，利用冲锥上下往复的冲击动能，将孔中的土石料冲碎，再由泥浆泵向孔内灌入泥浆，使冲碎的料渣浮起。然后用挖渣筒将浆渣掏出孔外卸之。

冲击成孔适用于黏性土、砂性土和沙砾等多种土质。它是克服坚硬地层及多种交错地层行之有效的方法。所以在公路桥梁基础的施工中得到了较广泛的应用。它的缺点是冲锥磨损较快。从而增加了维修焊补的工作量。冲锥有各种不同的形状，但其冲刃大多数为十字形。

3. 回转钻削成孔

回转钻削成孔是用钻孔机驱动钻杆和钻头进行回转，同时向下施压，钻头旋转中切下的土壤，混入泥浆中排出孔外。因此，钻孔机的基础车上必须设有驱转钻杆的回转机构。钻头是钻孔的主要工具，它安装在钻杆的下端。钻头视钻孔的土质及施工方法的不同有不同的形状，其切削刃也有许多不同的形式，便于在钻孔时合理选用。

在回转钻孔的作业中，需要将孔中的渣浆不断排出孔外。根据钻孔时泥浆循环运动方向的不同，可分为正循环和反循环两种方法。

（1）正循环施工

泥浆流动的方向顺着钻孔的方向形成正向循环。即将清水从胶管顺着钻杆和钻头的中心孔送向孔底。冲起的渣浆沿孔壁向孔口溢出，然后流进沉淀池。沉淀后的清水再用水泵吸出，送入钻杆和钻头的中心孔。泥浆就这样顺着钻孔方向形成反复的正向循环。

（2）反循环施工

泥浆流动的方向逆于钻孔方向，即水从泥浆池经流槽流进钻杆外面的钻孔中，冲起的渣浆用泥浆泵由钻杆的中心孔吸出，经胶管排入沉淀池内。沉淀后的水流入泥浆池继续使用。泥浆就这样逆着钻孔方向形成反复的反向循环。

以上两种循环施工法所用的全套设备除水泵形式（清水泵和泥浆泵）不同外，其他都基本相同。它们都适用于黏土、软土、硬黏土、粉砂、粗砂，甚至在沙砾和卵石中也可应用。但当卵石粒径超过钻杆内腔孔径且含量很高时由于管路致使反循环发生困难。

（四）钻孔施工

1. 钻前准备工作

桩基四周场地应清理干净、平整、坚实、稳定、并做好三通（水、电、路）。制作和堤设钢护筒，调制及准备钻机机具。施工场地或工作平台要高出地面 50cm 以上。孔口护筒采用 0.5 钢板制作加工，其内径一般比桩径大 15 ~ 20cm，护筒顶部应焊加强筋和吊耳，并开设溢（浆）口，护筒与护壁之间 0.5 ~ 1.0m 范围内应用无杂质的黏性土回填，并要夯实。依据设计说明地层主要为：粉质黏土、全风化岩、中风化岩，施工中选用冲击钻机钻孔。

2. 钻孔

钻机开钻前应保持钻机底座水平稳固，钻具起吊时，钻头中心，桩孔中心要处于同一铅垂线上，以防止钻具晃动引起扩大孔径及增加孔底虚土。在钻进过程中，若发现钻孔偏移、倾斜，应立即停钻，查找原因，属钻机械本身原因应调整钻架，并采取必要的加固措施，以确保桩孔的垂直和成孔速度。桩孔地钻进应分班作业，中途不得无故停止，并及时填写钻孔施工记录。桩孔达到设计规定深度后，且成孔质量符合要求或监理工程师要求，应立即进行清孔；清孔时，孔内水位应在地下水位或河流水位以上 1.5 ~ 2.0 米，以防止钻孔的坍塌。清洗完毕，放钢筋骨架之前，对全长进行检查，并报请监理工程师复检，经同意后，才可进行下道工序施工。

3. 砼灌注

钢筋笼制作及吊放。依据设计绑扎钢筋笼并制作一节，桩的钢筋骨架应紧接在砼灌注前整体放入孔内，钢筋骨架应有强劲的内撑架，防止钢筋笼在运输时变形，在顶面采取有效的方法进行固定，防止砼灌注时骨架上移，支撑系统应对准中线，防止钢筋骨架倾斜扣移动。钢筋骨绑扎设控制钢筋骨架与孔壁净距的砼垫块。这些垫块应可靠地以等距离绑在钢筋骨架周径上，且须经监理工程师批准，安放导管。导管应具有足够的刚度良好的密闭性，内壁光滑顺直，导管采用φ300mm的无缝钢管，法兰盘连接，橡皮胶垫密封，在开灌前首先进行打压试验，确保不漏水、不漏气，满足承受压力的要求。导管下放前进行试拼装，并应试验隔水栓能来顺利通过导管内径和隔水效果。灌注水下砼应按由试验确定25#砼的配合比进行砼的配制，为使砼具有良好的和易性、流动性和合理的坍落度，确保砼的质量，要掺入适量的缓凝减少剂，各种原材料符合规范要求。灌注砼时导管应充满砼且缓慢下降塞球，在灌注砼开始时导管底部至孔底应有250～400mm空间，在整个灌注时间内，导管漏斗下应保持足够的砼，导管应在空气和水进入的状态下填充，输送到桩中的砼应一次连续操作。在砼浇注至桩顶时，应考虑混浆层，适当增加灌桩高度以确保设计桩基高度。砼灌注完后，应首先将钢护筒拔出，以防止砼与护凝结粘连。其次，在砼强度不高时，将桩头混浆层处理掉，以确保成桩质量。

4. 水下砼施工方法

（1）钻孔桩水下混凝土浇筑的机械设备必须配套，如：拌和机、发电机、电焊机、吊车16-25T、导管、漏斗、储灰盘等。

（2）对导管安装的工艺要求：导管壁厚不小于3mm，法兰盘厚8～10mm，安装时两节导管法兰盘中间必须夹胶垫后用螺栓对称紧固，严防漏水，这是防治质量事故的措施之一。

（3）隔水栓的制作要精细，下部近似球体，中间埋设钢筋φ6，上部胶垫直径与导管内径相同，砼压隔水栓压导管内泥浆水向下运动时，防止卡管，隔水栓不能产生倾斜现象，这是防治质量事故的措施之二。

（4）剪球前砼地导管内、漏斗内、料斗内储备量不少于2.5m³，剪球后能保证砼一次能迅速将导管包死，同体积的泥浆水猛然间由孔内排出流放泥浆池，水下混凝土浇筑成功。所以剪球前混凝土储备量是防治质量事故的关键措施之三。

（5）当混凝土向下运动缓慢时，说明导管堤入混凝土较深，应用测量绳量好混凝土表面高度，计算导管埋入高度；4～6米时可卸一节导管，值得注意的是：吊车司机在提导管时，由于操作失误，导管提行过高，泥浆水进入导管内，造成断桩的质量事故。所以一次提管高度不能超过2.3米，而且导管埋入混凝土内不小于1.5米，这是防治质量事故的有效措施之四。

（6）进行外吊桩水下砼施工必须具备二台砼拌和机，从开盘拌和砼到剪球前生产 2.5m³ 的砼，在 20 分钟内必须完成，坍落度控制在 18 左右，保证导管及漏斗内的砼不沉淀、不离析，具有较好的流动性，这是水下砼成功的必备条件，反之砼生产能力差，时间超过 30 分钟导管及漏斗内砼开始沉淀离析，必须产生堵管、卡管、砼不流动就会造成浇筑失败。

（7）砼一定要先进入漏斗通过导管进入孔底，但由于操作失误部分砼直接掉入钻孔桩内，与孔底泥浆混合，形成较厚的沉淀层，致使导管内砼向下流动缓慢出现返浆反水停滞的不正常现象，这也是水下砼浇筑失败的原因之一。

总之，水下钻孔桩砼施工要做到：机械设备配套、井前操作熟练、浇筑连续快速、及时排除故障，才能确保浇筑成功率，不出现重大的质量事故。

三、承台施工方法

（一）基坑开挖

钻孔桩施工完毕后，对承台进行放样，基坑采用放坡开挖，开挖过程中注意桩位，禁止机械碰撞桩基。坡度为 1∶1.1∶0.5。桩头露出后进行桩基检验，符合要求方可进入下道工序。

承台基坑底部视情况采用人工配合挖掘机开挖，开挖过程中应注意对桩基的保护。另保证钻孔桩有效桩头 10cm 进入承台。

（二）钢筋模板

钻孔桩凿除至设计标高后，对钻孔桩伸入承台的钢筋进行洗刷和处理。承台钢筋骨架绑扎直接在素砼层上进行，在绑扎时注意砼保护层厚度。提前预制同标号砼垫块。

安装墩身预埋钢筋时，伸入承台内的长度必须符合设计规定，并不小于 1m，保证固定位置。外露的钢筋用箍筋绑扎成型，并与承台面层钢筋点焊牢固，以确保墩身主筋位置的准确。承台侧模采用组合钢模板，钢管作站筋间距 500mm、每道站筋处设置上中下三道斜撑，斜撑固定在四周基坑垂直打入的钢管上。以保证稳定，避免跑模。

表面平整光滑，对模板接缝采用泡沫双面胶工艺，保证模板接缝严密不漏浆，模板表面均匀涂刷脱模剂。

在模板、钢筋施工完成后，应对模板和钢筋进行认真检查，特别是模板的垂直度和表面平整度及棱角线型，保证模板垂直、表面平整及接缝严密、棱角分明。预埋墩柱施工脚手架、模板生根钢筋。

（三）砼浇筑：混凝土入模用汽车泵

砼浇注采用插入式振捣器进行振捣，振捣要紧跟砼的入模，防止漏振与过振。浇注时在整个施工范围内水平分层进行浇注，每层厚度不得大于30cm，上下层间隙时间必须尽量缩短，在振捣时要将振捣器的振动棒伸入到下层砼5～10cm。砼入模时，其卸落高度不得大于2m，以保证砼不产生离析，振捣时间应以被振捣砼表面停止下沉，表面气泡不再显著发生为度。

浇注砼期间应派专人检查模板，钢筋和预埋件的情况，防止跑摸、偏位等情况的出现。在强度允许时尽早地拆模对混凝土直接洒水，洒水养护时防止水冲混凝土而影响其设计强度。砼表面养护采用覆盖草袋上浇透水使砼表面湿润。

四、桥墩施工方法

（一）柱式墩施工方法

（1）模板

①墩身模板采用定型模板，每节模板高度为3米。墩身砼第一次浇筑应浇至中系梁处，待中系梁施工完成后浇注上半部分立柱。

②施工前对施工人员进行技术交底，使施工人员熟悉和掌握钢模板的施工与操作技术。钢模板的布置与施工操作程序均应按照模板的施工设计及技术措施的规定进行。模板使用前，应进行预拼装，对各部位几何尺寸、平整度作严格检查，正确无误后方可进行立模。每次安装前将模板表面及接缝处清理干净，用脱模油涂抹均匀，脱模油用机油兑柴油。模板用汽车吊提升与安装，操作工人在操作平台上施工。在起吊模板前，要根据编号，按拼装先后顺序把模板运到墩下。吊装模板应由专人指挥，防止模板在起吊过程中晃动过大与墩身或脚手架碰撞，同时严禁墩下站人，以确保安全。安装模板时，平台上要至少两名模板工，在模板起吊到安装高度时，用特制的钢筋拉钩把模板拉向墩身，工人分站模板两侧，用手扶持钢模与持力模板连接，固定好对拉螺杆。如此反复循环至安装好一层模板后，再安装下一层模板。

③模板安装好后，对其轴线位置、水平标高，各部分尺寸、垂直度进行检校，直到符合设计及规范要求。高墩施工最主要的是垂直度的控制，本工程利用垂球吊垂线及竖直度检测尺来控制竖直度，通过模板间的拉杆和连接螺栓来实现结构断面尺寸调整。模板整体的校正通过模板顶端的揽风绳来控制。最后再用全站仪与水准仪复核模板的坐标及高程

④待砼强度达到设计强度75%以上时即可拆模，本工程采用翻模施工，即上面一节模板不动将下面2节模板拆除，翻到上方。拆模有两名木工配合进行，先在需拆除的模板上挂上吊钩，再松动螺栓，在只剩2个螺栓时，由一人扶持模板，一人拆除螺栓，防止模板突然脱落。在模板离开墩身后，也要用拉钩拉住模板慢慢放开，防止模板晃动过大撞击墩身。

⑤操作平台

整个高墩施工操作平台是由脚手架搭建而成（详见脚手架搭设施工工艺本节第五点）。

（2）钢筋安装

钢筋在预制场工制作，现场绑扎，必要时可用点焊焊牢，主筋用电渣压力焊焊接。在钢筋安装时进行两阶段控制，第一阶段控制主筋接头、主筋间距、箍筋间距在规范规定范围内，同时控制钢筋数量，避免出现少筋现象；第二阶段在完成模板安装定位后，再次检查、调整钢筋间距及保护层厚度。钢筋加工尺寸严格按照设计图纸施工，钢筋绑扎、焊接等符合规范要求，经监理验收合格后进行模板拼装。

（3）砼浇筑

1）砼运输：搅拌好的砼装入贮料斗内，用小型汽车运送至汽车吊工作范围内，再用汽车吊将料斗吊入模内，通过串筒导入。

2）砼施工应注意以下几点：

对进场（砂、碎石、水泥等）原材料进行严格把关，不合格的材料不得用于施工并及时清理出现场。

拌制混凝土时，配料要求准确。施工前应在现场对砂、碎石进行含水量测试，并据此调整现场施工配合比。首盘应适量增加水泥、砂和水，以覆盖拌和筒内壁而不降低拌和物所需的含浆量。

控制混凝土拌和物的运输时间。如混凝土运至浇筑地点后发生离析、严重泌水或坍落度不符合要求等现象时，应进行第二次搅拌，第二次搅拌时不得任意加水。

混凝土浇筑前，应对模板进行检查，并做好记录，符合规范及设计要求后方可浇筑。模板内的杂物和积水应清理干净。混凝土浇筑按一定厚度、顺序和方向分层浇筑。浇注时注意砼应对准串筒灌入墩身，以防洒落外边伤及工作人员，模板内的作业人员应随时与模板外面的人员保持联系，串筒出料口与工作面应不大于2m距离。灌注砼的过程中，应经常检查模板，以防模板加固不牢固而变形或漏浆。

混凝土施工使用插入式振动棒振捣。振捣时应注意移动间距不得超过振动器作用半径的1.5倍；与侧模应保持50～100mm的距离；每一处振动完毕后应边振动边徐徐提出振动棒；应避免振动棒碰撞模板。

控制混凝土的分层厚度，每次混凝土的分层厚度均控制在30～40cm之间，从墩身的内侧顺时针方向布料，采用插入式振动棒振捣，按平行式布置振捣点距模板边缘保持5～10cm。振捣作业采用分层振捣，振捣以混凝土表面停止下沉、不冒气泡、表面平坦、泛浆为止。

浇筑过程中或浇筑完成时，如混凝土表面泌水较多，须在不扰动已浇筑混凝土的条件下，采取措施将水排除。

混凝土浇筑期间，应设专人检查模板稳固情况，当发现松动、变形、移位时，应及时处理。

为减少施工缝对外观影响，每次砼浇筑至模板顶，用木抹子将沿口抹平，使施工缝与模板接口重合。砼终凝后及时养护，养护采用专用砼养护剂整体喷涂，防止砼表面早期开裂，保证养护质量。养护时间为 7 ～ 14 天。

3）质量标准

模板几何尺寸满足设计及规范要求。

砼表面光滑平整，棱角平直不得有蜂窝、麻面和露筋现象。

砼强度，保证 28 天强度达到设计及规范要求强度。

选购经检验合格的钢筋，钢筋加工前，分别作拉伸和冷弯试验，合格后，方可使用。

钢筋在加工弯制前应调直，钢筋表面的油渍、漆污、水泥浆和用锤敲击能剥落的浮皮、铁锈等均应清除干净。

（二）空心墩施工方法

（1）施工方案选择

空心墩外模采用整体式钢模板，内模采用木模外贴白铁皮组合模板。为提高模板的使用周转率，模板由各桥墩依次轮流使用。由于空心墩较高，50T 以下吊车不能满足施工提升高度要求，使用特大型吊车的费用又较高，所以采用 25T 吊车和 QTZ630 型自升式塔式起重机（旋转半径 50m）作为提升设备。为提高塔式起重机的使用效率，根据塔机的臂长和最大提重限制，塔机同时负责 3 个墩的施工。

（2）模板制作要求

由于模板是保证墩柱各部尺寸和外观质量的基础，所以模板制作开始必须满足以下技术要求：

具有必需强度、刚度和稳定性，能可靠地承受施工过程中产生的各种荷载，保证结构物各部形状尺寸准确；

制作简单，拆模方便，拆卸时能尽量减少模板和杆件的损伤，以提高模板使用的周转率；

模板板面平整，接缝严密，不漏浆；

施工时，操作方便，保证安全。

（3）钢筋的制作

由于墩柱比较高，钢筋不可能一次焊好，因此钢筋的制作成型，一般都在钢筋场完成，成型后采用分段焊接、绑扎的方法施工，钢筋定位要上下预埋定位筋，来保障钢筋位置的准确性。在焊接过程中，要保证钢筋的焊接质量、绑扎质量，钢筋制作安装要满足钢筋的技术规范要求。

（4）钢筋配料

熟悉施工图，了解工程概况，检查图纸各编号是否齐全，记住每一个构件中各钢筋之间的相互关系。

审查构件各部位尺寸是否吻合，每一个构件中所有钢筋编号的数码是否存在重复现象，核对各编号钢筋的直径、长度、根数是否存在施工图与材料表不相符的情况，如果不符及时上报监理进行更正。根据施工图经严格计算确定各种钢筋的配料长度。

（5）钢筋加工

为了防止钢筋锈蚀，必要时可用抹布试擦浮锈，陈锈采用手工或机械除锈方法必须清除干净，保证钢筋和砼之间的啮合力。对直径粗的钢筋手工调直，$\phi 10$、$\phi 8$ 采用数控调直机调直切断。钢筋弯曲成型前应根据钢筋的配料编号长度分别切断。并在工作台上根据配料表和图纸上标明的形状、尺寸，将各弯曲点的位置标定。第一根钢筋成型后应与图纸上标明的形状尺寸进行复核，经核实无误后再成批生产。

（6）钢筋的绑扎与安装

绑扎前的准备工作。根据施工需要，钢筋的焊接绑扎分层进行，并按质量标准控制焊接、绑扎的尺寸，根据每一次的焊接、绑扎的高度，利用碗扣支架，采用塔吊提升法架设相应的操作平台。

钢筋的焊接。根据现场的焊接设备，采用搭接焊搭接时应先对钢筋预弯，使两钢筋的轴线位于同一直线上，用两点加以固定，搭接长度要符合规范要求，单面焊大于 10d，钢筋接头同一断面按其占截面积的 50% 设置。

钢筋的绑扎操作。在薄壁空心墩主筋上划出钢筋的位置线，用十字花扣和反十字花扣进行绑扎，绑扎中注意调整主筋的位置，各交叉点用铁丝绑扎结实，必要时亦可点焊焊牢。为了确保钢筋骨架的竖直度，骨架四角竖筋必须用垂直找正，以免绑扎成型骨架倾斜。

（7）保护层的控制

为了保证保护层的厚度，应在钢筋与模板间设置异型砂浆垫块和钢筋绑扎牢固并互相错开或在钢筋顶面用木楔做支垫，当浇筑完混凝土后拆除木楔，并保证混凝土拆模后表面不显示垫块痕迹。

（8）混凝土施工

空心墩墩身混凝土配合比由项目部试验室根据原材料自身特点及天气情况适时调整，并对坍落度进行控制。空心墩壁较薄（0.8 ~ 0.5m），对混凝土的和易性和水灰比要求较高，夏季混凝土的坍落度控制在 35 ~ 40mm，并严格控制混凝土搅拌时间 1.0 ~ 1.5min。

（9）施工准备

在施工前应对水泥标号、品种、净重进行复验，是否符合设计要求和标准，校核砂、石料的含水率进行配比换算，并做好试验调整出合适的配合比。检修搅拌设备的运转情况，调试配料机的称量系统，保证用料准确。检查钢筋、模板的位置和标高及垂直度，确保准确无误。

混凝土的拌制就是根据混凝土的配合比，把水泥砂石和水通过搅拌的手段，变成匀质的混凝土。投料顺序是先加入石再加入水泥，最后加入砂。混凝土搅制时间以1min ~ 3min 为宜，以达到混合均匀，颜色一致。同时要保证搅拌出的混凝土的和易性和坍落度等符合规范要求。混凝土运输设备采用机动翻斗车、吊车和塔式起重机。混凝土浇筑前对模板、钢筋进行检查，模板要平整、光洁，钢筋要干净、顺直。浇筑时分层均匀对称浇筑，厚度根据浇筑速度及日常工程量而定，一般 30cm 左右为宜，并将混凝土浇筑至模板平齐，使施工缝与模板缝在同一位置上，不允许超出模板，一般低于模板 1mm 为宜。混凝土自由倾落度大于 2m 时均采用串筒，以防混凝土离析。

混凝土振捣要充分、密实，振捣按操作规范要求进行，不得漏振过振和撞击模板。基础采用 70 型插入式振捣棒，墩身采用 50 型插入式振捣棒，振捣插入点的次序采用交错式、深度插入下层 5 ~ 10cm、时间每点 20 ~ 30s 和每层混凝土的厚度为振捣棒长度的 1.25 倍。脱模应该掌握好时间，过早会使混凝土发生裂纹或丧失强度，过晚会造成脱模困难，甚至使混凝土局部损伤，同时不利于模板的周转，一般当混凝土强度达到 2.5MPa 时，开始拆模。砼的养生：砼的初级养生是保证砼早期强度的重要措施，由于墩柱高，我们采用薄膜覆盖的方法，进行前期养生，后期采用自然养生。桥墩高空作业安全防护尤其重要。为此制定了多种应急预案和安全管理措施，确保施工人员的人身安全。利用空心墩内支撑及内模用的脚手架在墩顶搭设工作平台，四周设扶手并挂安全网，作为墩顶施工人员的作业平台；施工过程中在墩四周用角钢斜向固定于外模的法兰盘上，并悬挂安全网随墩而升高；墩身作业人员必须戴安全帽和系安全绳，以确保施工安全。

第三节　梁桥上部结构施工技术

一、桥梁上部结构装配式施工技术

（一）先张法预制梁板

1. 先张法预制梁板施工工序

（1）按预制需要，整平场地，完善排水系统，统筹规划水电管路的布设安装。

（2）根据梁的尺寸、数量、工期确定预制台座的长度、数量、尺寸，台座应坚固、平整、不沉陷，表面压光。

（3）承力台座由混凝土筑成，应有足够的强度、刚度和稳定性，钢横梁受力后，挠度不能大于 2mm。

（4）多根钢筋同时张拉时，其初应力要保持一致，活动横梁始终和固定横梁保持平行。

（5）在台座上注明每片梁的具体位置、方向和编号。

（6）将预应力筋（钢绞线）按计算长度切割，在失效段套上塑料管，放在台座上，线两端穿过定位钢板，卡上锚具，用液压千斤顶单束张拉，先张拉中间束，再向两边对称张拉。

（7）按技术规范或设计图纸规定的张拉强度进行张拉，一般为 0—初应力—

$105\%\sigma k$—持荷 2min）—σk（锚固）。如端横梁刚度大，每根梁可采用同一张拉值。

（8）钢绞线张拉后 8h，开始绑扎除面板外的普通钢筋。

（9）使用龙门吊机将涂以脱模剂的钢模板吊装就位，分节拼装紧固，用法兰螺栓支撑，力求接缝紧密，防止漏浆、移位。

（10）用龙门吊机吊运混凝土，先浇底板并振实，振捣时注意不得触及钢绞线，当底板浇至设计标高，将经检查合格的充气胶囊安装就位，用定位箍筋与外模联系，上下左右加以固定，防止上浮，同时绑扎面板钢筋；然后对称、均匀地浇胶囊两侧混凝土，从混凝土开始浇筑到胶囊放气时为止，其充气压力要始终保持稳定；最后浇筑面板混凝土，振平后，表面作拉毛处理。

2. 先张法预应力筋张拉操作时的施工要点

（1）同时张拉多根预应力筋时，应预先调整其初应力，使相互之间的应力一致。张拉过程中，应使活动横梁与固定横梁始终保持平行，并应抽查力筋的顶应力值，其偏差的绝对值不得超过按一个构件全部力筋预应力总值的 5%，

（2）预应力筋张拉完毕后，与设计位置的偏差不得大于 5mm，同时不得大于构件最短边长的 4%。

（3）张拉时，同一构件内预应力钢丝、钢绞线的断丝数量不得超过 1%，同时顶应力钢筋不允许断筋。

（4）横梁须确足够的刚度，受力后挠度应不大于 2mm。

（5）应先张拉靠近台座截面重心的预应力钢材，防止台座承受过大的偏心压力。

（6）在台座上铺放预应力筋时，应采取措施防止沾污预应力筋。

（7）用横梁整批张拉时，千斤顶应对称布置防止活动横梁倾斜。

（8）张拉时，张拉方向与预应力钢材在一条直线上。

（9）紧锚塞时，用力不可过猛，以防预应力钢材折断；拧紧螺母时，应注意压力表读数始终保持在控制张拉力处。

（10）台座两端应设置防护措施。张拉时，沿台座长度方向每隔 4～5m 应放一个防护架。

（11）当预应力钢筋张拉到控制张拉力后，宜停 2～3min 再拧紧夹具或螺母，此时操作人员应站在侧面。

（二）后张法预制梁板

1. 后张法顶制梁板施工工序

（1）按施工需要规划预制场地，整平压实，完善排水系统，确保场内不积水。

（2）根据预制梁的尺寸、数量、工期，确定预制台座的数量、尺寸，台座用表面压光的梁（板）筑成，应坚固不沉陷，确保底模沉降不大于 2mm，台座上铺钢板底模或用

角钢镶边代作底模。当顶制梁跨大于 20m 时。要按规定设置反拱。

（3）根据需要及设备条件，选用塔吊或跨梁龙门吊作吊运工具，并铺设轨道。

（4）统筹规划梁（板）拌和站及水、电管路的布设安装。

（5）预制模板由钢板、型钢组焊而成，应有足够的强度、刚度和稳定性，尺寸规范、表面平整光洁、接缝紧密、不漏浆，试拼合格后，方可投入使用。

（6）在绑扎工作台上将钢筋绑扎焊接成钢筋骨架，把制孔管按坐标位置定位固定，如使用橡胶抽拔管要插入芯棒。

（7）用龙门吊机将钢筋骨架吊装入模，绑扎隔板钢筋，埋设预埋件，在孔道两端及最低处设置压浆孔，在最高处设排气孔，安设锚垫板后，先安装端模，再安装涂有脱模剂的钢侧模，统一紧固调整和必要的支撑后交验。

（8）将质量合格的梁（板）用梁（板）拌和车运输，卸入吊斗，由龙门吊从梁的一端向另一端，水平分层，先下部捣实后再腹板、翼板。浇至接近另一端时改从另一端向相反方向顺序下料，在距梁端 3 ~ 4m 处浇筑合笼，一次整体浇筑成型。梁体梁（板）数量较大时，采用斜向分段，水平分层方法连续浇筑。

（9）梁（板）的振捣以紧固安装在侧模上的附着式为主，插入式振捣器为辅。振捣时要掌握好振动的持续时间、间隔时间和钢筋密集区的振捣，力求使梁（板）达到最佳密实度而又不损伤制孔管道。

（10）梁（板）成活后要将表面抹平、拉毛，收浆后适时覆盖，洒水湿养不少于 7d，蒸汽养生恒温不宜超过 800C，也可采用喷洒养生剂。

（11）使用龙门吊拆除模板，拆下的模板要顺序摆放，清除灰浆，以备再用。

（12）构件脱模后，要标明型号、预制日期及使用方向。

（13）将力学性能和表面质量符合设计要求的预应力钢丝或钢绞线按计算长度下料，梳理顺直，编扎成束，用人工或卷扬机或其他牵引设备穿入孔道。

（14）当构件梁（板）达到规定强度时，安装千斤顶等张拉设备，准备张拉。

（15）张拉使用的张拉机及油泵、锚、夹具必须符合设计要求，并配套使用，配套定期校验，以准确标定张拉力与压力表读数间的关系曲线。

（16）按设计要求在两端同时对称张拉，张拉时千斤顶的作用线必须与预应力轴线重合，两端各项张拉操作必须一致。

（17）预应力张拉采用应力控制，同时以伸长值作为校核，实际伸长值与理论伸长值之差应满足规范要求，否则要查明原因采取补救措施。

（18）张拉过程中的断丝、滑丝数量不得超过设计规定，否则要更换钢筋或采取补救措施。

（19）预应力筋锚固要在张拉控制应力处于稳定状态时进行，其钢筋内缩量不得超过设计规定。

（20）预应力筋张拉后，将孔道中冲洗干净，吹除积水，尽早压注水泥浆。

2. 后张法张拉时的施工要点

（1）对力筋施加预应力之前，应对构件进行检验，外观尺寸应符合质量标准要求。张拉时，构件混凝土强度应符合设计要求；设计无要求时，不应低于设计强度等级值的75%。当块体拼装构件的竖缝采用砂浆接缝时，砂浆强度不低于15MPa。

（2）对预留孔道应用通孔器或压气、压水等方法进行检查；端部预埋铁板与锚具和垫板接触处的焊渣、毛刺、混凝土残渣等应清除干净。当采用先穿束的方法时用压气、压水较好。

（3）钢筋穿束前，螺丝端杆的丝扣部分应用水泥袋纸等包缠2～3层，并用细钢丝扎牢；在钢丝束、钢绞线束、钢筋束等穿束前，将一端找齐平，顺序编号。对于短束，用人工从一端向另一端穿束；对于较长束，应套上穿束器，由引线及牵引设备从另一端拉出。

（4）对于夹片式锚具，上好的夹片应齐平，在张拉前并用钢管捣实。

（5）预应力筋的张拉顺序应符合设计要求，当设计未规定时，可采取分批、分段对称张拉。

（6）应使用能张拉多根钢绞线或钢丝的千斤顶同时对每一钢束中的全部力筋施加应力，但对于扁平管道中小多于4根的钢绞线除外。

（7）预应力筋张拉端的设置应符合设计要求，当设计无具体要求时，应符合：对于曲线预应力筋或长度大于等于25m的直线预应力筋，宜在两端张拉；对长度小于25m的直线预应力筋，可在一端张拉：曲线配筋的精轧螺纹钢筋应在两端张拉，直线配筋的精轧螺纹钢筋可在一端张拉。

（8）后张预应力筋断丝及滑丝不得超过有关规定的控制数。

（9）预应力筋在张拉控制应力达到稳定后方可锚固。预应力筋锚固后的外露长度不宜小于300mm，锚具应用封端混凝土保护，当需长期外露时，应采取防止锈蚀的措施。一般情况下，锚固完中并经检验合格后即可切割端头多余的预应力筋，严禁用电弧焊切割；强调用砂轮机切割。

（10）张拉切割后即封堵。用素灰将锚头封住，然后用塑料布将其裹住进行养生，防止裂缝而使锚头漏浆、漏气，影响压浆质量。

3. 施工中易出现的问题及处理方法

（1）预应力损失过大

预应力损失过大足指预应力施加完毕后预应力筋松弛，应力值达不到设计值的现象。

1）原因分析

锚具滑绳或钢绞线（钢丝束）内有断丝。

钢绞线（钢雄）的松弛率超限。

量测表具数值有误，实际张拉值偏小。

锚具下混凝土局部破坏变形过大。

钢索与孔道间摩阻力过大。

2）防治措施

检查预应力筋的实际松弛率，张拉钢索时应采取张拉力和引申量双控制。事先校正测力系统，包括表具。

锚具滑丝失效，应予更换。

钢绞线（钢丝束）断丝率超限，应将其锚具、预应力筋更换。

锚具下混凝土破坏，应将预应力释放后，用环氧混凝土或高强度混凝土补强后重新张拉。

改进钢束孔道施工工艺，使孔道线形符合设计要求，必要时可使用减摩剂。

（2）锚头下锚板处混凝土变形开裂

1）原因分析

通常锚板附近钢筋很密，浇筑时振捣不密实，以致该处混凝土强度低。

锚垫板下的钢筋布置不够、受压区面积不够、锚板或锚垫板设计厚度不够。

2）预防措施

锚板、锚垫板必须有足够的厚度以保证其刚度。锚垫板下应布置足够的钢筋使钢筋混凝土足以承受因张拉预应力而产生的压应力和主拉应力。

浇筑混凝土时应特别注意在锚头区的混凝土质量，因在该处往往钢筋密集，混凝土的粗骨料不易进入而只有砂浆，会严重影响混凝土的强度。

3）治理方法

将锚具取下，凿除锚下损坏部分，然后加筋用高强度混凝土修补，将锚下垫板加大加厚，使承压面扩大。

二、桥梁上部结构支架施工技术

（一）支架、拱架、模板的类型

1. 支架

支架按其构造分为守柱式、梁式和梁柱式支架；按材料可分为木支架、钢支架、钢木混合支架和万能杆件拼装的支架等。

（1）立柱式支架。立柱式支架构造简单，应用于陆地或不通航河道以及桥墩不高的小跨径桥梁施工。

（2）梁式支架。根据跨径不同，梁可采用工字钢、钢板梁或钢桁梁。

（3）梁柱式支架。当桥梁较高、跨径较大或必须在支架下设孔通航或排洪时可用梁柱式支架。

2. 拱架

拱架按结构分为支柱式，撑架式，扇形，桁式，组合式等；按材料分为木拱架、钢拱架，竹拱架和土牛拱胎。

3. 模板

施工所用模板，有组合钢模板、木模板、木胶合板、竹胶合板、硬铝模板、塑料模板、各类纤维材料板。施工时应根据结构物的外观要求选用。

（二）支架、模板制作与安装应注意事项

1. 构件的连接应尽量紧密，以减小支架变形，使沉降量符合预计值。

2. 为保证支架稳定，应防止支架与脚手架和便桥接触。

3. 模板的接缝必须密合，如有缝隙须塞堵严实，以防漏浆。

4. 建筑物外露面的模板应涂石灰乳浆、肥皂水或无色润滑油等润滑剂。

5. 为减少现场施工的安装和拆卸工作和便于周转使用，支架和模板应尽量做成装配式组件或块件。

6，钢支架宜做成装配式常备构件，应特别注意构件外形尺寸的准确性。

7. 模板应用内撑支撑，用对拉螺栓销紧。内撑有钢管内撑、钢筋内撑、塑料胶管内撑。

（三）施工预拱度确定应考虑因素

1. 卸架后上部构造本身及活载一半所产生的竖向挠度。

2. 支架在荷载作用下的弹性压缩挠度。

3. 支架在荷载作用下的非弹性压缩挠度。

4. 支架基底在荷载作用下的非弹性沉陷。

5. 由混凝土收缩及温度变化而引起的挠度。

（四）施工工序

1. 地基处理：地基处理应根据箱梁的断面尺寸及支架的形式对地基的要求而决定，支架的跨径大，对地基的要求就高，地基的处理形式就得加强，反之就可相对减弱。地基处理时要做好地基的排水，防止雨水或混凝土浇筑和养生过程中滴水对地基的影响。

2. 支架：支架的布置根据梁截面大小并通过计算确定以确保强度、刚度、稳定性满足要求，计算时除考虑梁体混凝土重量外，还需考虑模板及支架重量，施工荷载（人、料机等），作用模板、支架上的风力，及其他可能产生的荷载（如雪荷载，保证设施荷载）等。

3. 支架应根据技术规范的要求进行预压，以收集支架、地基的变形数据，作为设置预拱度的依据，预拱度设置时要考虑张拉上拱的影响。预拱度一般按二次抛物线设置。

4. 支架的卸落设备可根据支架形式选择使用木楔、砂筒、千斤顶、U型顶托等，卸落设备尤其要注意有足够的强度。

5. 模板：模板由底模、侧模及内模三个部分组成，一般预先分别制作成组件，在使用再进行拼装。模板以钢模板为主，在齿板、堵头或棱角处采用木模板。模板的棱木采用方钢、槽钢或方木组成，布置间距以75cm左右为宜，具体的布置需要根据箱梁截面尺寸确定，并通过计算对模板的强度、刚度进行验算。

（五）普通钢筋、预应力筋的布设

1. 在安装并调好底模及侧模后，开始底、腹板普遍钢筋绑扎及预应力管道的预设混凝土一次浇筑时，在底、腹板钢筋及预应力管道完成后，安装内模，再绑扎顶板钢及预应力管道。混凝土二次浇筑时，底、阻板钢筋及预应力管道完成后，浇筑第一次混凝土，混凝土终凝后。再支内模顶板，绑扎顶板钢筋及预应力管道，进行混凝土的第二次浇筑。

2. 普通钢筋及预应力筋按规范的要求做好各种试验，并报请工程师批准，严格按设计图纸的要求布设，对于腹板钢筋一般根据其起吊能力，预先焊成钢筋骨架，吊装后再绑扎或焊接成型，钢筋绑扎、焊接要符合技术规范的要求。

3. 预应力管道采用镀锌钢带制作，预应力管道的位置按设计要求准确布设，并采用每隔50cm一道的定位筋进行固定，接头要平顺，外用胶布缠牢，在管道的高点设置小气孔。

4. 锚垫板安装前，要检查锚垫板的几何尺寸是否符合设计要求，锚垫板要牢固的安装在模板上。要使垫板与孔道严格对中，并与孔道端部垂直，不得错位。

5. 预应力筋的下料长度要通过计算确定，计算应考虑孔道曲线长。锚夹具长度，斤顶长度及外露工作长度等因素。

6. 预应力筋穿束前要对孔道进行清理。

（六）混凝土的浇筑

浇筑施工前，应做混凝土的配合比设计及各种材料试验，并报请工程师批准，并根据实际情况进行综合比较确定箱梁混凝土采用一次、两次或三次浇筑。以下两点施工中应予重视。

1. 混凝土浇筑时要安排好浇筑顺序，其浇筑速度要确保下层混凝土初凝前覆盖上层混凝土。

2. 混凝土的振捣采用插入式振捣器进行，振捣器的移动间距不超过其作用半径的1.5倍，并插入下层混凝土5～10cm。对于每一个振动部位，必须振动到该部位混凝土密实为止，但也不得超振。

（七）预应力的张拉

1. 在进行张拉作业前，必须对千斤顶、油泵进行配套标定，并每隔一段时间进行一次校验。有几套张拉设备时，要进行编组，不同组号的设备不得混合。

2. 当梁体混凝土强度达到设计规定的张拉强度时，方可进行张拉。

3. 预应力的张拉采用双控，即以张拉力控制为主，以钢束的实际伸长量进行校核，实测伸长值与理论伸长值的误差不得超过规范要求，否则应停止张拉。后张法预应力筋张拉时的理论伸长值为：

$$\Delta L = PL/AyEg$$

P——预应力筋的平均张拉力

ΔL——预心力筋的长度；

Ay——预应力筋的截面面积；

Eg——预应力筋的弹性模量。

由于预应力筋张拉时，应先调整到初应力，再开始张拉和量测伸比值，实际伸长值由两部分组成。即：

$$\Delta L = \Delta L1 + \Delta L2$$

式中 ΔL——实际伸长值；

$\Delta L1$——初应力至张拉控制应力的实测伸长量；

$\Delta L2$——初应力时推算的伸长值。

4. 张拉的程序按技术规范的要求进行。

5. 张拉过程中的断丝、滑丝不得超过规范或设计的规定。

（八）压浆、封锚

1. 张拉完成后要尽快进行孔道压浆和封锚，压浆所用灰浆的强度、稠度、水灰比、泌水率、膨胀济济量按施工技术规范及试验标准中的要求控制。

2. 每个孔道压浆到最大压力后，应有一定的稳定时间。压浆应使孔道另一端饱满和出浆。并使排气孔排出与规定稠度相同的水泥浓浆为止。

3. 压浆完成后，应将锚具周围冲洗干净凿毛，设置钢筋网，浇筑封锚混凝土。

三、桥梁上部结构逐孔施工方法

（一）概述

逐孔施工法从施工技术方面有三种类型：

1. 采用临时支承组拼预制节段逐孔施工：它是将每一桥跨分成若干节段预制完成后在临时支承上逐孔组拼施工。

2. 使用移动支架逐孔现浇施工；此法亦称移动模梁法，它是在可移动的支架、模板上完成一孔桥梁的全部工序。由于此法是在桥位上现浇施工，可免去大型运输和吊装设备。桥梁整体性好；同时它还具有在桥梁预制厂生产的特点，可提高机械设备的利用率和生产效率。

3. 采用整孔吊装或分段吊装逐孔施工：

这种施工方法是早期连续梁桥采用逐孔施工的唯一方法，可用于混凝土连续梁和钢连续梁桥的施工。

（二）用临时支承组拼预制节段逐孔施工的要点

1. 节段划分

（1）桥墩顶节段

由于桥墩节段要与前一跨连接，需要张拉钢索或钢索接长，为此对墩顶节段构造有一定要求。此外，在墩顶处桥梁的负弯矩较大，梁的截面还要符合受力要求。

（2）标准节段

前一跨墩顶节段与安装跨第一节段间可以设置就地浇筑混凝土封闭接缝，用以调整安装跨第一节段的准确程度。封闭接缝宽 15 ~ 20cm，拼装时由混凝土垫块调整。在施加初预应力后用混凝土封填，这样可调整节段拼装和节段预制的误差。

2. 支承梁

（1）钢桁架导梁：钢梁应设置预拱度，要求当每跨箱梁节段全部组拼之后，钢导梁上弦应符合桥梁纵断面标高要求。同时还需准备一些附加垫片，用于临时调整标高。

（2）下挂式高架钢桁架：在节段组拼过程中，架桥机前臂必然下挠，安装桥跨第一块中间节段的挠度倾角调整是该跨架安设的关键，因此要求当一跨节段全部由架桥机空中吊起后，第一个中间节段与墩上节段的接触面应全部吻合。

（三）用移动支架逐孔现浇施工（移动模架法）

当桥墩较高，桥跨较长或桥下净空受到约束时，可以采用非落地支承的移动模架逐孔现浇施工，称为移动模架法。

1. 施工过程的主要工序：侧模安装就位、安装底模、支座安装、预拱度设置与模板调整、绑扎底板及腹板钢筋、预应力系统安装、内模就位、顶板钢筋绑扎、箱梁混凝土浇筑、内模脱模、施加预应力、管道压浆、落模、拆底模及滑模纵移。

2. 模板安装注意的要点：

（1）模板与钢筋安装工作应配合进行，妨碍绑扎钢筋的模板应待钢筋安装完毕后安设。

（2）安装侧模时，应防止模板移位和突出。混凝土中的拉杆，应按拉杆拔出或不拔出的要求。采取相应的措施。对小砸结构物，可使用金属线代替拉杆，最好设置拔出拉杆为宜。对大划结构物应采用圆钢筋做拉杆，并采用法兰螺丝上紧。

（3）模板安装完毕后，应对其平面位置、顶部标高、节点联系及纵横向稳定性进行检查。浇筑时发现模板有超过允许偏差变形值的可能时，应及时纠正。

（4）当结构自重和汽车荷载（不计冲击力）产生的向下挠度超过跨径的 1 / 600 时，钢筋混凝土梁、板的底模板应设预拱度。

（5）后张法预应力梁、板，应注意预应力、自重力和汽车荷载等综合作用下所产生的上拱或下挠，应设置适当的反拱或预拱。

（6）模板纵横肋的间距布置要合理，对不同材质的面模板要采用不同的纵横肋间距。

（7）固定于模板上的预埋件和预留孔洞尺寸、位置必须准确并安装牢靠，防止浇筑混凝土过程中的移位。

3.施工中现浇梁模板应注意的问题

施工挂篮底模与模板的配制不当会造成施工操作困难，箱梁逐节变化的底板接缝不和顺，底模架变形，侧模接缝不平整，梁底高低不平，梁体纵轴向线形不顺。

（1）原因分析

1）悬臂浇筑一般采用挂篮法施工，挂篮底模架的平面尺寸未能满足模板施工的要求，

2）底模架的设置未按箱梁断面渐变的特点采取措施，使梁底接缝不平，漏浆，梁底线形不顺。

3）侧模的接缝不密贴，造成漏浆，墙面错缝不平。

4）挂篮模板定位时，抛高值考虑不够，或挂篮前后吊带紧固受力不均。

5）挂篮的模板未按桥梁纵轴线定位。

6）挂篮底模架的纵横梁连接失稳。

（2）防治措施

1）底模架的平面尺寸，应满足模板安装时支撑和拆除以及浇筑混凝土时所需操作宽度。

2）底模架应考虑箱梁断面渐变和施工预拱度，在底模架的纵梁和横梁连接处设置活动钢绞，以便调节底模架，使梁底接缝和顺。

3）底模架下的平行纵梁以及平行横梁之间为防止底模架几何尺寸变形，应用钢筋或型钢采取剪刀形布置芈固连接纵横梁，以防止底模架变形。

4）挂篮就位后，在校正底模架时，必须预留混凝土浇筑时的抛高量（应经过对挂篮的等荷载试验取得），模板安装时应严格按测定位置核对标高，校正中线，模板和前一节段的混凝土面应平整密贴。

5）挂篮就位后应将支点垫稳，收紧后吊带、固定后锚.再次测量梁端标高，在吊带收放时应均匀同步，吊带收紧后，应检查其受力是否均衡。否则就重新调整。

（四）整孔吊装或分段吊装逐孔施工

1.整孔吊装或分段吊装逐孔施工的吊装的机具

吊装的机具有桁式吊、浮吊、龙门起重机，汽车吊等多种所在的位置以及现有设备和掌握机具的熟练程度等因素决定。

2.整孔吊装和分段吊装施工应注意以下几个问题：

（1）采用分段组装逐孔施工的接头位置可以没在桥墩处也可设在梁的1／5附近，前者多为由简支梁逐孔施工连接成连续梁桥；后者多为悬臂梁转换为连续梁。在接头位置处可没有0.5～0.6m现浇混凝土接缝，当混凝土达到足够强度后张拉预应力筋，完成连续。

（2）桥的横向是否分隔，主要根据起重能力和截面形式确定。当桥梁较宽，起重能

力有限的情况下，可以采用 T 梁或工字梁截面，分片架设之后再进行横向整体化。为了加强桥梁的横向刚度，常采用梁间翼缘板有 0.5m 宽的现浇接头，采用大型浮吊横向整体吊装将会简化施工和加快安装速度。

（3）对于先简支后连续的施工方法，通常在简支梁架设时使用临时支座，待连接和张拉后期钢索完成连续时拆除临时支座，放置永久支座。为使临时支座便于卸落，可在橡胶支座与混凝土垫块之间设置一层硫黄砂浆。

（4）在梁的反弯点附近设置接头，在有可能的情况下，可在临时支架上进行接头。桥梁上部结构各截面的恒载内力根据各施工阶段进行内力叠加计算。

四、桥梁上部结构悬臂拼装施工技术

（一）概述

悬臂拼装施工包括块件的预制、运输、拼装及合拢。它与悬浇施工具有相同的优点，不同之处在于悬拼是用吊机将预制好的梁段逐段拼装。此外还具有如下优点：

（1）梁体的预制可与桥梁下部构造施工同时进行，平行作业缩短了建桥周期。

（2）预制梁混凝土龄期比悬浇法的长。

（3）预制场或工厂化的梁段顶制生产利于整体施工的质量控制。

（二）悬拼法施工方法

（1）梁段预制方法分长线法及短线法

（2）长线法：组成梁体的所有梁段均在固定台座上的活动模板内浇筑，且相邻段的拼合面应相互贴合浇筑，缝画浇筑前涂抹隔离剂，以利脱模。优点是由于台座固定可靠，成桥后梁体线性较好；缺点是占地较大，地基要求坚实，混凝土的浇筑和养护移动分散。

（3）短线法：梁段在固定台位能纵移的模内浇筑。待浇梁段一端设固定模架，另一端为已浇梁段（配筑梁段），浇毕达到强度后原配筑梁段，达到要求强度为下待浇段配筑，如此周而复始。台座仅需 3 个梁段长。优点是场地较小，浇筑模板及设备基本不需要移机，可调的底、侧模便于平竖曲线梁段的预制；缺点是精度要求高、施工要求严，施工周期相对较长。

（4）长线法施工工序：预制场—存梁区布置—梁段浇筑台座准备—梁段浇筑—梁段吊运存放、修整—梁段外运—梁段吊拼。

（三）梁段的拼接施工

（1）0 号块：为了确保连续梁分段悬拼施工的平衡和稳定，常与悬浇方法相同，将 T 构支座临时固结，必要时在墩两侧加设临时支架以满足悬拼的施工需要。

（2）1 号块：1 号块是紧邻。号块两侧的第一箱梁节段，也是悬拼丁构的基准梁段，是全跨安装质量的关键，一般采用湿接缝连接。湿接缝拼装梁段施工程序：吊机就位＋提升—起吊 1 号梁段—安设薄钢板管—中线测量—丈量湿接缝的宽度—调整薄钢板管—高程测量—检查中线—固定 1 号梁段—安装湿接缝的模板—浇筑湿接缝混凝土—湿接缝养护、拆模—张拉预应力筋—下一梁段拼装。

（3）其他梁段拼装：采用胶接缝拼装。拼装施工程序：吊机就位—起吊梁段—初步定位试拼—检查并处理管道接头—移开梁段—穿临时预应力筋入孔—接缝面上涂胶接材料—正式定位、贴紧梁段—张拉临时预应力筋—放松起吊索—穿永久预应力筋—张拉预应力筋后移挂篮—下一梁段拼装。

（四）预制梁块悬臂拼装时应注意的要点

（1）预制块件的悬臂拼装可依据设备和现场条件选用。若方便在陆地上或在便桥上施工时，可采用自行式吊车、门式吊车进行拼装；对于水中桥跨，可采用水上浮吊进行安装；对于局墩身的桥跨，可利用各种吊机进行高空悬拼施工。

（2）桥墩顶梁施工段及桥墩顶附近梁段施工时，可采用托架就地浇筑混凝土。

（3）应保证拼装的第一个梁块（基准块）的预制精度，安装时应对纵、横轴线、高程进行精确定位测量，为以后的拼装创造条件。

（4）采用悬臂拼装法修建预应力悬臂梁桥时，应先将梁、墩临时锚固或在墩顶两侧设立临时支承，待全部块件安装完毕后，再拆除临时锚固或支承。

（5）采用悬臂吊机、缆索、浮吊悬拼安装时，应按施工荷载进行强度、刚度、稳定性验算，使安全系数大于 2.0。施工还要注意：

1）块件起吊安装前，应对起吊设备进行全面的安全技术检查，并按照设计荷载的 80%、100% 和 130% 分别进行起吊试验。

2）吊机重应符合设计要求，应注意吊机的定位和锚固，经检查符合要求后再进行起吊拼装。

3）移动吊机前应将纵向主桁架上所有活动部件尽量移动到主桁架后端，然后方可松懈锚固螺栓。

4）桥墩两侧块件宜对称起吊，以保证桥墩两侧平衡受力。

5）移动吊机时应沿箱梁纵轴线对称地向两端推进。

6）墩侧相邻的 1 号块件提升到设计标高初步定位后，应立即测量、调整 1 号块件的纵轴线，使之与梁顶块件纵轴线的延伸线重合，使其横轴线与梁顶块件的横轴线平行且间距符合设计要求。应检查梁顶块件与 1 号块件间孔道的接头情况，调整并制作接缝间孔道接头后，方可将 1 号块件牢靠固定。其他各个块件连接时，均应按本条规定测量调整其位置。

7）应在施工前绘制主梁安装挠度变化曲线，悬臂拼装过程中应随时观测桥轴线安装挠度曲线的变化情况，并与设计值进行对比，遇有较大偏差时应及时处理，以便控制块件的安装高程。

8）吊机就位后须将支点垫稳，固定后锚螺栓，平车移动到起吊位置，进行下一块件的拼装。

（6）对于非 0 号、1 号块件的拼装，一般应在接缝上设置定位桦齿或钢定位器。

五、桥梁上部结构缆索吊装施工技术

（一）概况

在峡谷或水深流急的河段上，或在通航的河流上需要满足船只的顺利通行，缆索吊装由于具有跨越能力大，水平和垂直运输机动灵活，适应性广，施工比较稳妥方便等优点，在拱桥施工中被广泛采用。

（二）吊装方法和要点

1. 缆索吊装施工工序

缆索吊装施工工序为：在预制场预制拱肋（箱）和拱上结构，将预制拱肋和拱上结构通过平车等运输设备移运至缆索吊装位置，将分段预制的拱肋吊运至安装位置，利用扣索对分段拱肋进行临时固定，吊装合拢段拱肋，对各段拱肋进行轴线调整，主拱圈合拢，拱上结构安装。

大跨径拱桥吊装，由于每段拱肋较长，重量较大，为使拱肋吊装安全，应尽量采用正吊、正落位、正扣，因此索塔的宽度应与桥宽相适应。拱肋分段安装时，每段拱肋由扣索临时固定在扣架上，此时每段拱肋必须设置风缆。起重索与扣索承重交接时速度不能太快，每次升降应控制在一定范围内，交接过程中对风缆随时进行调整。当拱肋跨度大于 80m 或横向稳定安全系数小于 4 时，应采用双基肋合拢松索成拱的方式，即当第一根拱肋合拢并校正拱轴线，楔紧拱肋接头缝后，稍松扣索和起重索，压紧接头缝，但不卸掉扣索，待第二根拱肋合拢，两根拱肋横向联结固定好并拉好风缆后，再同时松懈两根拱肋的扣索和起重索。

2. 施工中注意的要点

（1）缆索设备的检查项目及检查方法

缆索设备虽不属于永久工程，但其质量的好坏直接影响着工程的进展及工程的安全，因此，在施工中应对以下内容做严格的检查：

1）地锚试拉，一般情况下每一类地锚取一个进行试拉。缆风索的土质地锚要求位移非常小，应全部做试拉，通过试拉：

①可以预先完成一部分位移；

②可考虑其是否适用。试拉方法一般为地锚相互试拉，受拉值为设计荷载的 1.3 ~ 1.5 倍。

2）索扣

试拉扣索是悬挂拱肋的主要设备，因此必须通过试拉来确保其可靠性。其试拉方法是将两岸的扣索用卸甲连接起来，收紧索进行对拉。这样可全面检查扣索、扣索收紧索、扣索地锚及动力装置等是否满足要求。

3）主索系统

试吊主索系统分为试吊分跑车空载反复运转、静载试吊和吊重运行三步。每一步试吊完成后，确定无异常现象才能进行下一个步骤。试吊重物可以为构件、钢筋混凝土预制件等，试吊载重运行可分几次完成，吊重一般为设计荷载的 60%、100%、130%。

在每一步试吊中，应连续不间断地观测塔架位移、主索垂度、主索受力的均匀程度；动力装置工作状态、牵引索、起重索在各转向轮上运转情况；主索地锚稳固情况及检查通信、指挥系统的通畅性能和各作业之间的协调情况。

试吊后须综合各种观测数据和现场检查结果，对设备的技术状况进行分析、鉴定，提出切实可行的改进措施，对能否调装做出结论。

（2）设置风缆时应注意的要点

横向缆风索，在边段拱肋安装时，可用来调整和控制拱肋中线；在拱肋合拢时可以使接头对中就位；在拱肋成拱后，可以减少拱肋自由长度，增大拱肋的横向稳定；在外力作用下对拱肋的位移产生约束。因此缆风绳的作用可见一斑，设置时注意以下问题：

1）缆风索可以布置在岸上、水中或桥墩上。

2）缆风索应成对称布置，且上、下游缆风索的长度相差不宜过大。缆风索与拱肋轴线夹角宜大于 45°；与地平面夹角宜为 30°，距离宜小于 100m。

3）用以缆风绳的地锚应牢固可靠，为防止地锚受力后的位移，应采取预先试拉。对固定在桥墩台上的缆风索需进行计算，不能对墩台造成不利因素。

4）根据缆风索受力大小可采用单线钢丝绳，也可采用滑轮组，在初始收紧缆风索时可用卷扬机，做拱肋调整时宜用链子滑车进行。

5）缆风绳在收紧、放松时应在测量观测下统一指挥进行，随拱肋接头高程的升降而放、收。

6）对于拱肋为整段吊装或两段吊装的中小跨径双曲拱桥，每孔至少应有一根基肋设置固定的缆风索，分 3 段或 5 段吊装的大跨径拱桥，每孔至少有两根基肋在接头附近设置稳定的缆风索。

7）在每孔拱肋全部合拢、横系梁或横隔板达到一定强度后，方可拆除缆风索。

（3）松索过程中必须注意下列事项：

1）松索时应按边扣索、次边扣索、起重索三者的先后顺序对称均匀地进行，每次松索量以控制各接头标高变化不超过 1cm 为限。

2）松索调整拱轴线。调整拱轴线时，应观测各接点标高、拱顶及 1／8 跨径处截面标高。调整轴线时精度要求为：每个接头点与设计标高之差不大于 ±1.5cm，两对称接头点相对高差不大于 2cm，中线偏差不超过 0.5～1.0cm. 防止出现反对称变形，导致拱肋开裂甚至纵向失稳。

3）厚度不同的薄钢板嵌塞拱肋接头缝隙。

4）拱肋松索成拱是一个反复循环的过程，将索放松压紧接头缝后，应再调整中线偏差至 0.5 ~ 1.0cm 以内，固定缆风索将接头螺栓旋紧。

5）电焊各接头部件。全部松索成拱。电焊时宜采用分层、间隔、交错施焊的方法，每层不可一次焊得过厚，以防灼伤周围混凝土，电焊后必须将各接头螺栓旋紧焊死。

6）对于大跨径分 5 段或 7 段吊装的拱肋，在合拢成拱后，可保留起重索和扣索部分受力（称留索），待拱肋接头的连接工序基本完成后再完成松索。留索受力的大小取决于拱肋接头的密合程度和拱肋的稳定性。施工实践中，起重索受力一般保留在 5% ~ 10%，扣索基本放松。

7）当第二片拱肋吊装、合拢、松索调整后，应尽快与已合拢调整的第一片做横向联结，两片拱肋的缆风不要拆除。

第四节　公路桥梁维修及加固

一、公路桥梁病害分析

（一）公路桥梁病害分析的意义

随着时间的推移，新建桥梁终会成为旧桥。在桥梁存续期内，由于车辆、特别是超重车辆行驶，以及外界各种因素作用和影响，导致桥梁结构产生病害，出现缺陷，严重影响到桥梁正常使用。

桥梁病害是指因人为的（勘察、设计、施工、使用等）或自然的（地质、风雨、冰冻等）原因，使桥梁结构出现不符合规范和标准要求的问题和现象。早期设计施工的桥梁在长期重荷载、大量交通量的营运情况下，大部分桥梁都出现了不同程度的病害。对这些桥梁进行病害分析，提出相应的对策，进行维修加固，具有显著的经济效益和社会效益。大部分桥梁都具有一定的超载能力，只有找到病害的原因，并进行相应的处治，其大多数是可以继续营运的。

目前我省大量 20 世纪 70 年代以后修建的钢筋混凝土桥梁（服务期满 30 年），将进入桥梁维修的高峰期。因此，研究桥梁病害机理与防护对策，并及时采取处治和防护措施，可延长现有桥梁的使用寿命；同时，在设计和维修新的桥梁时，选用合理的材料和结构形式，以延缓病害的发生，从而减少桥梁养护工程量，节省养护费用。

（二）桥梁病害的主要成因

桥梁的安全度，是通过桥梁结构的强度、刚度、稳定性及耐久性等指标来衡量的。不仅要保证结构的局部（各组成部分）具有足够的强度、刚度和稳定性，同时结构也要具有较高的耐久性。但是由于作用荷载的随机性、材料强度的离散性、制造与施工质量的分散性、计算假定的近似性，致使建造的桥梁在长期使用过程中桥梁产生病害，其具体原因有：原设计荷载偏低，交通发展后车辆增大，桥梁因承载力不足而产生病害，结构设计中存在缺陷，如采用桥型结构不当，设计假定不尽合理等，给桥梁产生病害带来隐患；桥梁施工质量差，未按设计要求和施工规程实施；不重视桥梁后期养护工作，没有及时消除已产生的病害；洪水、地震等自然灾害使桥梁产生损坏；地质条件差，如滑坡、软基等导致桥梁产生病害。

（三）公路桥梁存在的主要病害

就现有桥梁的现状来说，我国公路桥梁存在的病害主要有以下几个方面：

（1）设计荷载标准偏低，承载力不足。早期建造的桥梁，设计荷载大多偏低。随着交通量的增加和荷载等级的提高，有些桥梁已经出现病害。

（2）通行能力不足。这主要表现在桥面宽度不足、桥梁平面线形、纵断面线形标准太低、桥下净空或桥下通航净空不足。

（3）人为及自然因素引起结构的破坏。比如超出设计最高水位的洪水、泥石流、浮冰、冰冻、地震、强风、船舶撞击、河道不当开挖、桥梁基础下的岩溶、矿山坑道等引起桥梁结构的局部损坏。

（4）自然老化。早期公路桥梁的设计龄期为 50 年，随着时间的推移，已建桥梁会不断损坏和老化，其承载力、刚度、延性和稳定性不断下降，这是一个不可改变的客观规律。

（5）超期服役。主要是建造时期较早、比如 20 世纪 50 ~ 60 年代建造的桥梁，设计使用寿命只有 30 ~ 50 年，这些桥梁目前部分仍在使用。

（6）超负荷使用。随着我国改革开放的深入，交通运输竞争业竞争在不断加剧。按路线等级或者预期设计荷载等级来说，这一部分设计荷载等级并不低，但由于一些特殊的原因，桥梁使用荷载大大超出设计荷载，致使桥梁长期处于超重荷载作用下运营，加速了桥梁的损坏。

（7）设计、施工的先天不足。有些桥梁设计和结构构造处理不合理，桥梁在早期运营时其缺陷并不明显，运营一定时间后，病害便逐渐显现出来。有些桥梁由于受施工质量、施工技术、施工手段等因素的限制和影响，存在一定的技术缺陷，随着运营时间的增加，其病害也逐渐显露、发展。

（8）养护维修及加固措施不当。有些桥梁的技术缺陷则是由于养护不当引起的。比如桥面维修增加过大的永久荷载，致使桥梁本身自重过大，承载力相对提高较小或未提高，桥面排水处理不当，桥面渗水；又如支座维修不当，改变整个结构的受力状态等。有些桥梁则是加固不当引起的。比如加固施加的预应力大小或者位置不当，引起结构的二次病害；又如结构体系改变不合理，致使结构的关键部位应力超限等。

二、公路桥梁的检测

（一）公路桥梁的技术检查

要把握桥梁退化和桥梁的技术条件，做可靠性的评估，需要对桥梁进行重点检查、表面检查和全面检查的三个关键检查方法，有特殊问题或特殊的重要组成部分可用于进一步的特殊检查，如桥墩倾斜度偏差、钢筋数量偏差、桥梁设计环节和混凝土强度变化的检查等。路桥检测内容涵盖广泛，不仅包含上面三种方法的检查，还有扩散深度、钢筋锈蚀、应力和统度、渗透性和强度和刚度等方面。扩散深度检查是通过钻芯取样检测酸化深度、氯化深度以及酸侵蚀深度；钢筋锈蚀检查是通过自然电位法进行检测钢筋锈蚀位置及程度；应力是利用激光检测变形，利用加速传感器和光纤传感器分别检测振动和应力；通过现场渗透试验检测渗透性；利用拉拔试验和超声波检测混凝土弹性模量和强度。

（二）裂缝检测

据公路桥梁的裂纹特性长度，如宽度、分布、大小和裂纹的发展情况等检测其位置。可用于测量的仪器有手持式读数显微镜、塞尺、千分表等仪器。由于温度高低对裂纹的影响很大，在相同的温度下，只要裂缝的宽度和数量超过标准的范围和限制，它必须被修理和加固。否则，将导致结构恶化，降低了桥梁的承载能力和影响公路桥梁的使用寿命。

（三）混凝土强度检测

挖取试样检测法和无损检测法是混凝土强度的检测的两种主要方法，各有其优缺点和使用范围，下面将分别简短介绍。挖取试样检测法，首先要考虑结构使用的安全所允许取具有代表性的样品，而且要事先避开主要钢筋的所在的位置。为了避免试样在挖取过程中受到振动破坏，最好采用钻机切取，然后在试验机上加载试验，测定混凝土的实际强度。这种测试方法是做强度测试，可以做弹性模量和密度的测试，测试结果符合实际情况。缺陷是对其结构造成一定的破坏，采取了很多的工作，试验条件要求较高，所以通常被用来测量精度高，包括加固量较小体积的混凝土。

无损检测法又可以分为共振法、机械法、超声波检测法和综合法等几种方法。由于使用单一的检测方法有一定的局限性，测定结果不是很准确，因此，工程一般采用两种以上的方法综合评价中的混凝土强度，可以提高测试的准确性及其应用扩大。其中，应用最广泛的组合的超声波检测器的方法和回弹仪器，可以将具体的测量误差控制在12%以内。

（四）承载力的检测

荷载试验法、分析计算法和实物调查比较法三种是现有桥梁承载力的主要检定方法。

荷载试验法是通过现场荷载试验及测试，测试内容为裂缝、挠度和应变，可直接检验桥梁的实际承载力，是目前工程应用领域使用最广泛的方法之一。

分析计算方法首先是检验桥梁结构，然后检查相关的数据和调查结果，使用桥梁结构计算理论和经验系数进行了分析对桥梁承载能力进行评估。经验系数折算和理论计算是分析计算中主要运用的两种方法，其最大的区别在于是否明确桥梁原设计荷载水平。物理调查比较方法是通过实际的交通条件，以测试桥梁的承载能力动态方法，它是在相当长的时间内观察、验证桥，根据通过车辆负载，测试车辆通过桥时的主要部分的变形、应变、应力、裂纹发展的数据，然后对数据进行统计分析，得出的结论是桥所能承受的负荷水平或等级。

（五）桥梁健康安全检测

桥梁健康检测是指运用现代的传感与通信技术，适时地（定期地或突发事件后特别地）采集桥梁的工作参数，由计算机采用健康检测智能系统对工作参数进行识别、加工和分析，给出桥梁的健康状况或损伤状况，为桥梁维护、维修与管理决策提供依据和指导，并为桥梁设计理论的发展提供足尺寸真实构件、真实环境的长期设计验证。20世纪80年代中后期开始建立各种规模的桥梁健康检测系统。例如，英国在总长522m的三跨变高度连续钢箱梁桥 Foyle 桥上布设传感器，监测大桥运营阶段在车辆与风载作用下主梁的振动、挠度和应变等响应，同时监测环境风和结构温度场。该系统是最早安装的较为完整的监测系统之一，它实现了实时监测、实时分析和数据共享。

桥梁健康检测是一种客观见之于主观、主观再见之于客观的过程，检测人员对于桥梁这样一种客体，通过数据采集的客观实践活动将其纳入主观世界，分析、判断后再见于客观，体现在评定后的维修、加固以及今后设计建设的客观活动。所以，桥梁健康检测的基本内容包括参数采集、参数处理、健康评定三部分，现在是计算机和信息技术突飞猛进的时代，桥梁健康检测及其智能系统对桥梁工程有着特殊的必要性和深远意义，它已经作为一门学科活跃在桥梁工程界的历史舞台上，可以相信，随着它在大量工程实践中的不断应用，桥梁健康检测及其智能系统会得到不断地完善和提高，并为桥梁乃至土木工程的发展做出应有的贡献。香港的青马大桥就成功的应用了健康监测与检测技术，除了及时地对桥梁的健康状况有明确的了解，另一个方面对随时出现的损伤与破坏进行及时的补强与加固来延长桥梁的寿命。

三、桥梁加固与维修的适用范围

对现有桥梁进行维修与加固，可大大提高结构的承载能力，延长使用年限，同时也节约大量的建设资金。但是不能对所有的桥梁盲目加固。有些旧桥虽可进行加固，但也只能延用四、五年左右，随着大型车辆及重型车辆的出现，又逐渐出现破坏现象，甚至破坏进程加快，这类旧桥就无加固价值。因此在对现有桥梁采取加固措施前，应进行适应度分析，主要是对混凝土构件的变形（如裂缝、挠度）、混凝土的强度（如碳化深度、有效强度等）以及钢筋的有效强度、腐蚀程度等进行研究鉴定，并对上、下部的承载能力分别进行评估，并与新建桥作对比性分析，以做出科学的决策。如桥梁结构破坏严重时，切不可只顾节约投资而忽视了构造物的适用性。

四、桥梁维修加固原则

（一）加固原则

首先根据桥梁的现有技术状况、存在病害、车辆通行的需要以及将来交通发展的趋势，对加固的必要性和可行性做出分析判断，然后对各种加固方案的技术经济效果进行比较，选择合理的加固方案。一般应符合下列要求：

（1）比重建新桥节约 60 ~ 70% 以上的费用才是可行的，有意义的。包括因加固桥梁中断交通造成的经济损失。

（2）桥梁经加固后，其结构性能、承载力和耐久性方面都能达到使用上的要求。

（3）桥梁下部结构具有足够的潜力，能满足加固后的桥梁对基础的要求。

（4）对加固技术的先进性、经济性及耐久性等进行全面综合评价，力争采用各种指标较好的加固方案。

（二）桥梁维修加固

对桥梁进行维修加固前必须全面掌握桥梁结构现状，尽可能地完善基础资料，但有的桥梁由于建造年限较长，技术资料不全，甚至荡然无存；有的因修路部门以前没有建立桥梁技术档案的要求，新桥修好后，时间一长，设计文件无从查找。因此许多地方道路进行桥梁加固改造时，根本找不到原始设计资料，也没有养护维修档案，即使有也只有近期的，从而给桥梁的加固改造工作造成很大的困难，影响对病害产生原因的准确分析和判断。因此，收集资料采用内、外业调查相结合的方法。内业主要采集基本数据、文档数据、维修历史数据、特殊检查数据、重车过桥数据、桥上事故数据等内容；外业主要调查病害数据、维修建议数据和病害照片三项内容。建立和完善必要的档案资料库，根据《公路养护技术规范》对桥梁的技术状况进行分析、评定，再确定是需要正常的维修还是该进行大、中修或改造。举例：安装加固腹拱脚钢板将腹拱脚按图纸进行钻定位孔，并用高压空气将孔吹干净。事先将螺杆表面用汽油洗去油污，用砂轮打磨除锈，使表面露出光泽，然后用丙酮擦洗干净，最后在螺杆表面涂一层环氧树脂胶液将其保护起来。将环氧树脂胶液灌入孔中，然后穿进螺杆，并保证环氧树脂胶液饱满，螺杆粘固密实。

待螺杆穿入孔中，凝固 24h 后才可安装钢板。为了得到较好的粘贴效果，必须事先对混凝土的粘贴面进行认真的处理。首先应将混凝土表面的破碎部分清除，然后凿平凿毛，并用钢丝刷或压缩空气清除浮尘。先在混凝土表面上刷一层环氧树脂胶液，然后在钢板上涂一层环氧树脂浆液，间隔 2 ~ 5 min 再在钢板上均匀铺一层环氧树脂砂浆，厚度在 2 mm 左右。用两个 5t 手拉葫芦垂直吊起钢板，随即将钢板贴到混凝土表面上，旋转螺丝进行加压，使多余的砂浆沿板边挤压出来，达到密实程度。注意旋紧螺丝的顺序，从中间向四周。待钢板粘压 24h 后，将事先绑扎好的钢筋网固定到位，再进行支模浇筑 C50 混凝土。72h 后才可拆模，并做好养护工作。

五、路桥的维修加固特性

一般情况下路桥维修加固有以下几种：当其承载能力不足时，按照现行需求进行加固；路桥局部产生裂缝、破损、剥落等情况时，进行维修加固；路桥刚度不足，影响其安全性质时进行维修加固；车流量巨大，路桥不满足客运能力时应进行拓宽加固等等。

对于一些旧桥，其有一些新特性：旧桥在维修加固时实施难度大，采用的标准与先前设计的有所不同，对原有结构的拆除、清理工作量大而烦琐，并常常隐含很多不安全因素等等。因此，在维修与加固时，施工人员要注意确保在原结构最小损伤的前提下，充分利用原有的结构构件，保证原有结构保留部分的安全性与耐久性。

六、上部结构加固常用方法

（一）粘贴钢板加固

1.加固的原理

钢筋混凝土梁是由钢筋和混凝土两种力学性质差异很大的材料组成的受弯构件。混凝土抗压性能好，抗拉性能差，抗拉强度仅为抗压强度的 1/10 左右；而钢筋的抗拉抗压性能都好。对于混凝土的受弯梁，在荷载作用下，梁中性轴以上为部分受压区，中性轴以下部分为受拉区。由于混凝土抗拉强度很低，在不大荷载作用下，素混凝土就会在受拉区开裂二破坏，此时边缘配置适量的钢筋，利用钢筋替代混凝土受拉，使得受压区混凝土的抗压强度能得到充分发挥，这样就可大大提高梁的承载力。进一步分析可知，只要在适筋范围内，梁截面配筋率越大，梁截面参与受压的混凝土越多，梁的抗弯性能就越好。而对于少筋梁，由于配筋过少，受压区混凝土还未充分发挥作用，钢筋就已经被拉断了。这说明少筋梁和适筋梁都有可能在提高配筋率的条件下使更多的混凝土参与受压，从而提高梁的抗弯性能。

粘钢法加固梁就是基于此原理产生的一种钢筋混凝土梁的补强措施。对于已经浇筑完成的钢筋混凝土梁出现抗弯能力不足时，可通过结构胶将钢板粘贴在混凝土梁受拉区的外边缘，利用钢板的抗拉性能可以有效地补充原构件钢筋的不足，使更多的混凝土参与受压，从而大大提高梁的抗弯性能，达到结构补强的目的。

2.加固的特点

粘贴钢板加固法，就是在构件受拉区表面用特制的结构胶粘贴钢板，使钢板与原构件结合成一个整体构件，并且通过粘贴胶将上部荷载产生的梁底拉应力传递给钢板，使钢板与原构件钢筋共同承担活载拉应力，达到增加构件承载力的目的。这种方法的最大优点在于施工简便，基本上不减少桥梁的净空，并可在不影响或减少影响桥上交通的情况下进行加固施工。

粘贴钢板加固法。粘贴钢板加固方法广泛应用于加固工程，与其他几种加固方法相比较，粘钢加固有一些特殊的优点：

（1）基本不增加构件和结构的荷载，不改变原设计的结构体系和受力形式。

（2）胶结剂硬化时间快，施工周期短，基本不影响正常的生产。

（3）胶结剂强度高于混凝土本土强度，可以使加固体与原构件共同工作，受力均匀。

（4）粘贴钢板一方面补充了原构件钢筋的不足，有效提高了原构件的承载力；另一方面还提高大面积的钢板粘贴，有效地保护了原构件的混凝土，限制裂缝的开展，提高了原构件的刚度和抗裂性能。

（5）节约成本，采用此方法比传统加固方法降低造价约10%。

（二）碳纤维加固

1. 加固原理

碳纤维基本材料是将高强度或高弹性模量的连续碳纤维，单向排列成束，用环氧树脂浸渍形成碳纤维增强复合材料片材。将片材用专门配制的环氧树脂粘贴在结构受拉面，树脂固化后与原结构形成新的受力复合体，碳纤维即可与原结构共同受力。由于碳纤维分担了荷载，就降低了钢筋应力而使结构得到了加固补强。但是也必须指出，过高的碳纤维材料强度与现行的混凝土强度并不匹配，即碳纤维材料的强度在加固后绰绰有余而不可能得到充分发挥，只有当碳纤维预应力筋束的广泛使用后才能真正地发挥出其材料的高强韧性。碳纤维材料是土木工程出现的一种新材料，在用于桥梁加固过程中其应用机理与我们熟悉的钢筋混凝土结构的工作机理相似。

2. 加固特点

几乎不增加结构自重和截面尺寸，由于碳纤维的单位体积质量仅为钢材的1/4左右，且制成布状后其厚度仅为0.111 ～ 0.164mm，如制成板状的其厚度也仅为1.4mm左右，因而重力小，厚度薄，基本不增加结构的自重和改变截面的外形。

高强、高效。碳纤维具有优异的物理力学性能，非常适合于桥梁结构的加固修复。

基本不改变桥下的净空高度。

具有良好的适应性，尤其是布状片材可以适应各种结构的外形进行粘贴和裹缠。

施工便捷。由于其自重较轻，可操作性强，操作空间要求较宽松，不像粘贴钢板技术那样复杂，故对运营中的桥梁加固修复将会带来较大的社会经济效益。尤其对于箱梁构造而言，有时可以在箱室内进行操作，即可以节省庞大的支架费用，也具有一定的安全性和隐蔽性（若对箱梁表面的裂缝修复仍需支架）。

不需大型机具，无须其他固定设施，因而对原结构不会造成新的损伤。

具有良好的耐久、耐腐蚀性，给养护工作带来方便。

根据受力分析可以进行多层粘贴进行补强，其方向性也可以灵活掌握，给加固修复工作带来方便。

（三）其他加固方法

在目前工程界，针对钢筋混凝土结构或者构件，通常采用的加固方法主要还有以下几种，它们可以单独使用，也可以配合使用。

1. 增加主钢筋补强加固

当梁内所配置的主要受力钢筋截面不足，无法满足抗弯承载能力的要求，而桥下净空又受到限制不允许过多的增加主梁高度，有时连桥面标高也不允许提高，此时即可采用增加纵向主钢筋的方法进行补强加固，所增加的主钢筋采用焊接工艺与梁内原主钢筋相焊，施工要点有以下几点。

2. 增大混凝土截面补强加固

增大混凝土截面主要采用加厚桥面板和增大梁肋混凝土截面两种方式。

（1）加厚桥面板

加厚桥面板进行补强时，先将原有桥面铺装层凿除，在桥面板上浇筑一层新的钢筋混凝土补强层，使其与原梁形成组合断面，用以提高抗弯刚度以达到补强的效果。为使新老混凝土有良好的结合，桥面板表面应凿毛清洗干净，并且每隔一定间距设置齿形剪力槽或埋设柱状剪力键（钢筋短柱），或用环氧树脂作为新老混凝土的胶结层。补强层中钢筋网的钢筋直径与间距可根据补强层参与桥面板共同受力来确定。这种方法仅适用于较小跨径的 T 梁桥或板梁桥。为了弥补以上缺陷，有时它也与增焊主筋法配合使用。

（2）增大梁肋混凝土截面

将梁肋下缘加高加宽也是增大混凝土截面的方式之一，通常在加大的下缘混凝土截面中加设主筋。为避免因起吊 T 梁进行加固而增加施工难度，梁肋下缘截面扩大部分在靠近支座的梁端部分仍恢复成原截面（即仅在跨中某区段将梁肋下缘截面加大），并在截面扩大部分与保持原截面之间做一斜面过渡。扩大部分加设的主筋在靠近支座的梁端部分向上弯起呈元宝状并与原结构中的主筋相焊。

3. 增加辅助构件

当梁体结构基本完好而其承载能力不能满足要求或者需要提高荷载等级时，可以采取增加辅助构件的方法进行技术改造。

（1）增加主梁

主要有两种方法，一种是当桥梁不需拓宽时，首先将桥面铺装凿除，再将 T 梁翼缘板和横隔板切断，然后在每对相邻的旧主梁之间增设新主梁（预制安装或吊模浇注），并将新旧主梁的横隔板连接起来（钢筋搭接或预埋钢板焊接），最后重新浇筑桥面铺装；另一种是当桥梁需要拓宽时，首先拆除人行道构件，然后在桥梁两侧增没大刚度边梁，最后再把人行道构件和大边梁上的桥面补上。这两种方法都是在原有主梁的基础上增设新梁，依靠新旧主梁的共同作用来改善旧主梁的可变作用横向分布，达到提高承载力的目的。

（2）增设横隔梁

主要用于无横隔梁的桥梁，以增加其横向整体性，改善可变作用横向分布。由于这种方法提高承载力有限，往往与其他加固方法联合应用。

4. 简支梁为连续梁

此法是将原多跨简支梁端连接起来，使受力体系由原来的简支转换为连续，改善结构的受力状况，以期提高结构的承载能力。这种方法主要适用于原简支梁跨中截面抗弯承载力明显不足的情况。但是必须充分考虑到原桥的地基条件，防止由于基础沉降等对新形成的连续体系上部结构产生不利影响。

5. 更换主梁法

这种维修加固方法主要针对上部结构破坏严重、安全储备严重不足的Ⅳ类桥梁。更换主梁的设计计算按新建结构进行。其具体做法是：先拆除原有桥面系，对桥梁下部结构进行加固改造，然后更换支座和重新预制的主梁，最后重新浇筑桥面板，铺设新的桥面系。这种方法好处是可以完全消除安全隐患，而且可以集中预制主梁，同时主梁的质量可以得到保证，施工工序连贯，工期缩短，具有很好的经济价值。

6. 梁（板）顶加铺整体钢筋混凝土层

将桥梁原有桥面铺装全部凿除，新铺桥面钢筋混凝土层。现有桥梁均采用此类加固方法，既可协助解决桥梁的横向刚度问题，增大整体横向刚度，又可提高桥梁结构承受冲击荷载能力，防止雨水渗漏，提高桥梁耐久性。梁（板）顶加铺整体钢筋混凝土层，厚度不宜超过 10cm。

（四）裂缝修补

在对裂缝缺陷进行修补之前，须从修补的有效性、施工、安全、经济和美观等方面进行综合研究，然后确定使用适当的修补方法。常用的裂缝修补方法有灌浆法、表面处理法和填充处理法，以下分别介绍。

1. 灌浆法

灌浆法即用机器或人工的方法将修补材料注入混凝土裂缝中，使混凝土保持完整，阻止侵蚀性介质向混凝土内部扩散和渗透。灌浆法适用于裂缝宽度小于 0.3mm，但裂缝深度较大的裂缝，或裂缝宽度小于 1.0mm，但大于 0.3mm 的裂缝。还应注意，灌浆法修补的裂缝必须是静止的裂缝或能防止进一步扩展的裂缝。灌浆可分为化学灌浆和水泥灌浆两种。化学灌浆一般适用于宽度较小（0.05mm ~ 0.5mm）裂缝。水泥灌浆一般适用于裂缝宽度较大的裂缝。当结构的裂缝宽度大于 1mm 或混凝土中有孔洞或蜂窝时，可应用水泥浆灌浆来修补。也可在水泥浆中掺加水玻璃，制成水泥—水玻璃灌浆料，或用聚合物水泥浆作为灌浆料。

2. 表面处理法

对于宽度大于0.2～0.3mm且稳定的裂缝也可直接在混凝土构件表面涂膜以封闭裂缝，提高混凝土构件的耐久性，这种方法称表面处理法。表面处理法又分为全部涂膜处理和部分涂膜处理。

3. 填充处理法

这种处理方法主要用于修补处理较宽的裂缝。具体做法是：沿裂缝凿开混凝土，并填充修补材料。一般开 U 形槽的方法修补效果较好。填充材料可选用环氧树脂砂浆、弹性密封材料和聚合物砂浆等。以上处理方法主要适用于已经稳定的裂缝。对于活动裂缝，即处于继续开展或不稳定的裂缝，应在分析并控制裂缝开展使其稳定后，方可根据裂缝的宽度、深度等，采取相应的措施进行修补。如裂缝开展不能控制，则应采取相应的措施，限制结构的变形，裂缝处的表面必须扩宽并用柔性材料进行接缝处理，而且接缝处理不能与槽底黏结。

第六章 隧道工程施工

第一节 隧道工程施工要点

一、公路隧道新奥法施工基本原则

根据我国公路隧道采用新奥法施工的经验，隧道施工采取的基本原则，可以概括为"少扰动、早喷锚、勤测量、紧封闭"四句话十二个字。具体说，是指在隧道开挖时，必须严格控制，尽量减少对围岩的扰动次数、扰动强度、扰动持续时间和扰动范围，以使开挖出的坑道符合成型的要求，因此，能采用机械开挖的就不用钻爆法开挖。采用钻爆法开挖时，必须先作钻爆设计，严格控制爆炸，尽量采用大断面开挖。选择合理的循环掘进进尺，自稳性差的围岩循环掘进进尺谊用短进尺，支护应紧跟开挖面，以缩短围岩应力松弛时间及开挖面的裸露风化时间等，此称"少扰动"。

"早喷护"是指：对开挖暴露面应及时地进行地质描述和及时施作初期锚喷支护。经初期支护加固，使围岩变形得到有效控制，而不致变形、坍塌失稳。以达到围岩变形适度而充分发挥围岩地自承能力。必要时可采取超前预支护辅助措施。

在隧道施工的全过程中，应在对围岩周边位移进行的现场监控量测，并及时反馈修正设计参数指导施工或改变施工方法。以规范的量测方法和量测数据及信息反馈，通过对施工中量测数据、对开挖面的地质观察，进行预测和评价围岩与支护的稳定状态，或判断其动态发展趋势，以便根据建立的量测管理基准，及时调整隧道的施工方法（包括开挖方法、支护形式，特殊的辅助施工方法）、断面开挖的步骤及顺序、初期支护设计参数等进行合理的调整，以确保施工安全、坑道稳定，支护衬砌结构的质量和工程造价的合理性，此称"勤量测"。

"紧封闭"是指对易风化的自稳性较差的软弱围岩地段，应使开挖断面及早施作封闭式支护（如喷射混凝土、锚喷混凝土等）防护措施，可以避免围岩因暴露时间过长而产生风化降低强度及稳定性，并可以使支护与围岩进入良好的共同工作状态。

二、隧道浅埋断和洞口段施工方法

（一）隧道浅埋段和洞口加强段的开挖

在浅埋和洞口加强地段，进行开挖施工和支护，应根据地质条件、地表沉陷对地面建筑物的影响以及保障施工安全等因素选择，并应考虑施工效果及工程费用确定。

隧道浅埋段和洞口加强段，通常位于软弱、破碎、自稳时间极短的围岩中，若施工方法和支护的方式不妥当，则极易发生冒顶塌方或地表有害下沉，当地有建筑物时会危及其安全。所以，应采用先支护后开挖或分部开挖等措施，以防止开挖工作失稳或地表有害下沉等。

（二）隧道浅埋施工方法和支护方法技术要求

隧道浅埋施工和支护应符合下列技术规定：

（1）根据围岩周围环境条件，可优先采用单侧壁导坑法、双侧壁导坑法或留核心土开挖法，围岩的完整性较好时，可采用多台阶法开挖。严禁采用全断面法开挖，否则，对属于大断面的公路隧道全断面开挖，对围岩的扰动很大，会导致周壁围岩出现松动，且支护结构难以及时施作，增大坍塌的可能性。

（2）开挖后应尽快施作锚杆、喷射混凝土、敷设钢筋网或钢支撑。当采用符合式衬砌时，应加强初期支护的锚喷混凝土。Ⅵ线浅埋以上围岩应尽快施作衬砌，防止围岩出现松动。锚喷支护及构件支撑的施工应符合《公路隧道施工技术规范》（JTJ042－94）的有关要求。

（3）锚喷支护及构件支撑，应尽量靠近开挖面，其距离应小于1.0倍洞跨。

（4）视地质条件，可配合采用超前小导管注浆、超前锚杆支护加固等辅助施工措施，即浅埋地质条件很差时，应采用辅助施工方法。

（三）隧道浅埋段初期支护施工要点

（1）隧道浅埋段和洞口加强施工开挖后，应立即铺设小网孔的钢筋网，并喷射3cm～5cm厚的混凝土层。

（2）安设锚杆及钢拱架，二次支护喷射混凝土应将钢拱架覆盖不小于3cm的保护层；

（3）落底、安设锚杆及下部钢拱架，应同时进行挂网，喷射混凝土；

（4）应进行仰拱封底，尽早形成封闭结构。

（四）控制隧道地表沉降技术措施

（1）宜用单臂掘进机或风镐开挖，减少对围岩的扰动；当采取爆破开挖时，应采用短进尺、弱爆破；

（2）应加强对拱脚的处理，打设拱脚锚杆，提高拱脚处围岩的承载力；

（3）应及时施作仰拱或临时仰拱；

（4）若初期支护变形过大，又不宜加固时，可对洞周 2 ～ 3cm 围岩进行系统注浆固结支护；

（5）地质条件差或有涌水时，宜采用地表预注浆结合洞内环形注浆固结；

（6）加强对地表下沉的量测及反馈，以指导施工，量测频率宜为深埋段时的 2 倍。

三、隧道洞口超前支护施工要求

（一）超前锚杆支护施工要点

（1）超前锚杆支护，宜和钢架支撑配合使用，并以钢架腹部穿过，特殊情况下亦可以拱架底部或顶部穿入；

（2）超前锚杆支护，与隧道纵向开挖轮廓线间的外插角宜为 5° ～ 10°，长度为大于循环进尺，宜为 3 ～ 5cm；

（3）超前锚杆宜用早强水泥砂浆锚杆。

（二）超前小导管预注浆施工要点

（1）超前小导管采用 Φ50 无缝钢管制作，长度宜为 3 ～ 5M。管壁每隔 10 ～ 20cm 交错钻眼，眼孔直径宜为 Φ6 ～ 8MM；

（2）沿隧道纵向开挖轮廓向外以 10° ～ 30° 的外插角钻孔，将小导管打入地层、亦可在开挖面上钻孔将小导管打入地层，小导管环向间距宜为 20 ～ 50cm；

（3）小导管注浆前，应对开挖面及 5M 范围内的坑道，喷射厚度为 5 ～ 10cm 混凝土或用模筑混凝土封闭，并将检查注浆机具是否完好，备足注浆材料；

（4）为充分发挥机械效能，加快注浆进度，在小导管前安设分浆器，一次可注入 3 ～ 5 根小导管，注浆压力应为 0.5 ～ 1.0mpa，孔口设置止浆塞。

（5）注浆后至开挖前的时间间隔，视浆液种类。

（三）管棚钢架超前支护施工要求及要点

（1）检查开挖的断面中线及高程，开挖轮廓线应符合设计要求。在开挖工作面处应先设受力拱架，并在其上正确标明管棚位置；

（2）钢架安装垂直度允许误差为 ±2°，中线及高程允许误差为 ±5cm。在钢架上沿隧道开挖隧道开挖轮廓线纵向钻设管棚孔，其外插角以不侵入隧道开挖轮廓线越小越好。孔深不宜小于 10cm，孔径比管棚钢管直径大约 20 ～ 30MM。钻孔环向中心间距视管棚用途确定。钻孔顺序一般由高孔位向低孔位进行；

（3）在钻进时，若出现卡钻、坍孔时，应注浆后再钻，也可直接将管棚钢管钻入，开孔时应低速低压，待成孔后可加压到 1.0 ～ 1.2Mpa。将钢管打入管棚孔眼中。管棚外径为 φ89mm，长度宜为 4 ～ 6m。接长管棚钢管时，接头应采用厚壁管箍，上满丝扣，丝扣长度不小于 15cm，以确保连接可靠，接头应再隧道横断面上错开。

（4）当需增加管棚钢架支护的刚度时，可在钢管内注入水泥砂浆。管棚钢管内水泥砂浆应用牛角泵灌注，封堵塞应有进料孔和出气孔，在出气孔流浆后，方可停止压注。

四、新奥法隧道洞身开挖方法分类

（一）隧道新奥法施工常用方法

隧道工程采用新奥法施工常用的施工方法，大致分为全断面法，台阶法和分部开挖法三大类及若干变化方案，如下图所示（图中锚喷衬砌，复合式衬砌施作程序略）。

（二）各种施工方法的优缺点

1. 全断面法

常适用于Ⅱ—Ⅲ级硬岩的石质隧道，该法可采用深孔爆破。全断面开挖法有较大的作业空间，有利于采用大型配套机械化作业，提高施工速度，且工序少，干扰少，便于施工组织和管理。缺点是由于开挖面积大，围岩相对稳定性降低，且每循环工作量相对较大，故此要求施工单位应具有较强的开挖、出渣与运输及支护能力。

全面断面法施工开挖工作面大，钻爆破工效率较高，采用深眼爆破可加快掘进速度，且爆破对围岩的震动次数较少，有利于围岩稳定。缺点是每次深孔爆破震动较大，因此要求进行精心的钻爆设计和严格的控制爆破作业。

2. 台阶法

台阶法开挖具有足够的作业空间和较快的施工速度。台阶有利于开挖面的稳定性，尤其是上部开挖支护后，下部作业则较为安全；台阶法开挖的缺点是上下部作业有干扰，应注意下部作业时对上部稳定性的影响，台阶开挖回增加对围岩的扰动次数等；台阶法开挖宜采用轻型凿岩机打眼，而不宜采用大型凿岩台车。

3. 分部开挖法

分部开挖法，可分为五种变化方案：台阶分部开挖法，上导下坑法、上导坑超前开挖法、单（双）侧壁导坑法。是将隧道开挖断面进行分部开挖逐步成型，并且将某部分超前开挖，故此可称为导坑超前开挖法。

（1）台阶分部法

又称环形开挖留核心土法，适用于一般土质或易坍塌的软弱围岩地段。上部留核心土可以支挡开挖工作面，利用几十施作拱部初期支护增强开挖工作的稳定，核心土及下部开挖在拱部初期支护下进行，施工安全性较好。一般环形开挖进尺0.5～1.0m左右，不宜过长，上下台阶可用单臂掘进机开挖。

台阶分部法的主要优点是：与微台阶法相比，台阶可以加长，一般双车道隧道为1倍洞跨，单车道隧道为两倍洞跨；而较单（双）侧壁导坑法的机械化程度高，机械化施工可以加快施工速度。

（2）上下导坑超前开挖法

此法适用于Ⅵ—Ⅴ级围岩，在松软地层开挖坑道，一般宜采用上下坑道超前开挖先拱后墙法。其基本要求是：一次开挖的范围宜小，而且要及时支撑与支护，以保护围岩的稳定，所以一般是要求先将上部断面开挖好，随时衬砌拱圈，拱圈混凝土达到设计强度70%之后可进行下部断面的开挖，在拱圈的保持下，开挖下部断面及修建边墙、仰拱。

（3）单侧壁导坑法

围岩稳定较差，隧道跨度较大，地表沉陷难于控制时采用单侧壁导坑法。此法单侧壁坑道超前，中部和另一侧的断面采用正台阶法施工，故兼有正台阶法和后述双侧壁导坑法的优点，且洞跨可随机械设备等施工条件决定。

（4）双侧壁导坑法

适用于浅埋大跨度隧道，地表下沉量要求严格，围岩条件特别差时采用。此法的优点是：施工安全可靠，但施工速度较慢，造价较高。

分部开挖时应注意的事项：

①因其工作面多，但作业面较小。相互干扰较大，应实行统一指挥，注意组织协调；

②应尽量创造条件，减少分部次数，尽可能争取用大断面开挖；

③因多次开挖对围岩的扰动较大，不利于围岩的稳定，故应特别注意加强对爆破开挖的设计与控制；

④凡下部开挖均应注意上部支护或衬砌结构的扰动和破坏，尤其是边旁部开挖时必须采用两侧交错挖马口施作，避免上部断面两侧拱脚同时悬空；

⑤认真加固拱脚，如扩大拱脚、打拱脚锚杆。加强纵向连接等，使上部初期支护与围岩形成完整体系，尽量单侧落底或双侧交错落底，落底长度视围岩状况而定。一般采用1～3m，并不得大于6m。下部边墙开挖后必须立即喷射混凝土，并按设计规定做好加固与支护；

⑥量测工作必须及时，以观察拱顶，拱脚和边墙中部的移植，当发现速率值增大时，应立即进行仰拱封闭。

五、隧道施工开挖方法

（一）隧道开挖一般规定

按新奥法施工时，应根据隧道工程地质、水文地质条件、机械设备等条件，采用尽量少扰动围岩的开挖方法。

1. 隧道施工开挖方法

开挖方法有：钻爆开挖法，机械开挖法，人工和机械混合开挖法等三种。

2. 钻爆法开挖设计

采用钻爆法开挖坑道时，为了减少超控和控制围岩的扰动，应综合研究地址情况、开挖断面大小、开挖进尺快慢。爆破器材性能、钻眼机具和出渣能力等因素，在此基础上编制钻爆设计。

3. 爆破设计图

爆破设计图应包括：炮眼布置图、周边眼装药结构图、钻爆参数表、主要技术经济指标及施工有关的必要文字说明。

4. 开挖和爆破方法选用

根据隧道工程地质条件选用施工开挖方法爆破方法：对硬质岩，采用全断面一次开挖时，应采用光面爆破法；对软质岩，宜采用预裂爆破法；对松软地层采用分部开挖时，宜采用预留光面层光面爆破法。

（二）光面爆破的技术要求

1. 应根据围岩特点合理选择周围眼间距及周边眼的最小抵抗线；

2. 严格控制周边眼的装药量，并使药量沿炮眼全长均匀分布；

3. 周边眼宜采用小直径药卷和低爆速炸药。为满足装药结构要求，可借助传爆线以实现空气间隔装药；

4. 采用毫秒微差顺序起爆，应使周边爆破时有最好得临空面。周边眼同段的雷管起爆时间差应尽可能小；

5. 各光面爆破参数的选用：如周边眼间距（E）、最小抵抗线（v）、相对距（E/V）和装药集中度（Q）等，应采用工程类比或根据爆破漏斗及成缝试验，选择光面爆破参数。在无条件试验时，可按下表选用光面爆破参数。

岩石种类	饱和单轴抗压极限强度 Rb（Mpa）	装药不耦合系数 D	周边眼间距 E（cm）	周边眼最小抵抗红 V（cm）	相对距离 E/V	周边眼装药集中度
硬岩	＞60	1.25～1.50	55～70	70～85	0.8～1.0	0.30～0.35
中硬岩	＞30～60	1.50～2.00	45～60	60～75	0.8～1.0	0.20～0.30
软岩	≤30	2.00～2.50	30～50	40～60	0.5～0.8	0.07～0.15

6. 光面爆破效果应符合下表的要求。

序号	项目	硬岩	中硬岩	软岩
1	平均超挖量（cm）	10	15	10
2	最大超挖量（cm）	20	25	15
3	炮眼痕迹保存单（%）	≥80	≥70	≥50

序号	项目	硬岩	中硬岩	软岩
4	局部欠挖量（cm）	5	5	5
5	炮眼利用率（%）	90	90	95

隧道施工开挖，由于受各种因素的影响必然会有超挖。如上表所列。

（三）周边眼的布置

1. 周边眼参数选用原则

（1）当断面较小或围岩软弱、破碎或在曲线、折线处开挖成形要求较高时，周边炮眼间距 E 应取较小值；

（2）抵抗线 V 应小于周边眼间距。软岩在取较小的周边眼间距的同时，抵抗线应适当增大；

（3）对于软岩或破碎性围岩，周边眼的相对距 E/V 应取较小值。

2. 周边炮眼的布置及钻眼要求

（1）周边炮眼应沿设计开挖轮廓线布置，沿隧道设计轮廓线的炮眼间距误差不宜大于 5cm；

（2）周边眼外斜率不应小于 5cm/m；

（3）周边眼与内圈眼距离误差（最小抵抗线）不宜大于 10cm；

（4）除内圈眼的孔深宜比周边眼深 5 ~ 10cm 外，其他各类炮眼深度相差不宜大于 10cm。

为保证隧道开挖后符合设计轮廓线，周边眼不应偏离设计轮廓线。实践经验表明，在软岩中周边眼间距规定误差不宜大于 5cm。因凿岩机外形尺寸的限制，钻孔时应有一个向外倾斜的角度，为避免过大的超控，并不妨碍操作，一般外斜角为 2° ~ 3°。

对于软弱围岩宜采用预裂破，其实预裂爆破实质上也是一种光面爆破，其原理与光面爆破相同，只是起爆顺序不同，其起爆破顺序为：周边眼—掏槽眼—辅助眼—底板眼。

洞身开挖光面爆破隧道工程质量控制的关键工序，能带来直接和明显的经济效益，也能避免一些违法行为的发生。总监办希望各单位能成立以总工为首开挖技术攻关小组，在施工中根据围岩的性质调整爆破参数，不断提高洞身开挖的效果，对开挖控制较好单位总监办与管理处协商予以重奖。

六、锚喷支护（初期支护）

（一）锚杆施工要点

1. 钻孔方向宜尽量与岩层主要结构面垂直。孔钻好后用高压风将孔眼冲洗干净，并用木塞塞紧孔口，以防石渣掉入。

2. 锚杆与黏结剂材料，应符合设计要求，锚杆应设计要求的尺寸截止，并设有垫板。

早强砂锚杆具有早期强度高、承载快，尤其是在软弱、破碎、自稳时间短的围岩中使用早强水砂浆锚杆能现出其优越性。

早强药包锚杆施工要注意以下规定：（1）药包要求无结块，未受潮。药包的浸泡宜在清水中进行，随泡随用，必须泡透；（2）药包应缓慢推入孔底，锚杆杆体插入时应旋转，使药包充分搅拌均匀。

（二）喷射混凝土的施工要点

1. 喷射作业前检查及施工准备工作

（1）喷射作业前检查主要内容

1）喷前应对开挖面尺寸认真检查，清楚松动危石，欠挖超标过多的先行局部处理；

2）受喷岩面有较集中渗水时，应作好排水引流处理；无集中渗水时，根据岩面潮湿程度，适当调整水灰比；

3）应根据石灰情况，在喷射前用高压风或水清晰受喷面，将开挖面的粉尘和杂物清理干净，以利于混凝土黏结；

4）埋设喷层厚度检查标志，一般是在石缝处打铁钉，或用快硬水泥安设钢筋头，并记录其外露长度，以便控制喷层厚度；

5）应检查运转和调试好各种机械设备工作状态。

（二）喷射混凝土施工要点

1. 喷射作业施工准备工作好后，严格掌握规定的速凝剂掺量，并添加均匀。喷射时，喷射手应严格控制水灰比，使喷层表面平整光滑，无干斑或滑移流淌现象。

2. 喷射应分段、分部、分块，按先墙后拱、自下而上进行喷射，喷射需对受喷面作均匀的顺时针方向的螺旋转动，一圈压半圈的横向移动，螺旋直径约为 20 ~ 30CM，以使混凝土喷射密实。

3. 为保证喷射混凝土质量，减少回弹量和降低粉尘，作业时还应注意以下事项：

（1）射时应分段长度不超过 6cm。分部为先下后上，分块大小为 2m×2m，并严格按先墙后拱，先下后上的顺序进行喷射，以减少混凝土因重力作业而引起滑动或脱落现象的发生；

（2）握好喷嘴与受喷岩面的距离和角度；喷嘴至岩面的距离为 0.8M ~ 1.2M，过大或过小都会增加回弹量；喷嘴与受喷面垂直，并稍微偏向刚喷射的部位（倾斜角不宜大于 10°），则回弹量最小、喷射效果和质量最佳。对于岩面凹陷处应先喷射和多喷，而凸出处应后喷或少喷。

4. 调节好风压与水压

风压与喷射质量有密切的关系，过大的风压会造成喷射速度太高而加大回弹量，损失较大，风压过小会使喷射力减弱，则混凝土密实性差。

5.一次喷射厚度问题

喷射作业应分层进行。一次喷射厚度不得太厚或太薄，它主要与喷射混凝土层与手喷面之间的黏结力和手喷部位等有关，并且应根据掺与不掺速凝剂、喷射效率、回弹损失率等因素而定。

第二节　公路隧道工程质量控制点

一、隧道开挖阶段的质量控制

与铁路隧道和水工隧道相比，公路隧道的断面更大，隧道轮廓对围岩块体的不利切割也相对较多，这样就对围岩造成了更多的扰动，同时，为了满足公路工程的特殊要求，公路隧道大多采用更为扁平的断面形式，从而导致隧道拱顶的围岩长期处于非常不利的应力状态。因此，如果隧道的开挖量不够，就会对隧道的衬砌厚度和净空造成影响，从而埋下安全隐患；如果开挖量过多，则会增加回填工程的工作量和出渣量，使隧道的预算增加；如果开挖不够规范和平整，就会对衬砌施工和防水层的设置造成不利影响，容易产生存水空洞。根据这些特点，对于公路隧道开挖阶段的质量控制工作一般从控制断面尺寸、超挖欠挖以及确保开挖断面的规整度两个方向开展。首先，就是要确保公路隧道断面的开挖工作严格按照设计中要求的有关尺寸进行。如果围岩质地较为松软并且地压较大，那么围岩就会发生相当程度的变形，所以在实际施工中，还应该将设计要求与作业面的实际情况相结合，根据实际测量数据预留足够的支撑沉落量和变形量，以免因变形而造成净空不足的现象。另外，还要注意根据围岩的类型选择合理的施工工艺和断面开挖方式。一般来说，公路隧道工程的施工方法都是钻爆法。对于质地较软的围岩应采用预裂爆破，而对于相对坚硬的围岩则与应采用光面爆破。在使用半断面开挖法时，要注意控制下半面的用药量及开挖厚度，以确保拱顶围岩的稳定性。

对于隧道断面开挖工整度的检测一般通过目测法进行，除了要保证围岩光滑无明显爆破裂缝外，还要对炮眼衔接部位的台阶型误差进行检验，确保其小于15cm。对于超欠挖情况的检测除了可以通过传统的尺量方式进行外，也可以通过对衬砌混凝土的总量和出渣量的比较进行确定。除此之外，还可以通过隧道激光断面仪对隧道开挖的实际断面进行快速准确的测量，从而得出精确度较高的隧道超欠挖实际资料，以便管理人员对施工进行及时有效的指导。

二、隧道支护阶段的质量控制

公路隧道在开挖结束后就要立即开展支护工作，以便更好地限制围岩变形，从而使其能够更加充分地发挥出自身的承载能力，提高隧道的整体稳定性。就目前的实际情况来看，公路隧道工程在施工过程中大多采用锚喷支护的方式，而在围岩质量较差的地段则可以通过型钢或钢隔栅进行支护。在进行锚喷支护的过程中，应该对锚杆自身及其安装质量进行检测。其中，锚杆的自身质量主要包括锚杆所采用材料质量的检测，如弹性、延展性、抗拉强度等；锚杆规格的检测，如直径等；以及锚杆的焊接、热锻、车丝等方面的质量检测。而锚杆安装质量的检测则主要包括钻孔深度、孔形、直径、间距、排距、锚杆方向等项目。其中，对于砂浆饱满程度、拉拔力的测定以及安装间排距的检测是锚杆施工质量控制工作的重点内容。对于喷射混凝土施工质量的检验主要包括对原材料、喷射厚度和强度的检验，同时也包括对混凝土、围岩粘接强度等内容的检验。在制取强度检验试块时，可以通过将混凝土喷入事先准备好的模具或直接从隧道壁上凿出的方式获取。而对混凝土厚度的检验则可以通过凿孔或预先在围岩上设置一定长度的钉子的方式来进行检查。如果在凿孔之后无法对混凝土与围岩进行有效区分，则可以通过滴入酚酞试液的方式加以辨别，其中显红色的就是混凝土。对于混凝土与围岩粘接强度的检验既可以通过在围岩上预埋加力板的方法进行，也可以通过向放置了与围岩相当石块的模具中喷射混凝土的方法来检验。

三、防水系统施工阶段的质量控制

由于汽车并不具有火车那样的稳定性，因此公路隧道对于防水和排水性的要求要远远高于火车隧道。目前，大多数公路隧道的排水设计都采用了铺设防水层和排水盲管将渗水集中排出的方式，但是业界对于排水系统质量的评定标准尚无统一的规范，对于防水层的检验也大多分为材料质量检验和安装质量检验两个部分。一般来说，对于隧道防水层的要求主要有寿命长、柔韧性好、耐腐蚀和老化、不易被破坏，而检验项目则主要包括防水层的厚度、长度和宽度三个方面，检验方式多为裁定试件后对其进行各类实验室检验。对于防水层安装质量的检验主要包括接头部分质量检验和吊挂施工质量检验。其中，接头的规格应该满足设计要求，并采用焊接或粘接的方式牢固的连接在一起，不得出现空隙、褶皱或气泡。焊缝一般为双焊缝形式，中间部位要留出空腔以便对其进行充气检查。在拱顶部，防水板的吊挂固定点间距应该在 0.5m ~ 0.7m 的范围内，而在墙壁处，这一数值则应在 1.0m ~ 1.2m 的范围内。对于防水层施工质量的检查大多通过目测法来完成，同时还要注意保证防水层无划破现象。

四、衬砌阶段的质量控制

在实际施工过程中，对于裂缝的检查主要通过刻度放大镜和塞尺的方式来观察裂缝的深度和宽度，并根据实际情况采取相应的措施进行处理。同时，由于在施工过程中有可能因为衬砌填塞不密实而造成衬砌内部空洞和蜂窝等情况，所以技术人员除了要进行表面观察之外，还应该通过采用雷达和超声波探测技术对其内部情况进行检测。需要注意的是，在使用雷达进行检测时，要根据所检测位置的实际情况合理调整雷达波的频率，并根据隧道的断面走向合理设置测线，以便获得最佳的测量效果。另外，在公路隧道工程的施工过程中，隧道拱顶部位的空洞和衬砌不合格的现象相对较多，在检查过程中应该将这部分作为检测的重点地段。总的来看，雷达探测的方法能够在很短的时间内检测出裂缝、钢拱架埋设以及衬砌厚度等情况，但是限于技术水平的发展状况，其精度在有些时候是无法保证的，因此在质检过程中还需要进行适当的钻孔检验进行配合。

第三节　隧道工程施工安全控制

一、隧道工程施工安全控制点

（一）隧道工程施工安全总体控制要点

1. 隧道工程施工一般安全措施

隧道施工应做好施工前期准备，正确选用施工方法，结合地形、地质等实际情况，编制施工组织设计，向施工人员进行技术交底，合理安排施工。

隧道施工各班组，应建立完善的交接班制度。交接班内容包括施工情况及有关安全事宜及措施，并记载于交接班记录本上。每班开工前未认真检查工作面安全状况，不得施工。

在软岩或不良地质的隧道中，施工前必须制订切实可行的施工安全措施，并遵守弱爆破、短开挖、强支护、早衬砌、先护顶等小循环的施工原则。

施工中应加强对围岩及支护的检查和监测，如发现险情，必须在危险地段设置明显标志或派专人看守，并迅速报告施工现场负责人，及时采取措施处理，情况危险时，应将工作人员全部撤离危险区，同时立即向上级报告。

进入隧道工地必须按规定佩戴好安全防护用品，遵章守纪，听从指挥。

进洞前应做好边仰坡防护和排水设施。

2. 临时及辅助设施安全要求

临时设施平面布置应满足消防安全要求，布置科学，间距合理，交通便利，施工、生活区域明显分开，在容易发生火灾的地方设置适用足够的灭火器材。

临时道路在险峻处应设立防护石墩和安全标志。

临时供电设施及线路应满足用电规范要求，主线、支线走向流畅，电线接头、闸刀应安装牢固，禁止使用裸线和裸体开关，动力机械应设立安全防护，电动工具应加强检查。杜绝非电工私拉私接电线、电器现象。

压力容器的安装和使用应符合国家有关规定。

3. 消防安全措施

施工现场防火设备布置满足消防安全要求。

对易燃易爆物品的运输、贮存和使用制定严格的规章制度和安全防范措施，非专职人员不得接触此类物品，防止发生人为事故。

生活区及工地机电设施，设置接地避雷击装置，每年雷雨季节来临前进行接地检查。

定期进行防火教育，杜绝职工使用电炉，乱扔烟头等不良习惯。

定期组织消防安全检查，及时更换消防器材，消除火灾隐患。

隧道中不得存放汽油、柴油及其他易燃品。

4. 洞口工程

洞口路基及边坡、仰坡断面应自上而下开挖，一次将土方工程做完，开挖人员不得上下重叠作业。在高于 2 米的边坡上作业时应制定专门的安全技术措施。

边、仰坡以上山坡松动危石应在开工前清除干净。

爆破后应清除边仰坡上松动石块后，方可继续施工。地质不良时，边仰坡应采取加固措施。

端墙处的土石方开挖后，对松动岩层进行支护。

隧道门及端墙工程施工应符合下列规定：

砌体工程脚手架、工作平台应搭设牢固，并应设有扶手、栏杆。脚手架不得妨碍车辆通行；起拱线以上的端墙施工时应设安全网，防止人员、工具和材料坠落；起吊作业时机下严禁车辆和行人通行。

（二）开挖、凿孔及爆破作业安全控制要点

1. 开挖、凿孔

开挖到达工作地点时，应首先检查工作面是否处于安全状态，包括支护是否牢固，顶板和两帮是否稳定等，如有松动的石、土块或裂痕应先予清除或支护。

机械凿岩时，宜采用湿式凿岩机或带有捕尘器的凿岩机。

采用风钻钻眼时，应检查机身、螺栓、钻杆、卡套、弹簧、支架及管子接头是否正常完好；湿式凿岩机的供水是否正常；干式凿岩机的捕尘设施是否良好。采用电钻钻眼，应检查把手胶带的绝缘和防止电缆脱落的装置是否良好。电钻工必须戴绝缘手套，脚穿绝缘胶鞋。电气线路上要安装漏电保护器。

钻孔台车进洞时要有专人指挥，认真检查道路状况和安全界限，其行走速度不得超过 25m/min。台车在行走或暂停时，应将钻架和机具都收拢到放置位置，就位后不得倾斜，并应刹住车轮，放下支柱，防止移动。

2. 爆破

洞内爆破必须统一指挥，并经培训持证作业。

爆破器材加工房应设置在洞口 50m 以外的安全地点。严禁在加工房以外的地点改制和加工爆破器材。长隧道施工必须在洞内加工爆破器材时，其加工硐室的设置应符合国家现行的《爆破安全规程》（GB6722-86）的有关规定。

爆破作业和爆破器材加工人员严禁穿着化纤衣服。

进行爆破时，所有人员应撤离现场。

洞内每天放炮次数应有明确规定，装药离放炮时间不得过久。

装药前应检查爆破工作面附近的支护是否牢固，炮眼内的泥浆、石粉应吹洗干净；刚打好的炮眼热度过高，不得立即装药。如果遇到照明不足，发现流沙、流泥未经妥善处理，或可能有大量溶洞水涌出时，严禁装药爆破。

火花起爆时严禁明火点炮，其导火索的长度应保证点完导火索后，人员能撤离至安全地点，但不得短于 1.2m。一个爆破工一次点燃的根数不宜超过 5 根。

爆破工应随身携带手电筒，严禁明火照明。

采用电雷管爆破时，应加强洞内电源的管理，防止漏电引爆。装药时可用投光灯、矿灯或风灯照明。起爆主导线宜悬空架设，距各种导电体的间距必须大于 1m。

爆破后必须经过通风排烟后，经检查人员确认有无"盲炮"及可疑现象、有无残余炸药或雷管、顶板两帮有无松动石块、护有无损坏与变形，在妥善处理并确认无误后，其他工作人员才可进入工作面。

当发现"盲炮"时，必须由原爆破人员按规定处理；装炮时应使用木质炮棍装药，严禁火种。无关人员与机具等均应撤至安全地点。

两工作面接近贯通时，两端应加强联系与统一指挥。岩石隧道两工作面距离接近 15m（软岩为 20m），一端装药放炮时，另一端人员应撤离至安全地点。

（三）洞内运输中的安全控制要点

1. 各类进洞车辆必须处于完好状态，制动有效，严禁人料混载；

2. 进洞的各类机械与车辆，宜选用带净化装置的柴油机动力，燃烧汽油的车辆和机械不得进洞；

3. 所有运载车辆不准超载、超宽、超高运输。

4. 进出隧道的人员应走人道，不得与机械或车辆抢道。

5. 装接渣时，应有联络信号，工作范围不得有人通过。

6. 洞内采取无轨运输时，应做到：

洞内运输的车速不得超过：机动车在施工作业地段单车 10km/h、机动车的非作业地段单车 20km/h、会车时 10km/h；

车辆行驶中严禁超车；

在洞口、平交道口及施工狭窄地段应设置"缓行"标志；

凡停放在接近车辆运行界限处的施工设备与机械，应在其外缘设置低压红色闪光灯，以防止运输车辆碰撞；

在洞内倒车与转向时，应开灯鸣号，有专人指挥；

路面应有一定的平整度，并设专人养护；

7. 隧道工程运输爆破器材时，必须遵守：

在任何情况下，雷管与炸药必须放置在带盖的容器内分别运送，人力运送时，雷管与炸药必须分别运送，不得由一人同时运送。

用人力运送爆破器材时，必须有专人护送，并应直接送到工地，不得在中途停留。

用汽车运送爆破器材时，汽车排气口应加装防火罩，器材必须由爆破工专人护送，其他人员严禁搭乘。雷管或硝化甘油类炸药的装载不得超过二层。

8. 严禁用翻斗车、自卸汽车、拖车、拖拉机、机动三轮车、人力三轮车、自行车、摩托车和皮带运输机运送爆破器材。

（四）对支护的安全要求

1. 隧道各部（包括竖井、斜井、横洞及平行导洞）开挖后，除围岩完整坚硬、设计文件中规定不需支护者外，都必须根据围岩情况、施工方法选用有效的支护；

2. 施工期间，现场施工负责人应定期不定期进行支护检查。当发现支护变形或损坏时，应立即整修加固；

3. 洞口地段和洞内水平坑道与辅助坑道（横洞、平行导坑等）的连接处，应加强支护或及早进行永久衬砌；

4. 洞内支护，应随挖随支护，支护至开挖面的距离一般不得超过 4m；

5. 不得将支撑立柱置于废渣或活动的石头上；

6. 开挖漏斗孔应加强支护，并加设盖板；

7. 爆破作业宜采用光面爆破或预裂爆破，爆破后应清除危石，喷锚支护的脚手架应牢固可靠，注浆管喷嘴严禁对人放置；

8. 当发现已喷锚区段的围岩有较大变形或锚杆失效时，应立即在该区段增设加强锚杆，其长度不小于原锚杆长度的 1.5 倍；

9. 当发现测量数据有不正常变化或突变，洞内或地面出现裂缝以及喷层出现异常裂缝时，均应视为危险信号，必须立即通知和组织作业人员撤离现场，待制定处理措施后才能继续施工。

（五）对衬砌的要求

1. 随着隧道各部开挖工作的前进，应及时进行衬砌或压浆，特别是洞门的衬砌和地质不良地段的洞口衬砌；

2. 衬砌使用的脚手架、工作平台、跳板、梯子等应安装牢固，靠近通道的一侧应有足够的净空，以保证车辆、行人的安全通过；

3. 脚手架及工作平台上的设置符合国家高处作业的有关规定；

4. 脚手架及工作平台上所站人数及堆置的建筑材料，不得超过其计算载重量；

5. 机械转动部分应设有防护罩；

6. 用石料砌筑边墙时，应间歇进行。当砌筑高度到 2～3m 时，应停止 4h 后，方能继续砌筑。若墙后超挖过大，回填层应逐层用干（浆）砌料填塞，以免坍塌；

7. 压浆机在使用前应进行检查并试运转，操纵压浆喷嘴人员应佩戴护目镜及胶皮手套。压浆时，掌握喷嘴的人员必须注意喷嘴的脱落，并设法躲避。检修和清洗时，应在停止运行、切断电路、关闭风门后，方准进行；

8. 采用模板台车进行全断面衬砌时，台车距开挖面的距离不得小于 260m，台车下的净空应能保证运输车辆的顺利通行。混凝土灌筑时，必须两侧对称进行。台车上不得堆放料具，工作台应满铺底板，并设安全栏杆。拆混凝土输送软管时，必须停止混凝土泵的运转；

9. 严禁在洞内熬制沥青。

（六）隧道作业的环境标准

1. 粉尘允许浓度：每立方米空气中，含有 10% 以上游离二氧化硅的粉尘必须在 2mg 以下；

2. 氧气不得低于 20%（按体积计，下同）；

3. 瓦斯（沼气）或二氧化碳不得超过 0.5%；

4. 一氧化碳浓度不得超过 30mg/m³；

5. 氮氧化物（换算成二氧化碳）浓度应在 5mg/m³；

6. 二氧化硫浓度不得超过 15mg/m³；

7. 硫化氢浓度不得超过 10mg/m³；

8. 氨的浓度不得超过 30mg/m³；

9. 隧道内的气温不宜超过 28℃；

10. 隧道内的噪声不得超过 90Db。

（七）隧道作业中的有关通风及防尘要求

1. 隧道内空气成分每月至少取样分析一次。风速、含尘量每月至少检测一次；

2. 隧道施工时的通风，应设专人管理。应保证每人每分钟得到 1.5～3m³ 的新鲜空气；

3. 无论通风机是否运转，严禁人员在有风管的进出口附近停留，通风机停止运转时，任何人员不得靠近通风软管行走和软管旁停留，不得将任何物品放在通风管或管口上；

4. 施工时宜采用湿式凿岩机钻孔，用水泡泥进行水封爆破以及湿喷混凝土喷射等有利于减少粉尘浓度的施工工艺；

5. 在凿岩和装渣工作面上应做好防尘工作。

（八）有关照明的规定和要求

1. 隧道照明灯光应保证亮度充足、均匀、不闪烁。有独立的供电线路。

2. 隧道内用电线路，均应使用防潮绝缘导线，并按规定的高度有瓷瓶悬挂牢固。

3. 隧道内各部照明电压应为：

开挖、支撑及衬砌作业地段为 12 ～ 36v；

成洞地段为 110 ～ 220v；

手提作业灯为 12 ～ 36v；

隧道内的用电线路和照明设备必须设专人负责检查修理，检修电器与照明设备时应切断电源；

在潮湿及漏水隧道中的电灯应使用防水灯口。

（九）有关排水的规定和要求

1. 在有地下水排出的隧道，必须挖凿排水沟。

2. 抽水机械宜采用电力机械，不得在隧道内使用内燃抽水机。

3. 隧道开挖中如预计要通过涌水地层，且采用超前钻孔探水，查清含水层厚度、岩性、水量、水压等，为防治涌水提供依据。

4. 如发现工作面有大量涌水时，应立即令工人停止工作，撤至安全地点。

（十）隧道通过突水、突泥地段的施工原则

突水、突泥地段施工方案制定原则："以堵为主，限量排放，排堵结合，综合治理的方法"。具体方法是：采用超前导管、管棚、正面深孔压浆，堵塞渗水通道，结合管道排水，将绝大部分地下水尽可能封堵在围岩外，少量水由隧道排放，避免洞内出现大量水而影响施工。对于间歇性涌水采用泄水孔进行排水，配足抽水设备，以备施工段发生突水时急用。

（十一）隧道通过岩溶地段的施工原则

隧道通过岩溶地段本着"稳妥可靠、保证工期、经济合理，不留隐患"的目标，坚持"以堵为主，限量排放，排堵结合，综合治理"的原则治理岩溶水，坚持"短进尺、弱爆破、强支护、早封闭、勤测量"的原则通过岩溶地区。

（十二）隧道岩溶水处理

1. 注浆堵水，加固围岩。

2. 引排水（暗沟排水、涵洞和泄水洞排水、渗沟及铺砌排水）。

3. 综合治理。

（十三）隧道通过顺层、滑坡地段的施工安全控制措施

滑坡是由于地壳运动产生的破碎薄弱带（如断层、褶曲等），经水流长期侵蚀冲刷作用而形成，加之重力作用，而形成滑坡。

顺层是岩体层理方向与线路方向平行，且岩层层面较光滑，层间结合力差，或受节理相交的影响，岩体相对破碎，故一旦坡脚遭到破坏，岩体会顺层塌滑现象。

隧道通过顺层、滑坡地段的处理方法：

1. 加强排水工作，将地表水远引，地下水引排或堵截。使滑坡体始终保持无水干燥。

2. 刷方卸载。

3. 加固坡面岩体，提高其整体强度和稳定性。

4. 挡护坡脚。

（十四）隧道通过煤层、瓦斯、采空区的施工安全措施

煤系地层中修建隧道存在三个技术困难：一是煤系地层多数含有瓦斯，有瓦斯爆炸危险；二是瓦斯压力高的地层，存在煤与瓦斯突出的可能，在地应力和瓦斯的共同作用下，破碎的煤和瓦斯突然喷出，造成灾害；三是煤系地层一般为软弱围岩，尤其是煤层中的软分层，用手可捻成粉末状。巷道地层压力大，稳定性差，支护施工要求高。

施工中需解决三个问题：一是瓦斯隧道的防爆；二是瓦斯隧道的防突；三是瓦斯隧道的开挖及支护。

1. 瓦斯隧道的施工

根据瓦斯隧道不同地段的瓦斯涌出量和压力情况，施工中对非瓦斯工区、一般瓦斯工区、严重瓦斯工区、有煤与瓦斯突出危险工区进行合理划分，在施工方法和施工机械上区别对待，简化施工和降低造价，如一般瓦斯工区除加强通风和瓦斯监测外，可采用普通的非防爆施工机械和电气设备；严重瓦斯工区则采用防爆设备；有煤与瓦斯突出危险工区除采用防爆设备外，还应有防突措施和相应装备。

2. 开挖及支护

瓦斯隧道的开挖以有利于通风、有利于防治瓦斯为前提，除考虑施工进度、岩层条件、施工机械、掘进断面因素外，还需考虑爆破作业对围岩的影响及爆破效果等因素。

瓦斯隧道的开挖采用正台阶法，台阶长度根据地质和施工条件而定，一般以长台阶较好，能够尽早形成上部巷道式通风。瓦斯比空气轻，聚集在隧道顶部，隧道开挖爆破必须使用煤矿安全炸药和瞬发电雷管，使用毫秒电雷管时，最后一段的延期时间不得超过130ms。

采取光面爆破，开挖周边力求圆顺，尽量避免尤其是顶部出现凹穴、空洞、死角形成瓦斯积聚。

开挖后及时进行喷锚支护，封闭围岩、堵塞岩隙，防止瓦斯继续溢出。

采用带仰拱或加厚铺底的封闭式复合衬砌，初期支护厚度不宜小于 15cm，二次衬砌厚度不宜小于 40cm，采用气密性混凝土就地灌注，加强捣固，不仅有利于施工安全，也有利于隧道竣工后运营期间的安全。

3. 施工通风

瓦斯隧道的防爆工作极为重要，而防爆的关键，除了诸如火源不得进洞、采用防爆机械等措施外，主要还是依靠施工通风。通风有两个目的，一是冲淡和稀释瓦斯，二是防止瓦斯在角隅和洞顶滞留。前者主要与风量有关，后者则与风速有关。

（1）施工通风原则

采用压入式或巷道式机械通风。

主扇的能力应满足全工区通风的需要。

局扇和主扇的通风应达到以下目的：

①洞内工作人员最多时，能保证每人每分钟有 4m³ 新鲜空气供应；

②洞内各开挖面同时放炮，应能保证在 30min 内通风完毕，使炮烟浓度稀释到规定浓度要求；

③施工通风的风量应能保证洞内各部位的瓦斯浓度不超过规定浓度；

④施工通风系统应能每天 24h 不停地连续运转，在正常运转时，洞内各部位的风速不应小于最小允许风速。

主扇应有同等能力的备用风机。

每个工区的局扇应有一定数量的备用量，局扇应安装风电闭锁装置，通风管应具备阻燃和抗静电性能。

（2）防止瓦斯局部聚集措施

提高光面爆破效果，使巷道壁面尽量平整，达到通风气流顺畅；

及时喷混凝土封堵煤（岩）壁面的裂隙和残存的炮眼，减少瓦斯渗入巷道；

向瓦斯聚集部位送风驱散瓦斯。

4. 施工机械及供配电

（1）施工机械及电气设备

为解决防爆问题，采用以电力为主的有轨运输及与其配套的施工机械；进入隧道的施工机械及电气设备应具有防爆或隔爆性能，机具外表应有明显的隔爆检验认可标记，对于普通常用的非隔爆机电设备，一律严格禁止进入瓦斯隧道内安装使用。

（2）供配电要求

电源：瓦斯隧道施工用电设备应设有两条回路。

电压：高压不大于 1000V，低压大于 380V，电压波动范围：高压为额定值得 ±5%，低压为额定值的 ±10%。

照明供电：采用单独照明系统，除常规保护外，设高灵敏度可调漏电保护装置，保证防爆要求和人身安全。

供电系统的"三专""两闭锁"：即瓦斯隧道内供电系统有专用变压器、专用开关、专用供电线路；瓦斯浓度超标时与供电闭锁，局部通风与供电闭锁。

其他安全措施：洞外电力变压器由 Rw4—10 跌落式熔断器作常规保护；洞内开关柜对电缆作漏电时的断电保护；所有供电装置均为中性不接地，能将漏电电流限制为最小引燃电流，消除跨步电压及杂散电流；设置独立的接地保护网，所有机电设备外壳与保护网采用软铜线连接；为防止洞外杂散电流经钢轨进入洞内，洞口位置的钢轨连接处设置绝缘接头，并将洞外轨端接地；设有高灵敏度漏电保护，并实施"瓦电""风电"闭锁。

现阶段，由于隧道工程的施工技术较为复杂且管理难度较大，导致在实际施工过程中各类安全风险的生成概率也明显增多，这不仅会影响到隧道工程的施工质量与施工工期，更会对人们的生命安全造成威胁。对此，应从隧道工程施工安全风险入手，细致分析出安全风险的成因，并由此制定出相应的解决措施及安全风险管理方法。唯有如此，才能确保隧道工程施工安全得以保障，也才能够为铁路与公路工程的建设做出相应的推动。

二、隧道工程施工安全风险的构成因素

（一）地质因素

所谓隧道工程，即是在铁路、公路施工中，由于连续施工因地质情况而中断，进而所进行的横穿山体工程。由于山体结构各异，且地质情况复杂，如山体表面植被匮乏，在遭遇强降雨时便会出现山体滑坡风险；又如山体内部岩体存在断裂面，则会由于施工中的振幅增加，而造成岩体坍塌等危害。此类施工中的安全风险，均归属于地质因素所导致的风险类型。

（二）施工技术因素

由于隧道工程的施工难度较大，且山体结构各异，将导致施工难度明显增加。基于此，便需要有与之相对应的施工技术来确保施工质量与施工安全。然而，由于施工人员自身的技术水平较低且安全意识欠缺，将会导致施工中安全风险出现的概率增加。例如：某隧道工程在进行衬砌层施工作业时，未能一次性完成施工作业，并通过两侧同时浇筑的方式进行施工，这使得浇筑后连接位置处的合缝效果欠佳，致使衬砌层不具备较高的承重能力，在外力影响下，便出现了坍塌现象，且坍塌范围达到数百平方米。这便是施工作业中的施工人员，未能细致掌握衬砌层施工技术，并且未能在施工前进行细致的安全勘测所导致。

（三）施工环境因素

在铁路、公路工程施工中，施工环境因素是影响施工质量与施工安全的重要因素，而隧道工程作为整个工程建设中重要的组成部分，由于其施工难度较高，这也使得其受到施

工环境因素影响的程度也明显提高。例如：若在进行隧道工程施工处，距离水源较近，或施工山体地下土体透水率较大，则会因土体下陷而导致隧道内支护位置产生安全隐患，甚至危害到施工人员的人身安全。

三、隧道工程施工安全风险的管理措施

（一）建立健全风险管理体系

施工安全风险管理体系的建立与健全，是促进隧道工程施工管理的重要方式与手段。首先，从隧道工程原有的施工管理体系出发，使其与施工现场的各类危险因素相结合，以此对隧道工程的施工方案、工艺与技术应用以及施工工序等做出详尽且明确的制定。同时，通过各类相同或类似的隧道工程项目，总结出各类风险及危害的成因，利用专业的技术与过硬的施工质量予以弥补，并且，要对风险类型有更为清晰的认识，便于具有针对性应急预案的制定，如此便可显著降低隧道工程施工中所出现的安全风险及危害隐患。此外，还需逐步完善管理部门的相关管理理念，通过全新的技术形式与管理模式，形成更具时效性与针对性的管理，从而促使施工安全风险管理工作，在风险管理体系的促进下，形成可持续化的优质管理模式。

（二）提高施工人员的综合素质

由于隧道工程施工队伍中的施工人员大多不具备较高的文化水平，文化程度相对较低，在进行隧道工程施工时，也大多依靠以往的工程施工经验进行作业，这对于施工技术难度相对较高的隧道工程而言，将会产生极大的不利影响。对此，应在施工前期做好施工人员的培训与教育工作。一方面，施工单位应对参与隧道工程施工的人员进行专业化知识与岗位技能培训，促使其整体施工技能显著提升，进而减少施工中安全风险的出现。同时，更要对施工人员进行安全意识方面的教育，使其在工作中具备良好的风险防范意识。另一方面，在进行施工作业前，更要针对此隧道工程的实际情况与设计方案，对施工人员进行前期的技术交底，如此便可显著改善现阶段隧道工程施工中，施工人员技术与意识普遍偏低的现状，并且，随着施工人员技能与意识的提升，再对其实施安全风险管理也将更见成效。

（三）强化地质评估工作

地质评估工作，是显著提升隧道工程施工安全系数的有效手段。为确保隧道工程的安全施工，应在施工前，对施工现场环境做细致的地质结构勘察与检测，并同步进行施工安全风险评估工作。而且，还应进行各类相关资料的收集，这其中便涉及地质、环境、气候以及山体结构等方面的相关数据资料。唯有将相关资料准备齐全，并通过细致的分析，才能确保施工中安全隐患的避免与消除，也才能对有可能会发生的风险进行规避。需要注意的是，此类资料应具备极高的准确性，以此确保安全风险管理工作的顺利实施。

（四）加强施工安全管理

首先，在开展施工作业前应当建立健全的具有针对性的应急预案，并予以贯彻执行，还应当定期组织相应单位、人员开展应急演练；其次，在隧道施工作业中应当对超前地质预报与地质监测予以足够的重视，须及时依据其进行掘进方式、支护方式等作业内容的调整；再次，应当强化对民爆器材、作业机械、作业设备、作业车辆与用电用气的检查与管理，发现问题应及时处理解决；最后，应当定期对隧道项目展开专项检查以及综合检查，如若存在问题须及时告知相应人员，并督促责任方进行整改处理，待整改结束后应进行闭合检查。此外，隧道的施工安全管理工作应当随着施工作业的进行予以及时的更新，实行动态化安全管理、立体化安全管理。

第七章 公路交通

第一节 交通工程现状及任务

一、我国交通工程的发展现状

（一）缺乏专业标准规范

由于我国交通工程起步较晚，在交通工程设计和施工中缺乏严格的规范和标准，导致交通工程的发展缓慢。在交通工程的施工设计中，由于施工场地缺乏严格的调查，工程设计与现实脱节。根据施工过程中的施工情况，可以发现工程设计存在的问题，需要对施工进行改造，以增加工程量。由于缺乏专业标准，交通工程设计不能按照标准设计，导致工程设计标准和区域经济效益不适应，影响交通工程的未来使用价值。

（二）交通工程管理不科学

交通工程是全人类共有的公共资源，交通工程的使用直接关系到所有人的安全。我们国家的交通工程在实际使用过程中，由于工程管理部门和业务部门无法保持协作的统一，未能实现交通信息共享，致使资源无法共享。典型表现为：公路管理部门对公路工程施工、收费、电子监控设备的维护，但由于归属部门的不统一，无法实现信息资源的共享导致配套设施的重复建设，严重浪费国家资源。

（三）交通工程设施无法同先进技术手段相结合

交通设施是能确保交通顺畅，确保交通安全所需的基本条件和设施。良好的交通设施是保证交通安全的基本要求。随着我国科学技术的不断进步，将先进的技术集成到交通设施中，利用先进的技术来提高交通安全是必要的。由于条件的限制，先进的科学技术的结合不能在运输设施中得到维护。主要表现是：

（1）未充分利用交通设施监控录像设施。在交通基础设施建设中，充分利用视频监控系统实时检测交通状况，能够快速收集交通信息，改善障碍物和快速通道，控制效果，可以减少交通违规的次数。

（2）交通设施很少使用资源共享。由于交通设施缺乏资源共享，无法预测前方道路的交通状况，是否存在恶劣天气，是否存在交通拥堵和排队拥堵等问题。如果不能共享资源，就不能充分发挥交通设施的重要作用，交通也不顺畅、安全。

（3）交通设施规格和数量不足。近年来，我国交通工程建设取得了巨大的发展，交通设施种类不断扩大，交通容量也得到了提高。然而，我国交通设施的设计和使用仍存在诸多不足，表明限速标志较少，限速标志设计不规范，设计不针对性。例如，在边角、陡坡、大桥路更加复杂，由于缺乏限速标志和限速标志，导致安全隐患，不利于行车安全。

二、交通工程的任务

（一）交通工程的可持续发展

可持续发展作为一种新的发展理念，伴随着城市发展的进程。随着我国机动车数量的快速增长，汽车尾气和噪声污染引起的污染和污染日益受到人们的关注。空气污染造成的经济损失也影响着城市经济的发展。在这种情况下，如何提高资源利用率，改善交通污染状况，促进交通和环境的可持续发展，成为一个重要的课题。目前，中国的交通需求大幅增加，资源和能源紧缺。为交通工程寻找可持续发展道路是当务之急。结合我国实际交通环境，需要建立一个完整的交通规划和完善管理政策，增加公共交通管理和发展等方面的资金、政策和税收公共交通工具的支持，通过交通规则和限制高污染和低效率的交通工具，减少能源消耗。

在土地使用率高、客流大的地区，公共交通工具，如轻轨和地铁，公共危险小，体积大，土地少，是满足城市交通和客流需求的选择。在拥挤的商业中心地区，应鼓励自行车骑自行车、步行，并在道路上设置自行车道和步行道。

（二）利用车载智能系统，提高交通工程设施的现代化程度

交通工程设施建设的核心是以人为本，其主要目的是为人民服务。因此，在交通监督管理中，必须以人为本。智能系统的建立完全是人类服务的基本目标，旨在为人们提供及时的信息、方向指示交通距离、车辆信息等信息服务。通过使用智能车辆系统，合作车辆驾驶员可以在旅途中解决各种问题，并有助于提高驾驶的安全性和方便性。除了在私家车上使用车载智能系统外，公共交通客流设置、实时监控道路交通，及时的交通信息，有利于降低生活成本，提高交通安全。利用车载智能系统，支持交通设施建设，逐步完善交通工程设施现代化，确保交通工程为社会发展和经济建设提供足够的动力。

第二节　公路交通组织规划

一、公路网交通组织规划概述

（一）交通组织规划定义及必要性分析

交通组织规划，通常是指道路交通管理部门根据国家有关法律、法规，综合运用交通工程技术、智能交通技术、交通法规、行政管理等综合措施，对道路上运行的交通流实施疏导、指挥和控制工作。

随着国家基础设施建设力度不断加大，各地都在积极推进公路建设，但是由于公路规划建设不合理以及机动车保有量的急剧增加导致的公路交通拥堵及交通事故也屡见不鲜。由于道路建设速度总是跟不上机动车增长速度，这就要求我们将注意力从道路建设转移到如何更大程度地挖掘现有道路设施的潜在通行能力上来。进行交通组织规划的目的，就是在于充分发挥现有及规划公路网的效能，合理协调局部利益与整体利益之间的关系，提供适宜的运行条件，解决整个公路网系统中交通流分布不均衡、流量和流向不合理等问题，在最大程度上消除由于道路规划设计不合理导致可能发生交通事故的隐患，改善公路交通秩序，科学、合理组织交通流，实现公路的安全与畅通。

（二）交通组织规划主要内容分析

区域公路网交通组织规划在一定程度上影响着一个地区的公路服务水平，同时也影响着公路网的整体运行效率。进行交通组织规划的目的就是最大限度地提升该地区公路服务水平，使车辆在公路网的运行中更加高效、便捷。

一个完整的网络由点、线、面组成，简单来说，公路网也由这三部分组成。在进行区域公路网交通组织规划时，我们将主要内容分为节点交通组织规划、路段交通组织规划、局域路网交通组织规划以及宏观交通组织规划四个方面。

1. 节点交通组织规划

节点是公路网中不同等级道路之间进行车流转换的重要通道，其作用不言而喻，节点处科学、合理的交通组织对于整个公路网运行效率的提高具有非常重要的意义。本节中所涉及的节点交通组织规划主要内容有：节点交通流控制、平交路口渠化、交叉口信号控制、环岛交通组织、立交交通组织。

2. 路段交通组织规划

路段是路口导向车道以外的道路，路段上的车道称为行车道，路段占据了公路网的大部分里程，大部分的车流在路段上运行。路段交通组织规划，是公路网交通组织规划的重要组成部分，本文探讨的主要内容有：路段横断面对交通组织的影响、路段车速组织、辅助车道组织、路段交叉口间距。

3. 局域路网交通组织规划

局域路网可以看作是一个放大了的公路节点，从某种意义上说，我们可以按照点段交通组织规划的思路进行局域路网交通组织。其要求在局域路网内部时间流量上进行削峰填谷，空间上进行微观调整优化，在局域路网外部空间流量上要以拉密补稀为主，解决路网负荷不均衡的问题。

4. 宏观交通组织规划

宏观交通组织规划是从需求控制出发，按照路网压力时间空间均衡分布的要求，在政策、策略、措施层面进行交通组织。而微观点段交通组织规划多从方法层面进行组织，也即微观点段及局域路网交通组织规划侧重从战术上进行组织，而宏观交通组织规划侧重从战略上进行组织。其主要包括：机动车增长速度控制、高速公路"客货分离"组织、公路收费组织。

（三）交通组织规划原则

区域公路网交通组织管理应用的是交通工程的基本技术原理，在实际的交通组织规划工作中，应遵循以下交通工程中的基本技术原则。

1. 交通分离原则

采用科学的交通管理手段，对不同方向、不同车种、不同特点的交通流在时间或空间上进行分离，使道路上的各种车辆、行人各行其道，按顺序行驶。它是维护交通秩序、保障交通安全的一条基本原则。交通分离有时间分离和空间分离两种形式：

时间分离，它是指在同一道路空间，各种不同交通形态利用不同的时间通行，以减少道路上集中的交通负荷，一般靠信号相位来完成；对于路口内的冲突分离，一般靠交通流的优化组合放行方法来实现。

空间分离，它是交通分离最理想的形式，是指各种不同的交通形态，在不同的道路平面或者在同一道路平面内，用道路工程设施或者交通管理工程设施分隔行驶，以减少不同性质和不同方向的交通流的相互干扰，从而消除交通流的冲突，一般靠交通标志、标线、隔离等来实现。

2. 交通连续原则

交通连续原则即保证大多数人在交通活动过程中，在时间、空间、交通方式上不产生间断。例如在交通渠化方面，路段上的行车道要对应着路口直行导向车道，以保证直行车流不变换方向；路口进口导向车道要对应出口车道，以保证车流通过路口连续；信号灯实现绿波带，以保证车流通过整条道路时间上的连续等等。连续搞得好，行人流量可以减少，车流行驶可以高效、有序。

3. 交通负荷均分原则

交通负荷均分，是指充分利用现有的道路条件，控制和调节交通流量，对交通流进行科学的调节、引导，使整个路网的交通流在时间或空间上均衡分布，路网各点交通压力逐步趋于大小一致，不至于由于某一点压力过于集中而造成交通拥堵的一种交通组织方法。交通优化实质上也是交通压力转移的过程。把路网中拥堵地区的交通压力转移一部分给非拥堵地区，即为交通负荷均分，关键在于转移多少交通压力和转移到哪里去核实，这是交通组织规划工作的重点和难点。

交通负荷均分又分为时间性交通负荷均分和空间性交通负荷均分两类。时间性交通负荷均分是指将出入一定区域的交通流量在时间上进行合理调配，调节该地区道路上不同时段的交通流量，均衡不同时段的交通负荷；空间性交通负荷均分是指将出入一定区域的交通流量在空间上进行合理调配，调节该地区不同道路上的交通流量，均衡不同路段的交通负荷。

4. 交通总量削减

也叫交通总量控制，是指最大限度地减少交通参与者的数量，缩短交通参与者的运行时间，减少交通参与者所占用的道路面积。

5. 置右原则

按照车道分布，从左至右交通流速度依次降低来分配车道，即流层，按照交通流层流动态规律分配车道，层间行驶阻力最小，发生冲突的机会最少，并且层间速度差也最小。反之则易产生大量的并线变道，频繁的合流分流引起交通紊流，造成拥堵和事故。

6. 优先原则

优先是指对某一种车给予特殊待遇，有车种优先及流向优先，如小轿车专用道、公交专用道（优先道）、直行车流优先、主路（或环岛内）车流优先等。

（四）交通组织规划新理念

1. 以人为本

公路网交通组织不同于城市道路交通组织，公路上行人较少，但是我们还是应抱着"以人为本"的态度科学、合理地进行交通组织规划。这里我们主要考虑在交通组织措施实施的过程中，要为机动车驾驶员考虑，一切组织方法实施的过程中，都要伴随着"以人为本"的理念。比如为设置中央分隔带隔离对象车辆，在事故多发路段设置醒目的警告标志，在无信号控制平面交叉口前设置醒目的指路标志、施划减速标线等。

2. 安全

进行交通组织规划的目的之一就是为了提高公路行车安全性，在一些地方由于没有进行科学合理的公路网规划，导致公路交通秩序混乱，交通负荷严重失衡，事故多发点较多，恶性交通事故屡见不鲜，甚至有些地方被称为"夺命黑点"。公路上车辆行驶速度较高，安全理念必须贯穿公路设计、建设、交通组织规划的始终，比如深入分析交通事故原因，对事故多发地段进行重点组织规划，对路段行车速度进行限制，合理的交岔口渠化等都是从交通安全角度出发来考虑的。

3. 通畅和通达

通畅和通达是公路网交通组织规划中需要重点考虑的。公路按照功能划分为：干线公路、集散公路、地方公路，其中干线公路包含高速公路，它承担着跨区间长距离的机动车交通运输，主要提供交通功能，公路两侧开口较少。它连接具有全国性政治、经济意义的枢纽城市及具有特殊功能的要地，以通畅和安全性高为主要目标，因此，在交通组织规划中，应采取各方面措施减少对干线公路的干扰，以实现干线公路极高的通畅性，集散公路主要服务于地区内的出行，连接的城镇一般具有地区性重要的政治、经济意义，同时也连接了区域内重要的商品集散地。集散型公路需要兼具通畅性和通达性，一方面车流由地方公路经集散公路完成到干线公路的汇集，另一方面车流由干线公路分流到地方公路上。地方公路主要服务于较短的出行，提供到相邻地区的出入口，它连接了乡村及其他小型交通发生地。地方公路应具有较高的通达性，以使各地分散的交通流能够通过地方公路汇集。

4. 可持续发展

由于公路建设的速度远远跟不上机动车保有量的增长速度，各地虽然在积极推动公路建设，但是局部地区的交通拥堵仍然不断发生。在这里，我们引入可持续发展理念，是指公路交通、经济、资源和环境相互协调，既能满足现在的需求，又不对未来构成危害的发展。在进行交通组织规划时，应综合考虑各方面因素，交通组织措施要做到适度超前，以满足未来交通出行需求。

二、交通组织规划思路分析

在对区域公路网进行交通组织规划之前，必须进行充分的交通调查，这包括：交通特性、交通量、道路等级、OD 矩阵等参数。在调查之后进行数据的整理分析，对区域公路网交通运行状况进行分析，通过各种形式反映出来，总结现状道路网运行存在的问题及可能改善的地方。

进行公路网交通组织规划应以交通流时空优化为原则，以提高公路网的安全性、畅通性为目的，通常我们从以下几个方面进行组织规划：

（一）公路几何设计优化

公路几何要素的交通组织是通过道路交通标志和标线的方式来实现的，通过科学的交通工程设计，使道路交通标志更加规范，标线更加科学，并与实际交通情况对应，合理组织车流，引导车流。保障公路交通安全，提高交通效率。

1. 公路无信号控制路口渠化常用设施

（1）常用标志

常用标志主要有：停车让行标志、减速让行标志、干路先行标志、交叉路口标志，对有禁限措施的路口应加禁令标志（含辅助标志）、指路标志等。

（2）常用标线

常用标线主要由：停车让行标线、减速让行标线、中心线、车道边缘线、停止线等。

2. 公路信号控制平交路口常用设施

（1）常用标志

常用标志主要有：指路标志、导向车道标志，对有禁限措施的路口应加禁令标志（含辅助标志）、准许掉头标志等。

（2）常用标线

常用标线主要有：中心隔离线、停止线、导向车道线（含导向箭头）、导流线、导流岛等。

3. 平交路口渠化应注意的问题

尽可能利用路口有效空间面积，使冲突点相对固定和集中；

如有条件尽可能增加进出口机动车道，以求与路段通行能力匹配；

在路口内要保证机动车有足够的行驶空间，以避免产生交通延误和事故。

路段行车道要对着路口直行导向车道，并提前进行路面车道以减少路段车辆并线变道；

结合信号相位设置导流线。

对于正规十字形平交路口和T形平交路口的渠化和信号相位设置，应统一协调考虑。导向车道分不开流向的，信号相位也不分开，将导向车道中的流向组在一个相位中，而导向车道可以分出专用流向的，如专左、专直、专右车道，则信号相位上可以设置专左相位、专直相位和右转专用相位。但是如果路口禁止左转弯，则路口与路段结合部的车道渠化不能按照常规画法设计，而应按照内侧直行导向车道与内侧行车道直接相通的方式进行设计。

（二）交通信号控制要素优化设计

交通信号控制是常用的交通组织手段，通过交通信号灯的指示轮流给各个方向的交通流通行权，从而实现交通分离，减少冲突点，保障交通安全，提高交通效率。

1. 信号灯分类

交通信号灯分为交通指挥信号灯、车道信号灯和图案信号灯三种。指挥信号灯为红黄绿三色圆形信号灯，绿灯表示左、直、右三个流向上都有通行权；黄灯表示已通过停止线的车辆继续向前通过路口，未通过停止线的车辆应在停止线后停车等候；红灯表示直、左车辆在停止线后等候，右转车辆在不影响被放行方向的车辆正常通行的条件下可以右转弯行驶。多用于两相位信号控制。

车道信号灯为箭头信号灯，某一流向绿灯时表示该流向有通行权，可以通过路口；某一流向红灯时表示该流向无通行权，不能通过停止线。多用于多相位信号控制。

图案信号灯用于不同的作用对象，有非机动车信号灯和行人信号灯。有时为了冲突分离彻底，往往把非机动车信号灯和箭头信号灯结合使用。有时为了明确交通信号灯的作用对象和作用条件，也可以在信号灯下加辅助标志加以说明。

2. 信号相位方案的确定

信号相位方案是将信号轮流分配给某些方向的车辆或者行人以便确定通行顺序，即在一个信号周期内安排若干控制状态，并合理地安排这些控制状态的显示次序。两相位信号控制方案应用较为广泛，适合于各种渠化条件。然而，若在交叉口进口道上设有专用左转车道时，根据交叉口放行方法，交叉口各个方向到达流量的均衡性等多种因素，可选用多相位信号控制。

（1）根据交叉口交通流的通行次序确定信号相位

在确定交叉口交通流的通行次序时，要注意减少或者消除交通流的冲突。通常采用的办法有冲突点的空间分离和时间分离。

冲突点的空间分离：一般常用交通渠化的方法，把随机冲突点固定下来，利用路口的导流带、导向线、导向车道以及停车线、人行横道线等交通标线，缩小路口冲突范围，隔离不同车中、流向的交通流，把空间上冲突点的个数降至最低，为时间分离和让行分离打好基础。冲突范围越小，冲突点个数越少，管理上越容易进行分离和控制。

冲突点的时间分离：对空间渠化以后仍然无法消除的冲突点，可以采用信号控制的方式，在冲突点的通过时间上进行分离。从理论上讲，多相位的信号控制可以减少或消除冲突点，但相位设置越多，绿灯损失时间越多，信号周期也越长。在混合交通条件下，我们不仅要分离不同流向的交通流，还要分离不同车种的交通流。对于路段上有行人的控制，在行人流量达到一定程度后，可以设立行人过街信号灯，达到在时间上分离机动车和过街行人冲突的目的。

（2）信号相序的确定

对于两相位信号控制，不存在相序问题。而对于多相位信号控制，则要按交叉口内秩序不乱、交叉口内空闲时间最少来确定相序。按照上述要求，一般为先放直行后放左转为宜。如果干线公路机非隔离带过宽时难以设置非机动车禁驶区或二次停车线，宜先放左转为宜，避免交叉口内秩序混乱。

（三）交通需求控制要素优化设计

交通需求控制，是指最大限度地减少交通参与者的数量，缩短交通参与者地运行时间，减少交通参与者所占用的道路面积。

当一个路口或路网总体交通负荷接近于饱和时，已没有交通压力转移的余地，可以采取总体禁限部分车种行驶，来削减路口或路网的总流量。也可以采取供需互动关系来调整路口或路网总体负荷。

路口交通需求控制可以通过在路口设置流向禁限，包括路口禁止左转弯、禁止直行和禁止右转弯等。区域路网交通需求控制，可采用区域总量控制的方式来实现。

（四）多要素的组合优化设计

交通组织规划是个综合问题，在实际工作中，需要以上几种因素进行科学的组合。在交通组织规划中，通过提高路口的时空利用率，提高单点的通行能力；通过区域交通流线设计，提高路网的整体通行能力和通行效率；通过合理的、人性化的设计，将宽容性理念融于交通工程设计之中来弥补由于道路规划设计缺陷造成的交通问题。

三、交通组织规划理论

（一）公路交通需求预测

公路网规划中的交通需求发展预测包括社会经济发展预测、综合交通运输发展预测、公路交通运输发展预测、公路运输量分布预测及公路交通量分配预测五个方面。

1. 社会经济发展预测

社会经济发展预测的预测指标包括未来规划年份的区域总人口及其分布、工农业总产值及其分布、人均国民收入及消费水平等。社会经济发展预测以政府部门发展规划、区域经济发展规划及现状调查的统计分析资料为基础进行。

2. 综合交通运输发展预测

综合交通运输发展预测的预测指标包括区域综合客货运输量的预测及在各交通校区的分配。预测方法有时间序列法、回归分析法及弹性系数法。

时间序列法是利用历年的运输量资料进行趋势分析来预测未来的运输量，一般要求手中资料的年份超过预测年份，这是一种宏观的趋势分析法，分析简便但精度不高。

回归分析法是利用历史资料简述运输量与影响运输量的各因素之间的相关关系，用回归模型来预测未来的运输量，这种方法是本质的微观分析法，虽然烦琐但精度较高。

弹性系数法是根据交通运输量的增长率与国民经济增长率之比在一定时期内相对稳定这一特点来预测运输量，精度介于以上二者之间。

3. 公路交通运输发展预测

公路交通运输发展预测的预测指标包括区域公路客货运输总量及个交通小区的公路客货运输发生量、吸引量。预测方法有车辆效率法、分担率法及弹性系数法。

车辆效率法是根据区域及各交通小区将来可能拥有的客货车辆拥有量及运载效率来预测公路客货运输的运输量。

分担率法是根据将来各运输方式的运输能力将前面确定的综合运输量分解为各运输方式的运输量。

弹性系数法是根据公路交通运输量的增长率与国民经济增长率之比，在一定时期内基本稳定这一特点来预测公路运输量。

4. 公路客货运输量分布预测

公路客货运输量分布预测是将前面预测的各交通小区公路客货运发生量、吸引两转变成交通小区之间的空间分布量，即（H）矩阵。公路交通分布预测方法主要有增长系数法及重力模型法两大类。

5. 公路交通量分配预测

公路交通量分配预测即是把预测的（H）矩阵分配到具体的公路网络上，产生公路交叉口及路段交通量。公路交通分配方法通常有：最短路分配、容量限制 - 增量加载分配、多路径分配及容量限制 - 多路径分配四种。

（二）公路通行能力分析

道路通行能力是指道路设施所能疏导交通流的能力。即在一定的时段（15min 或者 1h）和正常的道路、交通、管制以及运行质量要求下，道路设施通过交通流质点的能力。按照技术等级划分，一般公路是指"公路工程技术标准"中除高速公路以外的一、二、三、四级公路。对公路网进行交通组织规划研究，首先应进行公路通行能力及服务水平分析，由于针对不同条件下高速公路交通组织研究较为成熟，本节仅对一般公路通行能力进行分析。

1. 运行特性分析

（1）存在横、纵向干扰：多车道公路与其他公路相交处多为平面交叉口，并且在入口处没有控制，因此，多车道公路的交通流在运行过程中将受到横向、纵向的干扰；

（2）交通组成比较复杂：由于我国的高速公路多是收费公路，因此，经济实力相对较弱的车主更愿意选择多车道公路，而他们所拥有的车辆不管是车辆外形尺寸还是动力性能，都存在相当大的差别，导致交通组成比较复杂；

（3）可能存在对向交通干扰：通常多车道公路具有中央分隔带，有时也采用双黄线作为中央分隔，此时，对向车辆将会使当前车道的车辆偏离车道中线甚至实施换车道。

2. 基本计算参数与公式

（1）理想通行能力

理想条件下，不同设计速度多车道公路的通行能力见表7-2-1。

表7-2-1 多车道公路的通行能力推荐值

计算行车速度（km/h）	通行能力（pcu/车道）	临界密度（pcu/km）	临界速度（km/h）
100	2000	40	50
80	1800	40	46
60	1600	40	40

（2）服务水平指标体系

密度是多车道公路的服务水平衡量指标。各设计速度下，多车道公路服务水平的分级情况见表7-2-2 ～ 7-2-4。

表7-2-2 设计速度100km/h的多车道公路服务水平分级

服务水平分级	密度（pcu/km/车道）	速度（km/h）	V/C	最大服务交通量（pcu/h/车道）
一级	≤7	≥96	0.35	700
二级	≤15	≥87	0.65	1300
三级	≤20	≥80	0.80	1600
四级	≤40	≥50	1.00	2000
	>40	<50		

表7-2-3 设计速度80km/h的多车道公路服务水平分级

服务水平分级	密度（pcu/km/车道）	速度（km/h）	V/C	最大服务交通量（pcu/h/车道）
一级	≤7	≥78	0.30	550
二级	≤15	≥70	0.58	1050
三级	≤20	≥65	0.72	1300
四级	≤40	≥46	1.00	1800
	>40	<50		

表 7-2-4　设计速度 60km/h 的多车道公路服务水平分级

服务水平分级	密度（pcu/km/ 车道）	速度（km/h）	V/C	最大服务交通量（pcu/h/ 车道）
一级	≤7	≥60	0.27	400
二级	≤15	≥57	0.57	850
三级	≤20	≥52	0.70	1050
四级	≤40	≥40	1.00	1600
	>40	<40		

四、节点交通组织规划

（一）公路网节点分类研究

根据《公路工程技术标准》和《公路路线设计规范》，借鉴发达国家的经验，并结合我国公路发展的实际情况，公路按照功能可以分为三类：干线型公路、集散型公路、地方公路。同样，在进行公路分级的基础上，本文将公路网节点分为三类：一是接入型节点；二是平面交叉节点；三是立体交叉节点。本文将针对不同类型的节点分类进行节点交通组织。

1. 接入型节点

干线型 / 集散型公路与地方公路平面相交形成的无信号化控制的交叉口。在此类交叉口，地方公路上的交通流在汇入到干线型 / 集散型公路时，其均需要停车让行。

2. 平面交叉节点

根据《公路路线设计规范》可知，在进行信号灯设置的时候主要考虑的因素为交通量水平，同时，交通量水平并不对公路功能等级的划分起决策作用。因此，在本文中，我们将信号控制的节点一律视为平面交叉节点，同时，干线型或集散型公路之间相交形成的节点，由于其等级较高，无论是否信号控制，仍将其定位为重要性较高的平面交叉节点。

3. 立体交叉节点

立体交叉节点多见于高速公路与其他各级公路相交或者干线公路与干线公路相交的情况，视具体情况，可分为分离式立体交叉与互通式立体交叉。干线公路与其他各级公路相交，为了减少平面交叉口的数量，应考虑设置分离式立体交叉；平面交叉节点在直行交通量很大或地形条件比较适宜的情况下，可考虑设置分离式立体交叉。干线公路与城市中心区对外交通主干道相交，宜设置互通式立体交叉；干线公路上，当平面交叉节点的服务水平降低或者交通事故率较高的情况下，可考虑设置互通式立体交叉。

（二）节点功能定位分析

节点是公路规划和建设过程中为了实现道路的连通而规划设计的，它是不同等级道路之间进行车流转换的重要通道。通过节点的合理规划设计，车流可在整个公路网络上实现均衡分配；同时节点又起到了"速度闸门"的作用，通过对节点的合理规划设计，能使得车流相互转换顺畅。

从地方公路汇集来的车流在节点处与集散公路完成车流转换，经过干线公路节点车流集结到干线公路网，在离目的地最近的干线公路网节点，车流进行疏散，进入到集散公路，在与地方公路相交节点处车流转换到地方公路，最终到达目的地，至此，一个完整的公路出行结束。在这一次出行中，节点发挥了很重要的作用，车流的集结、疏散、转换都在节点处完成。但是，节点处也是公路交通事故比较集中的地方，在此处，各种机动车、非机动车、行人穿行其中，驾驶员要在短时间内完成一系列复杂的操作，包括读取交通指示、遵守交通控制、实施转向、避让行人和非机动车等，任何一个操作的失误都有可能导致事故的发生。基于以上分析，对公路网节点交通系统进行分析，对节点处交通组织进行科学、合理的规划显得尤为重要。

（三）节点交通组织

1. 接入型节点交通流控制

公路网中交通流通过节点完成在不同等级道路中的转换，在交通流转换过程中，应该首先保证支路接入的主要交通流或主要公路通行顺畅，尽量减少冲突点，缩小冲突区，并分散和分隔冲突区。为达到以上目标，我们有必要对公路沿线区域接入型节点处的交通流进行控制：

（1）方向限制

在这里方向限制是指接入点处禁止直行、禁止左转弯和限制右转弯等对车流行驶方向进行限制的方法。一般而言，禁止直行和限制右转弯多用于干线公路接入点，交叉口禁止左转弯在集散公路上使用。

1）禁止直行

禁止直行通常通过设置不可穿越式的中央分隔带实现，当接入支路与干线公路相交，二者功能等级相差两级以上时，可以采取禁止支路直行的方法，这样不可穿越式中央分隔带使得干线公路两侧的支路形成双 T 型接入。

2）禁止左转弯

通常情况下，为了提高对向直行车道的通行能力，可以采取路口禁止左转弯实现。当路口的一个方向压力过大时，可以考虑禁止对向路口车辆左转弯，减轻直行车流压力。限制路口车流方向的结果是减少了路口内冲突点的个数，特别是交叉冲突点个数。当干线公路与集散公路相交，主线流量较大时，可以对接入集散公路禁止左转弯限制。

3）流向限制后交通流转移方式

交叉口进行方向性控制表面上是节点问题，但是由于方向限制之后会导致交通压力在邻近路网内进行转移，由此会导致周边交叉口转弯流量急剧增大，这也促使我们对区域交通流进行组织，实质上节点交通组织转变为区域交通组织问题。

2. 节点附近中央分隔带开口控制

方向限制仅仅依靠流向限制及区域交通组织实施起来难度极大，而且会在无形中增加很多的无效交通量，因此，借助交叉口上、下游中央分隔带开口配合方向限制措施成为必要的选择。影响开口形式的因素包括：中央分隔带宽度、公路几何条件、车流速度、交通量、接入控制程度等。根据中央分隔带开口形式分为以下四种类型：

无实体的中央分隔带：利用交通标线进行控制，是最原始的分离对向车流的形式。

无方向限制、有开口的实体分隔带：使冲突点减少。

有方向限制有开口的实体分隔带：对无限制开口的改进，进一步减少了冲突点一级转弯车辆和直行车流的冲突。

无开口的实体分隔带：是分隔对向车流最彻底的形式，一般用于车速很快、交通量很大的路段。

3. 平面交叉节点路口渠化

渠化就是用交通安全岛或标线来分离或管理有冲突的交通，使车辆或行人能在明确的车道内有序地行驶和通过。合理的渠化可以增大通行能力，提供最佳的舒适度并能给驾驶员带来自信，不合理的渠化会产生反作用。交叉口渠化内容主要包括：进口道分隔岛设置、导流岛设置、安全岛设置、机动车导向线设置和交叉口停车线设置。

（1）进口道分隔岛设置

对于进口道没有设置中央分隔带的交叉口，根据其交通流特征可以在进口道设置分隔岛，隔离对向车流，提高安全性能。具体设置条件如下：

1）当交叉口主路直行交通量不大，而主路与次路间的转向交通量较大时，建议在次路进口道设置物理分隔岛；

2）当主路直行交通量和主路与次路间的转向交通量都较大时，除了在次路进口道设置物理分隔岛，还要在交叉口范围的主路上设置中央分隔带。

（2）导流岛设置

交叉口设置导流岛可以有效分离直行、左转和右转进入同一进口道的车辆，降低冲突可能性，以下类型交叉口建议设置导流岛：

1）四车道道路相交而成的交叉口，当直行、左转和右转驶入某个进口道的交通量过大，建议在该交通流汇合处设置导流岛；

2）四车道以上道路相交而成的交叉口，建议在各进口道都设置导流岛；

3）当交叉口某口道设有右转减速车道或者偏置右转车道，建议在该处设置导流岛。

（3）安全岛设置

安全岛通常情况下为长条形或是三角形，而且一般位于车辆行驶轨迹不需要占用的地方。行人使用的安全岛设置在人行道或非机动车道镀金，在行人和非机动车穿越时提供帮助和保护。在转角处的导流岛一级分隔岛都可以作为安全岛使用。安全岛的最小宽度是1.8m，可以被非机动车使用。行人和非机动车应该沿着清楚的路线通过安全岛，视线不会被电线杆、标志杆、岗亭等阻挡。

（4）机动车导向线设置

设置机动车导向线能够明确地引导各个方向机动车的行驶轨迹，使得整个交叉口的车辆运行不会出现不可预知的情况，避免潜在冲突的出现，同时也分隔了机动车与非机动车。通常情况，在面积较大或者形状不规则的交叉口设置机动车导向线。具体设置规定如下：

1）当交叉口是四车道与四车道相交时，建议设置机动车左转导向线，当交叉口任一条相交道路车道数大于4时，建议设置机动车左转导向线；

2）当交叉口的对向进口道出现偏置错位情况时，建议设置机动车直行导向线，引导直行车辆的运行。需要注意的是，此种情况仅适用于已有道路，而且由于几何条件等因素的限制不能将偏置道路改建，但是道路的偏置又影响交通安全；

3）当交叉口为非正交时，若相交角小于70度（70度是规范标准中常出现的角度，作为交叉口斜交的一个临界角），建议设置机动车左转导向线。

（5）交叉口停车线设置

交叉口进口道设置停止线是为了提醒车辆在到达交叉口之前提前减速行驶。交叉口停止线的设置对降低事故发生的可能性和严重程度有重要作用。道路交通标志和标线（GB5768-2009）规定：在信号交叉口和左转待转区前端设置停止线。不同控制类型的交叉口由于交通特征不同，其对停止线的要求不一，考虑到停止线对交通安全起到的积极作用，原则上建议在能够设置停止线的地方都设置，具体设置要求如下：

1）信号控制交叉口各进口道前端设置停止线；

2）次要道路让控制和次要道路停控制交叉口，次要道路前端设置停止线；

3）全路停车控制交叉口各进口道前端设置停止线；

4）无控制交叉口可不设置停车线，但当某进口道运行车速大于等于60km/h时，建议增设停止线；

5）进口道设有左转或右转专用车道、左转或右转减速车道的，前端设置停止线；

6）设置人行横道的进口道，需设置停止线。

（四）平面交叉节点路口信号控制

交叉口信号控制的作用是：使交叉口内冲突点减少，有效避免交叉口内冲突，使各个流向、各种类型的交通流的时间路权得以明确。研究表明，一个两相位控制的交叉口的冲突点较不加任何控制的交叉口减少了近四分之三的冲突点。可见通过信号控制分离冲突点可大大改善交叉口的通行秩序，提高其安全水平。

1. 信号控制设置条件

交叉口控制方式的选用主要取决于交叉口的交通量和延误，世界上许多国家针对信号控制的设置条件做了许多研究工作，虽然各国设置依据不完全相同，但是原理一致，本文参照美国方法确定公路交叉口信号控制的设置依据。

由美国联邦公路局（Federal Highway Administration， FHWA）制定的《统一交通控制设施手册》（Manual on UniformTraffic Control Deviees， MUTCD）详细规定了信号灯设置的依据，被世界其他国家借鉴，是使用最广泛的信号灯控制设置依据。MUTCD2003对信号灯的设置依据列出了 8 条依据，吴兵，李晔在《交通管理与控制》中，较详细地介绍了以下 8 条的具体规定。

2. 信号控制条件下路口车流组织

信号交叉口一般广泛应用于城市道路交叉口，其信号配时、相位设计理论及实践研究较为成熟，在本文中，对于信号配时我们不再赘述，仅探讨在信号配时既定的情况下车流左转及右转的组织方法。

（1）左转相位组织

一般来说，节点处左转车流可以分为三大类：允许冲突式左转、专用保护式左转和无障碍式左转。

1）允许冲突式左转

允许冲突式左转是指在对向车流直行的同时，左转车流利用直行车流的空当穿过交叉口。

这种类型的左转相位能够明显减少整个交叉口的延误和左转车的延误，也减少了左转车流排队的长度，但是仅适用于交通量较低的交叉口使用。

一般来说，我们可以考虑在以下情况下设置允许冲突式左转相位：

交叉口进口道车道数少于 3，交通量较低的情况；

经过交通调查，确定交叉口附近路段上车流速度小于 70km/h，交叉口几何形状限制无法设置左转专用车道；

交叉口进口道左转视距满足交通工程学上的视距要求时；

设置允许冲突式左转导致交叉口平均延误没有明显增大的情况。

2）专用保护式左转

专用保护式左转条件下，左转车流不受任何冲突影响运行，对于交通量较大的交叉口，专用左转相位可以大大提高左转通行能力。

在无信号控制的交叉口或者允许冲突式左转交叉口设置专用左转车道需考虑以下因素:

交叉口交通量较大，左转车流与直行车流冲突较为严重，导致交叉口运行秩序混乱；

交叉口几何条件满足不了左转车流的视距要求，进口道车道数大于 3，可考虑辟出一条左转专用道；

交叉口附近路段上车流速度大于 70km/h，左转车流与直行车流冲突有时会发生交通事故时，可设置左转专用车道；

事故记录显示交叉口因左转车流造成的交通事故较多时，可设置左转专用车道；

对向车道数量大于 3，导致左转比较困难时，可设置左转占用车道。

3）无障碍式左转

无障碍式左转式指由于交叉口的几何特点，左转车流不会与对向直行车流发生冲突。这经常发生在单行道路、T 形交叉口以及专用匝道（立交节点）等地方。

（2）右转相位组织

右转车流交通组织一般包括：红灯时右转和专用保护式右转。

1）红灯时右转

一般情况下，信号控制允许红灯条件下车辆右转，允许红灯时右转能减少右转车辆的延误，降低油耗和污染，在有右转专用道的情况下，能大大缩短右转车辆排队长度。一般来说，允许红灯时右转进口到要满足以下条件：

交叉口右转视距条件良好，驾驶员可以观察到周边交通状况，不设置路边停车；

进口道车道数大于 3，且横向路口宽度大于 10m；

行人和非机动车交通量较小，冲突较少；

交叉口处事故率较低。

2）专用保护式右转

当允许红灯右转时，右转车辆采取允许相位的方式放行，不需要设置专用保护式右转相位，但再不允许红灯时右转和其他特殊条件下需要设置专用保护式右转相位。

当交叉口某一进口方向有专用右转车道时，且右转机动车流量在 300pcu/h 以上，如果此时垂直进口方向的左转相位中已经提供了专用保护式左转相位，可以相应设置专用保护式右转相位；

当非机动车超过 500pcu/h 或人行横道上行人每小时超过 800 人时，会对右转车流产生很大的影响，可以考虑设置专用保护式右转相位；

在其他情况下设置：a. 右转交通事故较多；b. 交叉口几何条件满足不了视距要求；c. 出口到车道数不能与驶入车流很好地匹配及车道宽度受到限制；d. 考虑特殊人群需求。

常用的专用保护式右转相位分为四种：单路口放行、与交叉道路的专用保护式左转相位同时设置、与对向专用保护式左转相位同时设置、与同一进口道的直行车流同时放行。

（五）平面交叉节点环岛交通组织

环岛交通组织是在几条道路相交的交叉口的中央，设置圆岛或带圆弧形状的岛，使进入交叉口的所有车辆均以同一方向绕岛行驶，其运行过程一般为先在不同方向汇合（合流），接着于同一车道先后通过（交织），最后分向驶出（分流），可避免直接交叉、冲突和大角度碰撞。

1. 设置条件

环岛交通控制的优点在于车辆在环岛单向逆时针运动时去除了车流逆向冲突，从而可以不设置信号灯，其适合多条公路交叉，当交叉口的总交通量为 500～3000 辆/小时，且左、右转弯车辆较多时可考虑设置环岛控制，一般设于农村、郊区或车流量少的居民区的交叉口。

2. 组织原则

环岛交通控制有一个明确的规定，即：所有从支路进入环岛的车辆在遇到环内的车辆时必须"让"环内车辆先行。

环岛交叉口的设计应考虑"路权分配"设置的正确性、合理性，所遵循的一般原则是：

环岛一般情况只适应于"小流低速"的道路交叉地点；

环岛交叉口尽量不用信号控制，环岛通过设置相应的标志标线来实现"路权分配"；

环岛交通流的冲突必须在"路权分配"原则下进行必要的交通控制；

环岛的地面标线和标志设置必须完备，避免环岛交通在流量大时，出现混乱状况。

3. 环岛设计标准

环岛交叉口的车道渠化设计应根据以下标准：

环岛交叉口进出口车道标准宽度为 3.75m。若道路宽度受限可减少到 3.5m；

环岛外侧设有非机动车道时，车道宽度为 3.75～5m；当不设非机动车道时，车道宽度为 4.5～6m。当车流量大，内侧车道宽度一般为 7.5m。双黄线宽度 0.3～0.5m；

交叉口道路边线圆弧半径 15m，环岛半径应视车流和车速而定，车流量大或车速高的情况下不适合使用环岛。一般环岛半径 <30m；

车道边线与导流岛的间隔为 0.25m，距环岛路缘带宽度为 0.25m；用白实线与车流分隔开来，导流岛倒角半径为 0.5m；

环岛行驶标志安装在导流岛进口车流处，在正对进口车流的环岛上安装组合式线形诱导标志；

进入环岛处设立 4 个三角形导流岛，行人和自行车可以从上面通行，当导流岛较大时可以采用凸台式或绿岛，导流岛较小时可用地面标线代替；

在导流岛位置处设置人行横道，人行横道标准宽度 3m。

（六）立体交叉节点交通组织

1. 立交选型要求

立交的形式首先取决于道路的性质、任务和远景交通量等，应确保行车安全顺畅和车流连续。两条等级较高的公路相交时应采用完全互通式立交，某一方向交通量比较大、设计车速较高时其线形应按照较高标准设计。

立交形式选择时应考虑所处地块的规划性质、地形地貌、设施分布及建筑物状况等，在满足要求的情况下尽量少占用土地。

立交选型应具有长远发展的眼光，按照近远期结合的方法，既要满足当下的交通需求，又要考虑在远期交通量增长的情况下改建提高的可能。

立交选型应分清主次，层次分明。在其他道路与高速公路相交的情况下，尽量做到高速公路不变，将其他道路上跨高速公路。

立交选型要考虑全路立交出口形式的一致性。一条公路上设计了一系列互通立交，应使出、入口的布局保持一致，互通立交只应采用右侧出、入口。左侧出口会造成运行、标志和安全等多方面的麻烦。在设计时，应注意在所有互通立交引道采用单出口，所有出口都应设置在构造物的引道一侧，不能有的在桥前出口，有的在桥后出口。

2. 立体交叉匝道口的交通组织

由于立交匝道口是立体交叉冲突点的多发地，匝道口交通组织不合理，一旦交通量增大或者车速过高，就会导致交通拥堵和交通事故的发生，因此，本文主要探讨立体交叉匝道口的交通组织。

如果路段为三块板，外侧是非机动车道，即有机非隔离带的，立体交叉的交通组织主要是控制匝道口的机非冲突点；如果三块板外侧是辅路的，即有主辅路隔离带的，由于机动车与非机动车同在辅路行驶，立体交叉的匝道口存在大量进出主路不同流向的机动车之间的交叉冲突，此时立体交叉的交通组织不光要控制匝道口的机非冲突点，还要控制辅路直行机动车与进出主路的机动车之间的冲突。

现以主辅路为例，提出控制匝道口冲突点的交通组织方案：

（1）将原出主路的立交匝道口封闭，改在原匝道口上游的主辅隔离带处新开主路出口，这样把原立交匝道口处辅路直行机动车与进出主路的机动车之间的交叉冲突变成主路出口，至立交匝道口处直行机动车与转弯机动车之间的交织冲突。

（2）采用渠化交通的方法，把发生在立交匝道口处的机非冲突点转换成交织冲突点。

五、路段交通组织规划

所谓路段，是指道路交叉口导向车道以外的道路。路段上的车道我们称之为行车道。由于路段占据了公路的绝大部分，车辆大部分时间都是行驶在公路路段上，因此，对公路路段进行交通组织规划，以求最大限度地提高公路路段的通行能力，节省道路使用者的在途时间成为整个路网交通组织规划的重要部分。本节主要选取了三个重要方面的内容进行公路路段交通组织规划，包括：路段车速组织、辅助车道组织、路段交叉口安全间距组织。

（一）路段车速组织

近年来，随着道路条件的不断改善，汽车性能的不断提高，道路上车辆行驶速度也在不断提高。由于交通组织中车速组织按传统方式进行，不适合车速提高后的实际要求，经常引发一些安全问题。因此，需要按当前道路条件和交通流构成情况，调整车速组织的思路，这就需要考虑道路限速值的问题。限制速度是指道路运营后，在保障车辆安全运行的条件下，道路交通管理部门为发挥道路的运输效率，对道路上行驶的车辆制定一个规定的管理速度，其包含最高行驶速度限制和最低行驶速度限制。限制具有法律效力，是交通警察执法的依据，也是进行交通组织管理和分析交通事故原因的重要依据。

1. 限速的形式

公路应采用与其功能地位、设计指标、交通条件、路测环境、车辆速度差异等特点相适应的限速形式。公路的限速形式可采用全段统一限速、分区段限速、分车型限速、分车道与分车型限速、可变限速、建议限速等形式。

2. 道路限速值的确定

我国《道路交通安全法》规定，"对于未设置限速标志的道路，机动车不得超过下列最高行驶速度：没有道路中心线的道路为每小时 50 公里；同方向只有一条机动车道的道路为每小时 70 公里；同方向有两条以上机动车道的道路为每小时 90 公里"。由于我国道路的设计时速一般单车道为 50 公里／小时，多车道为 60 或 80 公里／小时，《道路交通安全法》规定的机动车最高时速明显高于道路设计时速，如不进行道路限速，势必会发生重特大交通事故。所以，任何一条道路，都应该进行限速，使其道路最高限速值低于道路设计时速，交通安全才有保障。

在交通工程中，往往以 85% 位车速作为车速上限，而把 15% 位车速作为车速的下限。所谓 85% 位车速，是指某段道路上全部交通流量中，有 85% 的流量处于某一车速之下，则该速度向下取整后即为该条车道的限速上限值；而 15% 位车速，则是指某段道路的全部流量中，有 15% 的流量处于某一车以下，则该车速向上取整后即为该条道路的速度下限值。

我们知道，任何一条道路都有设计时速。所以任何一条道路都应设置限速上限位，最高不得超过设计时速。而在道路的使用中，随着使用年限的延长，路面发生破损，摩阻系数也在不断下降，往往车速达到设计时速时也会出现事故隐患，故一条道路合理的限速应该不超过 0.9 倍的设计时速。而最高的限速值应根据道路事故情况，路面摩阻系数来具体确定。

3. 不同道路限速值的确定

限速值的确定应综合考虑法律法规、公路功能、设计指标、车辆运行特点、路侧环境、交通安全特点等，在保证安全运营和通行效率的前提下，兼顾执法形式，科学合理地设定限速值。

公路限速取值一般以 10km/h 或其整数倍作为增加或降低限速值的变化幅度，这是基于习惯的一种选择。为了便于实际操作，在不违反相关法律、法规的原则上，基本限速值主要以公路平曲线半径作为主要分析对象，当平曲线半径满足高一档设计速度极限指标时，可以考虑从限速比设计速度提高 10km/h；当平曲线半径满足高一档设计速度一般指标时，可以考虑限速比设计速度提高 20km/h。

4. 限速控制措施分析

速度控制措施分为三种类型：主动干预、信息诱导、交通管理与控制，主动干预手段包括减速丘、震动减速标线、减速路面等具体措施，信息诱导手段指利用交通标志、标线、视错觉等给驾驶员感官上的刺激，以达到减速的目的，交通管理与控制手段包括监控设施及信号控制设施。

以下主要分析了限速标志、速度监控设施、横向震动减速标线、纵向视觉减速标线及减速丘五种速度控制措施的减速效果。

（1）限速标志

限速标志宜与其他警告标志、减速标线、减速路面、速度监控设施等配合使用，才能起到较好的控制速度效果，除与警告标志（如急弯、事故多发路段等）、减速标志或交通执法相结合外，限速标志的减速效果很小。

（2）速度监控设施

速度监控设施一般广泛应用于高速公路及其他等级公路，应提前进行预告。由于大多具有执法效力，速度监控设施的减速效果最好，一般可以减速 10 ~ 20km/h。

（3）横向震动减速标线

横向震动减速标线适用于高速公路及其他等级公路，其减速效果与其标线厚度、设置组数、每组道数、每道间每组间距均有关系。一般每组横向震动减速标线小型车可以减速0.6 ~ 0.7km/h，大型车减速不明显，一般减速 0.2 ~ 0.4km/h。

（4）纵向视觉减速标线

纵向视觉减速标线可设置与高速公路、一级公路和二级公路的沥青路面或者水泥路面上，一般来说，其减速效果并不明显，车辆平均减速 2 ~ 5km/h。对于大型车，减速效果很不明显，对于小型车，由于其视点较低，减速效果稍好一些。当纵向视觉减速标线设置在黑色路面上时，其减速效果最好。

（5）减速丘

减速丘可根据实际情况设置与运行速度较低的三、四级公路，等外的通乡、通村公路，以及校区、厂区的公路上，高速公路，具有干线功能的一、二级公路等车速较高的公路主线不宜使用。减速丘会使所有的车辆强制减速，并且减速的幅度很大，通常几乎所有的车辆都被强制减速 10 ~ 25km/h。

（二）辅助车道组织

为了改善道路的行车条件，对公路上行驶的各种交通工具进行更为科学、准确的交通组织，可以考虑设置辅助车道，具体形式如下：

1. 爬坡车道或者下坡车道：供给动力性能或制动性能较差的汽车使用，这些汽车一般是从混合交通流组成中分离出来的，在交通流运行过程中对其他交通工具的正常运行或多或少造成了一定的影响。

上坡是否设置爬坡车道取决于纵坡值、坡长、上坡方向的交通组成和交通量以及上坡开始路段的道路条件。

《公路路线设计规范》（JTGD20-2006）中规定：四车道高速公路、四车道一级公路以及二级公路连续上坡路段，符合下列情况之一者，宜在上坡方向行车道右侧设置爬坡车道。

（1）沿连续上坡方向载重汽车的运行速度降低到表 7-2-5 的容许最低速度以下时。

表 7-2-5　从上坡方向容许最低速

设计速度（km/h）	120	100	80	60	40
容许最低速度（km/h）	60	55	50	40	25

（2）上坡路段的设计通行能力小于设计小时交通量时。

（3）经设置爬坡车道与改善主线纵坡不设爬坡车道技术经济比较论证，设置爬坡车道的效益费用比、行车安全性较优时。

高速公路、一级公路爬坡车道长度大于 500m 时，应在其右侧设置紧急停车带；相邻两爬坡车道相距较近时，宜将两爬坡车道直接相连。

当昼夜交通量大于 6000 辆或者下坡长度大于 700 米的情况下，可考虑设置下坡车道。由于各种类型汽车行车速度的实际差异，坡度大小、下坡长度以及下坡终点道路条件决定着下坡车道修建的必要性。

下坡车道是一种设置在路侧的跟主线平行连续的一条车道，用来供失控或者超速车辆减速，减速到安全车速后可以自行开到主线上的一种减速措施。因此其长度、路面结构、路侧处理、端头处理及护栏设置就需要特殊研究，在这里我们只针对下坡车道长度展开研究。

下坡车道在长大下坡车道应用较为广泛，汽车在长大下坡运行中要受到各种不同的阻力，如汽车自身阻力、空气阻力、滚动阻力、惯性阻力等。在下坡车道长度计算中，我们考虑不借助刹车的作用而使得车辆在下坡车道上能将速度减到安全车速。

2. 变速车道：加速车道是为保证驶入干道的车辆，在进入干道之前，能安全加速以保证汇流所需的距离而设的变速车道。减速车道是为保证车辆驶出高速车流以安全进入低速车道所需的距离而设的变速车道。

变速车道应用于平面交叉信号交叉口、互通式立体交叉、高速公路的服务区和公共汽车停靠站、管理与养护设施等与主线衔接出入口处。

变速车道有直接式和平行式两种。一般加速车道多采用平行式；减速车道原则上采用直接式。变速车道的车道宽度一般为 3.5m，在特殊地段也可采用 3.0m。其横断面形式与一般车道相同，布置在主线的右侧。

变速车道的平面由加（减）速车道和三角端组成，主要设计尺寸包括：加（减）速车道的长度、三角端的长度和流入（出）角。

3. 机动车辅道：在靠近工业企业及居民小区的地方，通常考虑为过境干线公路设置机动车辅道，以方便地方性或专业性的运输使用。

由于干线公路在与城市相接处交通条件复杂，通常情况下，汽车、摩托车与自行车等混行，在这种条件下设置机动车辅道，可有效避免交通复杂性。机动车辅道设置一般需要道路和建筑之间有很宽的空间，在较宽时可考虑辅道与道路车行道分开，宽度空间不充裕时可考虑进行车行道加宽。

为了充分发挥机动车辅道的作用，我们一般考虑将辅道与车行道分开。在这种情况下，车道宽度不小于 3.5 米，加固路肩宽度为 2.0 ~ 2.5 米，以作为临时停车和让车用。机动车辅道用 1.0 ~ 1.5 米宽的分隔带与主要道路车行道分开。

由于条件限制，辅助车道不能与车行道分开时，主要道路车行道每边加宽 3.0 米，加固路肩。在这种情况下，辅助车道的路面用彩色或外形与主要道路路面区别开来。辅助车道与主要道路的车行道边缘要施划标线。路肩的宽度应足够停放汽车，而不妨碍主路交通，辅助车道的行车速度不超过 30km/h。

第三节　公路交通工程施工安全监管

一、概述

随着我国国民经济的迅速发展，交通行业也逐渐发展起来。尤其是在新的科学技术的推动下，不仅扩大了交通工程建设的规模，而且在一定程度上使我国的交通工程施工质量得到了提高。由于交通工程施工周期长、施工环境比较复杂、施工难度大，同时对施工技术的要求比较高。因此对交通工程施工技术质量进行有效的控制，并强化对交通工程施工安全的监管工作，是非常必要的。

欧美等国在建设工程安全方面都会由政府设立专门的监管部门，建筑管理部门主要负责法规的制定和程序的审查及施工许可证的发放管理工作及相关行政处罚管理。劳动保护部门代表国家依据《劳动保护法》对包括建筑业企业在内的各行业的安全卫生状况进行监督检查。行业协会也会进行行业自律，也有一些安全中介服务公司（安全咨询公司）提供安全服务。行业协会的主要工作是在拟定本行业的发展规划、制定行业标准、开展工伤保险和科研教育、预防和治理职业病、对安全专业人员进行资格认可、进行事故处理等。安全中介服务公司（安全咨询公司）向企业提供大型设备及施工工具的检测检验、安全技术、组织管理和人员培训等服务。安全咨询公司一般拥有安全工程师和企业医生。安全工程师必须经劳动局和建筑行业协会考试通过才能获得相应资格，且须具有安全工作经历。

目前，我国实行企业负责、行业管理、国家监察和群众监督的安全生产管理体制。构建"政府统一领导，部门依法监管，企业全面负责，群众参与监督，全社会广泛支持"的安全生产工作格局。我国建设工程安全生产行业管理的模式为统一管理、分级负责，即国务院建设行政主管部门负责对全国建设工程安全生产进行监督指导，县级以上人民政府建设行政主管部门分级负责本辖区内的建设工程安全生产管理。全国多数地区交通施工安全生产监督管理工作采用设立专门安全生产监督机构，受建设行政主管部门委托负责对本辖区内安全生产进行监督管理，开展日常监督检查和管理工作；少数地区建设行政主管部门没有设置安全监督机构，依然由建设行政主管部门有关处室具体监督管理，实施监督检查工作。

二、交通工程施工安全监管目标与策略

课题组在充分辨析国内外交通安全监管的实践经验的基础之上，深入研究交通工程施工安全监管各方面的问题，并利用国内外研究成果，通过演绎分析的方法，构建交通工程施工安全监管体系。安全监管体系的内容主要包括监管的目标、策略、组织和手段。

坚持"管生产必须管安全"的原则进行安全生产管理，安全生产管理体系逐步建立健全。

（一）交通工程施工安全监管目标

任何有效的监管都应有明确的目标。交通工程施工安全监管目标主要是保护每个交通工程施工工人的安全和健康。从交通工程施工特点及事故调查中可发现，施工单位是否采取适当的安全管理制度和措施决定了事故发生的概率，从而决定了工人是否能受到足够的保护。所以交通工程施工安全管理目标应该是通过各种手段，营造良好的法制、市场和文化环境，使施工单位能够采取适当的管理制度和管理措施来预防交通工程施工事故的发生。

（二）交通工程施工安全监管策略

为了达到交通工程施工安全监管的目标，需要进一步制定相关的策略或者政策来保证目标的实现。

交通工程质量安全监督部门受政府交通行业主管部门的委托，对公路水运工程施工安全生产进行执法、监督、监察、管理工作。在进行安全管理中想要完善施工单位的安全行为，除了通过各种手段直接影响施工单位的行为以外，还可以通过规范其他主体的活动来影响施工单位的安全管理。交通工程质量安全监督部门对交通工程施工安全实现全过程监管，其监管流程与内容主要按照工程招投标、工程施工、工程竣（交）工验收等几个阶段进行。

因此充分调动各方的积极性，保证行为主体都参与到安全管理的大系统中非常重要。其中，招投标管理和项目安全审计管理尤为重点。

1. 招投标管理

在招投标阶段，不仅应对施工单位的资质等条件进行审核，还应在标书和合同中明确以下内容：①项目安全投入。在确定交通建设工程造价时，确保安全投入比例并实施专项计划，夯实安全生产的物质基础；②项目安全施工计划。好的项目安全施工计划可以大大地提高施工安全水平；③完善意外伤害保险制度；④安全专项施工方案和专家论证制度。⑤安全生产激励措施等。

2. 项目安全审计管理

工程项目除进行质量、合同等管理外，还应进行项目安全审计管理。对工程建设中的危险性较大分部分项工程进行安全审计，确保工程处于安全可控状态。

（三）交通工程施工安全监管组织

为了达到交通工程施工安全监管的目标，需要进一步制定相应的组织机构来保证目标的实现。建立以"两个主体"和"两个负责制"为内容的安全监管工作制度，施工单位是安全生产责任主体，交通行业主管部门是安全生产监管主体；实行企业法人负责制，政府行政首长负责制。加强政府对交通工程施工安全的监管，建立以交通行业主管部门、建设单位、监理单位、勘察设计单位、施工单位和保险公司六部门或单位的"六位两体两制"的施工安全监管组织体系。

三、交通工程施工安全监管手段

建设工程安全管理是安全管理的手段和原则在建设工程行业中的具体应用与实践。单纯依靠建设工程市场，"安全"的供给必然无法满足需要，表现为企业的安全状况不尽如人意，因此政府对建设工程安全生产进行管理是必要的。随着政府职能的转变，政府在进行安全管理时，应该尽量减少对各种市场行为的直接行政干预，而应依靠法律、经济、文化和科技等四种手段来规范建设工程市场各方的行为，使安全管理真正融入建设工程市场这个系统中来。

建设工程行业进行安全监管的主要手段如下：

（一）法律手段

法律手段是指政府通过法律来规范建设工程安全监管活动，体现政府的意志，保证建设工程安全监管目标的实现，包括法律和制度的制定及法律和制度的执行和遵守两个方面。做到"有法可依，有法必依，执法必严，违法必究"。主要通过法律体系、机构体系和监察手段三个方面进行规范建设工程安全监管活动。

这些法律法规及标准在地方的具体落实和执行是当务之急。交通主管部门应该依据法律法规的精神把安全生产抓到实处，增强管理的针对性和可操作性。

（二）经济手段

经济手段是指政府根据建设工程安全的经济属性和经济规律，运用价格、信贷、税费等经济杠杆来达到促进建设工程安全目标的各种具体方式的总称。目前在世界范围内应用较广和较成熟的经济手段是建设工程意外伤害保险制度。

经济促进手段一是建设单位应当保证为工程项目的安全生产提供满足安全生产的措施费，将该项费用列入工程概预算；二是在工程招投标阶段将安全生产专项经费单列，不列入竞价项目；三是施工单位应当在工程量清单中包括安全生产项目，列出实现安全生产项目的预算，保证安全生产项目的实施，并对遵守安全标准的施工单位进行奖励，对不遵守者进行处罚，将安全投入从工程竞标的压力中解脱出来。

（三）文化手段

文化手段是指能够直接引起安全文化进步的各种有效措施的总称，而安全文化是指对安全的理解和态度或处理与风险相关的问题的模式和规则。通过培训和教育能够创造更好的安全文化。针对安全文化进行宣传和推广，以提高全体从业人员，甚至整个社会的安全意识。主管机构在每年的预算中应该给宣传和推广工作留出必要的资金。政府、施工单位和工人各方通过充分的合作和交流，可以有力地促进安全文化的发展。帮助施工企业建立安全管理制度并进行科学评价，通过社会中介向施工企业提供咨询和帮助，可以促进安全文化的管理手段。通过完善的安全文化教育和熏陶，切实提高工程人员安全意识，才能确保工程安全。完善民工教育形式和内容，对三类人员进行知识考核是当前提高工程人员安全能力的主要途径。

（四）科技手段

科技手段是指能够带来安全监管进步、改善工作条件的各种科学和技术的综合措施。建设工程安全科学和技术的进步可以提高政府安全监管的效率和效果，从而有效地控制建设过程中发生损害的可能性。

要想达到充分控制施工现场危险的目标，需要对事故预防相关领域的科学技术有深入的理解和掌握。通过检查和事故调查，了解施工技术发展的最新知识，可以不断掌握更多的危险事件和新危险源的信息，然后对这些信息进行研究，得到的结论可以应用于法规和标准的制定、对行业的建议和指导，以及执法活动中。这是一个循环往复、持续改进的过程。

重视科研计划和经费，利用各种科研资源，重视科研结果，形成良好的转化制度。建立创新体系，鼓励技术创新。安全的创新面临着良好的政策机遇，把握时机、发展交通安全技术。建立合理制度，鼓励新技术的运用。

交通工程质量安全监督部门主管交通工程施工安全，不仅能从多个层面对施工单位进行安全监管，对施工现场的人、料、机等进行动态管理，同时有技术力量进行事故的源头管理，防范事故的发生，在工程预算中也能进一步保障经费的投入，达到"综合治理"的最佳效果。

四、交通工程施工安全监管实施措施

交通工程质量安全监督部门的主要安全工作职责：宣传、贯彻、执行有关安全生产的法律、法规，按照法定权限制定公路水运工程安全生产管理规章和技术标准；依法对公路水运工程从业单位安全生产条件实施监督管理，组织施工单位的三类人员的考核管理工作；建立公路水运工程安全生产应急管理机制，制定重大生产安全事故应急预案；建立公路水运工程从业单位安全生产信用体系，作为交通行业信用体系建设的一部分，对从业单位和人员实施安全生产动态管理；受理公路水运工程安全生产方面的举报和投诉，依法对公路水运工程安全生产实施监督检查和相应的行政处罚；依法组织或者参与调查处理生产安全事故，按照职责权限对公路水运工程生产安全事故进行统计分析，发布并上报公路水运工程安全生产动态信息；组织公路水运工程安全生产技术研究和先进技术推广应用；开展公路水运工程安全生产经验交流，普及安全生产知识等。

为进一步完善并丰富安全监管手段，创新安全监管理念，最大程度保障工程施工安全，近年来，杭州市交通工程质量安全监督局在继续做好安全监督备案、狠抓施工现场安全监管的同时，在安全监管法制、经济手段监管、信息化监管、安全评价等方面进行积极探索研究，取得了一些实质性的成果，主要有以下几方面：

（一）建立健全交通工程安全监管法制体系

积极推进交通工程安全监督方面的立法工作，是依法行政的客观要求，是做好交通工程安全监督管理工作的重要举措，也是解决和理顺交通工程施工安全监管工作的重要保障。为加强杭州市交通工程的安全生产监督管理工作，提高交通安全管理水平，防止和减少生产安全事故，保护人民生命财产安全，同时有效地解决杭州市交通工程质量安全监督工作存在的问题，以《安全生产法》《建设工程安全生产管理条例》作为基本法令，根据国家有关法律、法规规定，制定一部符合杭州市交通工程建设实际情况、可操作性强的政府规章是十分必要的。

（二）完善交通工程安全监管经济措施

1. 安全生产目标管理风险责任金制度

为进一步明确和落实安全生产管理责任，2007 年，杭州市交通工程质量安全监督局在杭州市交通工程建设领域首推交通工程安全生产目标管理责任考核制度，与各交通工程指挥部签订了安全生产目标管理责任书，要求各签约工程指挥部缴纳安全生产目标管理风险责任金，并制定奖惩办法，对全市范围交通工程安全生产管理进行考核，奖励优胜，处罚落后，较大的促进了交通工程安全生产的规范化、标准化管理。

2. 安全信用评价制度

2006 年浙江省交通厅颁布了《浙江省公路水运工程施工企业信用评价管理暂行办法》（浙交〔2006〕372 号），全面推行了浙江省公路水运建设市场的信用建设工作。其中公路水运工程从业单位安全生产信用体系，作为交通行业信用体系建设的一部分，其评价结果将很大程度影响从业单位的信用等级，进而影响企业在投标过程中的评标分值和中标机会，从而建立了对从业单位和人员实施安全生产动态管理的机制。

杭州市交通工程质量安全监督局目前尝试将施工、监理在工程建设过程中的安全行为，工程交（竣）工阶段的企业安全评价纳入浙江省公路水运建设市场的信用建设工作，对强化企业安全生产自主性，促进企业加强安全生产总结，提高安全生产管理水平有较大的现实效果。

3. 保险业辅助建设工程风险管理模式

基于工程保险的交通工程施工安全风险管理模式服务关系是施工企业向保险公司投保，保险公司给施工企业提供施工安全风险管理服务。利用保险事前防范与事后补偿相统一的风险管理机制，充分发挥保险费率杠杆的激励约束作用，强化事前风险防范，有利于交通工程施工安全管理。

（1）交通工程施工安全风险管理模式确立

在工程保险业务中，施工企业作为投保人，往往因为缺乏风险管理经验、资料或忙于施工管理工作，在事故发生前很难对施工安全进行系统的风险管理。当事故发生后，施工企业在保险公司得到的理赔仅限于直接经济损失，对延误工期等的间接损失是得不到赔偿的，况且还有免赔额的存在。施工单位为了减少事故的发生，有得到风险管理服务的需求。保险公司作为保险人，追求利润的最大化是其主要目的，不仅极不希望事故的发生，而且希望签单前就能够对所承保工程做出正确的风险评估，以确定是否承保及合理地厘定保费，在签单后，能够监督保险合同执行情况、提供风险管理服务，帮助投保人控制风险事故的发生。由此可见，保险公司向投保的施工企业提供风险管理服务的需求是双向的。

（2）施工安全风险管理模式管理流程及实施

工程承保前期，首先，施工企业向保险公司提交保险请求、设计图纸和施工方案等工程资料，然后，保险公司工程技术人员根据施工企业提交的资料和工程现场考察结论对投保项目进行风险评估，得到项目的总风险度和所有施工项目中安全风险较大的薄弱环节，即典型风险，根据项目总风险度，保险公司决定是否投保和厘定保费。

在施工企业和保险公司双方认可的条件下进行签单承保，同时保险公司组织专家对所有的典型风险进行逐个分析，找出防范控制措施，向施工企业递交风险分析和防范措施报告，根据报告保险公司可以把对施工企业安全风险管理方面的要求写进保险合同。

工程承保期间，保险公司要定期到现场检查保险合同的执行情况和查找新的风险因素，对不符合安全风险管理要求的施工方法和环节，及时向施工企业提出建议和督促整改。由于交通工程施工的不确定性，施工企业应当及时向保险公司通报工程变更和施工方案的变化情况，保险公司应当随时就新的情况进行风险评估，向施工企业反馈风险评估报告和风险控制的措施建议。

在交通工程施工安全风险管理实施过程中，按照国际惯例，把建设工程一切险及第三方责任险和人身意外伤害险作为强制性保险纳入到我国相关法律规定中。规范强制性保险的投保主体，因为保险标的与施工过程直接相关，为便于风险管理服务工作的开展，由施工企业直接投保，而非建设单位投保，保费应纳入工程预算当中。建立合理的市场准入制度，把拥有向施工企业提供有效的安全风险管理服务的能力作为保险公司开展工程保险业务的基本要求，把有保险公司担保为其承保作为施工企业可以进行工程投标的基本条件，以促进保险公司和施工企业的健康发展。建立工程保险业务中的保费返还制度，规定一定比例的保费在施工安全管理较好的情况下应返还施工企业，加强施工过程中的安全意识，促进施工企业搞好安全生产工作，达到保险公司和施工企业双赢的目的。

（3）施工安全风险管理模式优缺点

优点是：①该模式充分利用了施工企业与保险公司的利益关系，以保险公司为主体进行工程施工安全风险管理，思路是积极的、科学的，方法是可行的；②该模式有利于工程施工安全风险管理与国际接轨，在实践中发挥较大的作用；③该模式有利于降低工程施工安全事故的发生频率和规模，减少损失；④该模式一方面提高了保险公司的安全风险管理服务的能力，另一方面促进施工企业搞好安全生产工作。

缺点是：①该模式的理论研究还不够充分；②我国相关的法律法规不够健全，影响该模式的实施；③工程预算中保费没有完全确定；④没有一套完善的保险公司开展安全风险管理服务的市场准入制度，也影响该模式的实施。

五、交通工程施工安全管理理念

在现代化交通工程施工中，始终要把质量和安全作为贯彻落实科学发展观的核心理念，总结、积累既有的工程建设经验，在坚持过去多年行之有效的管理制度、管理方法、管理手段的基础上，用开阔的眼光，学习借鉴先进经验，强化安全生产监管先进理念，用现代工程理念打造经得起历史考验的精品工程，为地方经济发展做出应有的贡献，为构建和谐社会做出应有的贡献。

（一）本质安全理念

安全生产是一个系统工程，要逐步树立本质安全理念，将安全寓于生产、管理和科技进步之中，不断研究解决安全生产的深层次问题，注重源头治理，克服体制机制的弊端，改事后管理为事前管理。

（二）抓根本理念，改变片面搞"整改事故隐患"观念

所谓"整改事故隐患"从本质上来说是针对某一时期安全生产工作的薄弱环节和"短板"，有的放矢，并对发现的事故隐患举一反三，强根固本。"整改事故隐患"是安全生产工作的一项重要要求，但隐患查而不整现象屡见不鲜，多年后"事故隐患"仍然存在，仍然是安全工作的薄弱环节。必须运用系统原理，树立抓根本的理念，从整改事故隐患中总结经验，及时做出如何避免类似事故发生的具体措施，隐患整改做到既治标又治本，坚持实事求是，全面审视，改变片面"整改事故隐患"的思维定式，从根本、基础、全局、长远出发，扎实开展安全生产工作。

（三）树立与时俱进观念，不断改进安全监管方式

改变安全生产监管部门处于疲于应付安全生产事故局面和救火队员角色，树立与时俱进的观念，认真做好调查研究，弄清安全管理中存在的突出问题和根源性问题，开展科技攻关，推广科技成果，促进企业加大技术改造力度，淘汰落后的技术工艺和设备，提高安全生产的综合防御能力。从以往重点对具体隐患的检查，转变为对项目安全生产的监督检查为主，查找工程的管理薄弱环节，促进企业安全生产体系的完善，提高企业安全生产水平。

在中国交通行业"统一管理、分级负责"的安全管理模式下，越来越多的地区以国务院393号令为依据，结合本地区的实际，强化政府监督职能，对交通安全进行综合管理，专门成立代表政府执法检查的安全监督管理机构（安全监督站），负责交通安全生产的监督检查工作和日常管理工作。目前上海、山东、河北等地的监督管理机构已经比较完善。

（四）要打造专业化管理团队

实行"统一规划、统一建设、统一管理、统贷统还"的模式，随着公路建设规模的不断扩大，使得交通工程建设管理人员实现了良性循环。他们的技术、经验、能力得到了传承、积累和提升，管理经验越来越丰富，处理复杂事务的能力越来越强，整个管理团队的专业化水平越来越高。专业化的管理团队是确保交通工程建设质量和安全的重要条件，也是建设现代交通工程的必备条件。

我国经过多年实践，交通工程施工在工序流程、材料加工、场地建设、规范管理等方面积累了较为成熟的做法，一些大的施工企业还在长期的工程实践中，总结编制了施工工艺和工法。但是，要确保将这些成熟做法和施工工艺、工法运用到工程中去，必须要有一个专业化的管理团队。实践证明，工程建设的高质量、高要求，没有做不到的，只有要求不到的，项目业主管理力量强、人员素质高、工作经验丰富、组织管理到位，工程建设就能干得好。

继续坚持好的管理体制，进一步打造专业化管理团队，要既关注工程实体建设，也关注以人为本、资源节约、文化传承，特别是与自然环境和谐相处等；要切实加强前期工作，特别是前期勘察设计工作，既要考虑大的宏观设计原则，又要考虑具体的个案与细节，在

执行强制性标准的前提下，合理、灵活地运用技术指标，充分考虑施工的可行性与安全性，设计出有特点、有风格的作品而不仅仅是产品，要经得起历史考验，对得起子孙后代。

（五）加强"平安工地"建设

工程项目都应按交通运输部的要求，在省交通（运输）厅的统一部署下开展"平安工地"建设活动，并将此作为促进安全工作上台阶的重要抓手。做到安全生产以人的管理为核心，在施工过程中一切作业服从安全，全面提升应对突发事故的综合处理能力。通过编写发放《"平安工地"建设指南》、配发详细漫画、向一线施工人员宣讲等多种途径，确保活动扎实、有效开展。

目前交通工程建设的质量安全形势虽然总体稳定，但仍存在隐忧之处。突出表现在桥隧工程项目事故起数和死亡人数分别占事故总量和死亡人数的比例高，以及农民工伤亡比例高，而且往往是因无知而伤亡。各相关单位一定要时刻绷紧安全这根弦，切实落实安全制度，确保安全教育到位；一定要继续扎实、深入开展"平安工地"建设，逐项落实各项要求。现代交通工程施工的一个重要特点是发展理念人本化。工程施工阶段必须高度关注安全生产，保证参建人员的人身安全。安全工作不到位，其他工作做得再好也没有用。一旦出现安全事故，企业将损名损利，甚至遭到灭顶之灾。

（六）大力推行标准化施工

同一个交通工程项目，各标段之间的质量、安全管理水平相差很大；同一个施工企业，在相邻不远的两个项目上的表现也可能迥然不同。针对这种"不均衡性"问题，要大力推行规范化管理、标准化施工。规范化管理前提是专业化管理，专业化管理带来管理和施工上的规范化、标准化。通过进一步拓展，形成精细化要求、规范化管理、标准化设计和施工，通过统一的技术标准、管理标准和检验标准，打造统一、规范、有序的施工标准体系，进而实现对建设过程、安全、质量、工期的有效控制，推动建设项目管理上台阶、上水平。

（七）诚信管理，安全建设

要加快建立市场诚信体系，进一步规范市场主体行为，净化建设市场、推进现代工程管理。我国交通工程建设将进入常规化发展阶段，在工程任务回落过程中，必然存在各参建单位市场份额再分配问题，只有讲信誉的企业才能在大浪淘沙中生存下来。

第四节 公路交通系统的可持续发展

一、可持续发展观的形成及其本质特征

（一）可持续发展观的形成过程

可持续发展观是在现代社会发展理论已经走向穷途末路，环境危机等人类生存危机严重威胁着人类的可持续生存的历史条件下逐步形成的。其中，产生于 20 世纪中后期并对现代社会发展产生了极大影响的，有两种社会发展观，它们都是面对人类现状所做的关于社会如何发展的比较极端的发展观，第一种是 1972 年 3 月以米都斯为首的罗马俱乐部在《增长的极限》的报告中所倡导的增长极限论，第二种是 1981 年西蒙在《最后的资源》中指出的没有极限的增长。这两种社会发展观对"可持续发展观"的形成具有根本性的影响。

在可持续发展观形成的过程中，有三份报告发挥了重要作用，《增长的极限》是其中之一。1980 年，国际自然保护联盟与联合国环境规划署以及世界野生基金会一起，发表了《世界保护策略—可持续发展的生命资源保护》这份重要报告，人们一般认为可持续发展概念的发端源于此报告。1987 年，世界环境与发展委员会在东京举行的第八次委员会通过了由布兰特夫人领导完成的《我们共同的未来》的报告。这个被称为"关于可持续发展的第一个真正的国际宣言"和"可持续发展的路标"的文件，在人类历史上第一次提出了"可持续发展"概念。报告对"可持续发展"概念下了一个经典的定义："可持续发展是既满足当代人的需要，又不对后代人满足其需要的能力构成危害的发展。"这其中包括两个重要的概念：一是"需要"的概念，它强调的是"世界上贫困人民的基本需要，应该将此放在特别优先的地位来考虑"；二是"限制"的概念，它强调的是"技术状况和社会组织对环境满足眼前和将来需要的能力施加限制"。

（二）可持续发展的本质特征

1. 强调人类在追求生存与发展权利时，保持与自然关系的和谐。人与自然的和谐统一是可持续发展观的核心思想，在它看来，人和自然的协调统一是社会可持续发展的最重要条件；人和自然环境共生共荣是社会可持续发展的最重要内容。只有人不再把自然仅仅当作开发利用的对象、当作征服和掠夺的对象，而是当作自己生存和生命的组成部分，把人和人的生存环境看成统一体，人和自然才能真正达到和谐统一。

2. 强调当代人在创造与追求今世发展与消费之时，使自己的机会与后代人的机会平等，也就是要走一条人口、经济、社会、环境与资源相互协调的既能满足当代人需要，又不对后代人的生存与发展造成危害的发展之路。

3.可持续发展的内涵十分丰富，其主要原则有四个：公平性原则、可持续性原则、共同性原则、需求性原则。四大原则要求发展是可持续的，并且公平、公正地满足公众各方面需求。

二、公路交通可持续发展系统概念与内涵

（一）公路交通可持续发展系统概念

公路交通可持续发展是指公路交通在满足社会经济发展对其更高要求的同时（适度超前），既能满足公路交通运输系统内部和综合运输体系的协调发展，又使其与社会、经济、环境、资源大系统的长期动态协调发展。对于可持续发展，从其本质含义来讲，应有两部分：持续和发展。所谓持续，是持久、永续的意思，对于公路交通系统而言，它实质是指公路交通系统受到外界较大干扰时维持自身发展的能力。可持续发展所表示的是一个动态的概念，它强调的是发展的过程，与一定的时间段相联系。如果要判定某一时期的公路交通运输发展状况，则用公路交通的可持续性这一概念来表示。公路交通的可持续性是指一种可以长期维持的特性或状态，它是一个静态的相对的概念，是在发展过程中的特定时点对一些指标存量的静态评价，反映出当前的发展是否具有可持续的特性，可持续性与特定的时点相联系，离开特定的时点来谈可持续性是毫无意义的。

（二）公路交通可持续发展内涵

公路交通可持续发展不仅要考虑满足当前社会经济发展对公路交通的需求，还要有利于未来公路交通的发展，并尽量减少对社会环境和自然环境的不利影响，使公路文通与社会、经济、资源、环境相协调。不要因为自身的发展而破坏周围的环境，也不要因现时的发展而影响后代（未来）的发展。它的出发点和着眼点也应该与可持续发展所寻求的"三E"目标相一致，即Environmental integrity（环境完整）、Economic efficiency（经济效率）、Equity（社会公正），因此其内容也涵盖三个相互联系的可持续性：经济可持续性、社会可持续性和资源、环境可持续性。公路交通可持续发展的基本内容主要表现在如下几方面：

1.公路交通系统的供给能力和发展能力与社会经济发展对公路交通的需求相平衡，即公路交通的可持续发展与社会经济的可持续发展相一致。

2.公路交通与资源的可持续发展。优化有限的时空资源，强调通过土地利用和对外交通系统的科学合理的规划布局，减少交通的资源消耗和土地资源消耗，提高系统的总体效率和资源利用价值的最大化；注重开发可替代资源，保证公路交通可持续发展。

3.公路交通的环境与生态可持续性。公路交通可持续发展要以保护自然资源和生态环境为基础，与资源环境的承载力相协调。即公路交通环境与生态的外部成本完全纳入无论是公共还是私人的交通决策框架中，以确保公路使用受益者能全部承担其相应的全部费用。

4.公路交通的社会可持续性。即公路交通改善和发展的利益，应在全社会成员之间公平享用，并照顾到弱势群体的利益。

三、公路交通可持续发展的特点

发展一直都是人类社会永恒的主题，特别是在旧的发展模式不能适应现代化发展的需求时，发展的理念显得尤为重要。固有的思维和发展理念会严重阻碍社会的发展，只有对其不断地革新和完善，坚持可持续发展的精神，社会交通运输的基础设施建设才会得以快速完成。

对于公路交通设施建设事业来说，依据可持续发展的精神，其内容包括两面。首先是公路的建设和社会、环境、经济的相互和谐，即指公路交通的发展在局部环境能承受的能力范围之内，达到社会效益、生态效益和经济效益的协调统一；其次是从公路实体的角度来分析公路的可持续发展。

具体来说，可持续性发展的公路应该有以下几大特点。

（一）生态性

公路建设对于环境应该持一种美化、保护和尊重的理念，表现为公路有良好的环境质量和景观效果，能够同周围的自然环境相互统一。

（二）高效性

在"节约"这一理念的指导下，应该将资源的利用率提升到最高，通过提升和强化服务能力来满足社会发展的需求。当然，最重要的是，公路交通的建设既要能够保证社会超前发展的需求，又不能太超越社会经济的发展需求过度发展。既要避免资源的浪费，还要保证各类资源的充分利用。

（三）和谐统一性

在与经济、社会、自然的统一中，公路也开始渐渐步入到良性循环的轨道中，其可持续发展的能力也在逐渐得到提升。总而言之，在不破坏环境、尊重自然的前提下，考虑社会发展、经济和环境的需求，既能保证公路营运的舒适、安全、环保和经济，有能实现公路和自然、人的和谐相处和有机结合。

四、我国公路交通可持续发展模式

发展模式直接决定了发展的的方向，而可持续发展理论则是发展模式的核心思想，所以为了更好地实现公路交通的可持续发展，就必须采取可持续的发展模式，并在未来的发展和实践中进行不断的优化和完善，采取有效的措施，促进我国公路交通的可持续发展。

（一）可持续发展理论下促进我国公路交通发展的资源利用模式分析

公路交通可持续发展的核心就在于其具有发展性、协调性和持续性，而资源又是促进公路交通可持续发展的基础所在，所以为了实现我国公路交通事业的可持续发展，就必须采取资源利用模式，为未来我国交通发展模式指明道路。在整个资源利用模式中，主要包含了能源与土地以及建筑材料。

首先从节能策略来看，主要应从公路交通结构的节能和技术节能以及管理方面的节能。而从结构性的节能模式来看，主要是对道路的基础设施结构和车辆的运力结构以及车辆能源消费结构等进行优化，并致力于城市公共交通的发展。而从技术性的节能模式来看，主要是在未来大力发展智能交通的技术，并在车辆中强化节能技术的应用。而在进行管理节能时，主要是致力于道路运输组织水平的提升，切实加强道路客运组织的管理，并不断提高管理水平及服务品质，切实加强汽车驾驶员的节能意识强化和培训，不断提高其节能素质，强化并养成节能驾驶的习惯。

其次从土地利用策略来看，主要是对土地资源进行合理的规划，并对路网结构进行不断的优化和完善。并对收费站撤并之后采取联网收费，以尽可能地节约土地资源，同时还应将技术等级不断地提升，着力实现交通的智能化和信息化，并通过多种渠道强化节约意识，从而更好地促进土地资源利用的最优化。

最后从建筑材料利用策略来看，主要的是尽可能地采取全寿命周期的成本控制，并尽可能地将基础设施的可靠性能提升，切实加强材料的回收和循环利用，并尽可能地采取节能环保的材料，以更好地实现资源利用的最大化。

（二）可持续发展理论下促进我国公路交通发展的环境适应模式分析

为了实现环境的可持续发展，未来我国交通事业的发展趋势必需要采取环境适应模式，这就需要在交通事故方面采取安全发展的战略，并结合当前的大气污染及温室效应采取绿色发展战略，针对当前交通拥挤的现状则应采取畅通发展战略。

一是在交通事故方面，主要采取的安全发展战略，所采取的措施主要是致力于设计的优化，确保施工质量的同时致力于道路行车环境的优化，严禁出现超载和超限运输的情况，同时注重现代科学技术的应用，切实加大力度加强对道路交通的监管，才能更好地促进管理水平的提升。不断提升驾驶员的素质水平，强化其安全意识，尤其是严把车辆的性能关，确保安全立法和执法的力度得到有效的提升。二是在大气污染与温室效应方面的绿色发展战略来看，主要是对现有的能源结构进行调整，对现有的节能减排体系进行完善，并构建有关节能减排方面的监测和考核体系，对现有的节能减排激励政策进行完善，明确并强制实施绿色的排放标准，加大力度推进水上交通运输的发展，尽可能地实现绿色而又低碳交通。三是在面对交通拥挤方面实施的畅通发展战略，主要是对现有的道路交通基础设施进行不断的完善，确保道路收费政策得到不断的优化和完善，切实加强价格杠杆的利用，对道路施工进行优化管理，并注重现代信息技术的应用，强化道路监控水平的提升。

（三）可持续发展理论下促进我国公路交通发展的资金供给模式分析

该模式的选择有助于经济可持续发展，所以为了实现我国公路交通可持续发展，就必须致力于资金供给模式的利用，这就需要以公共财政为框架，构建普通公路的投资和融资机制，并对现有的高速公路收费的政策法规进行不断的优化和完善，利用市场资金筹集高速公路修建资金，并构建促进高速公路和普通公路之间统筹协调发展的机制，尤其是在投融资机制方面，必须对事权进行明确，对不同行政等级公路投资的责任主体和主体责任进行明确，在财政方面，政府也应加大对其的投入，同时还应对政府的财政性资金投资结构进行适时的调整和优化，保证财政资金得到科学使用。与此同时，还应在市场机制筹集修建资金方面，对现有的公路收费政策进行不断地调整和完善，并着力构建与我国国情相符的特许经营制度，加强对高速公路的养护和改造，通过科技的力量打造智能化的高速公路。

第五节　高速公路服务区

高速公路服务区是保证高速公路安全、畅通、方便、快捷的重要配套设施。服务区设立的餐厅、商店、汽修、加油、住宿、停车、卫生设施等直接服务于每个司乘人员，间接服务于整个社会，是高速公路产业经济的重要"窗口"。其设计理念、选点、规模设置、总体布局、功能配套等方面是否科学合理，直接关系到高速公路产业经济的发展提高和经济效益的增长。

一、高速公路服务区概述

（一）高速公路服务区概念

所谓服务区是指设置在高速公路、汽车专用公路上为使用者提供服务的服务设施。服务项目少的称为停车区，总体也称服务区。

高速公路的特点是车辆能够高速连续行驶，驾驶员必须经常保持高度的精力集中，因此，很容易造成精神上疲劳。同时道路线形的单调，也易引起驾驶能力的降低。为解除驾驶员连续行驶的疲劳和紧张，满足其生理上的要求，给汽车加油、加水，或者适当地满足检查等需要的休息设施，在保证安全上是很必要的。

高速公路的"封闭性"保证了行车速度快、通行能力大、交通事故少，从而体现了高速公路的高效、安全、节时、舒适的优越性。但另一方面，它却人为地阻隔车辆和旅客与外界的联系，给部分车辆和旅客带来了不便和困难。如乘客和驾驶员在旅途中的食宿、购物、通讯、汽车的维修等，都不能直接与社会联系，接受社会服务，因而需要借助于高速公路内部的有关服务设施。

在高速公路整个管理系统中，服务区和路政管理、养护管理、收费管理、交通安全管理系统一样，也是其重要的组成部分。其目的是保证高速公路在全天候条件下，交通运输能获得高速、畅通。它以高质量、热情周到、讲究信誉的服务，使旅客比在一般公路上更容易得到干净、卫生的食品和安静、舒适的休息场所，使车辆加油和维修更迅速、安全、方便，从而消除驾驶员和旅客的后顾之忧，增加道路使用者的安全感和舒适感。

当前，我国的高速公路大都是靠贷款或集资来修建的，建设投资要在营运过程中回收。如果服务区的设施和管理具有一定的水平，其经营收入是相当可观的，因此服务区的建设有助提高高速公路的社会效益和经济效益，其作用是不可低估的。

（二）我国服务区建设存在的问题

由于我国高速公路的建设与管理基本上是采用一路一公司的模式，很少从路网或区域范围内考虑服务区的设置需求，缺乏对高速公路服务区布局的总体规划，因而屡屡出现服务区服务能力与交通量不相适应的情况发生，导致服务区服务能力不足或过剩。

从服务区运营现状来看，因规划设计的不合理带来的问题大量存在，概括起来有：因服务区间距和规模设置不合理造成的服务区供需不平衡问题；因服务区内部设施空间布局与服务需求空间分布不协调给使用者带来不便问题；因规划中未全面考虑建设、养护、管理需要而导致的布局混乱和运营费用增加问题；因交通组织管理不规范导致的交通秩序混乱问题；因服务区环境杂乱司乘人员难以休憩等问题。

总的看来，高速公路服务区缺乏统一的布局规划、合理的总体设计，并且建设无序、规模偏小、管理混乱及经营管理理念落后等问题比较突出。

（三）服务区设计的目的及意义

高速公路是交通运输现代化的重要组成部分，而服务区设置则是衡量高速公路配套设施完善的重要标志，其对减少交通事故、美化环境、提高高速公路的运营效率和社会效益有着重要的作用。高速公路服务区的建设不仅完善了高速公路的配套设施，使广大司乘人员在旅途中得到休息，而且对保证高速公路的安全运行有积极意义。

高速公路服务区是保障行车安全、缓解驾驶员长途驾驶疲劳、保证行驶车辆维修保养必不可少的设施。在我国服务区高速发展的今天，在全面总结我国高速公路服务区规划建设经验、充分调查我国高速公路服务区运营现状、深入研究高速公路服务区规划设计的相关理论基础上，系统建立符合我国特点的、科学合理的、切实可行的高速公路服务区规划设计方法势在必行，对节约并充分利用社会投入、提高高速公路服务水平具有重要意义。

二、服务区设计原则

随着我国国际化、市场化、信息化进程的日益加快和高速公路网的日趋完善，服务区在高速公路运营管理中的地位越来越重要。通过深入总结现有服务区使用情况，不断优化高速公路服务区的设计，对高速公路产业经济的发展具有深远的现实意义。

1.服务区总体设计要充分体现功能意识。高速公路是封闭式经营，它好比一条珠链，沿线服务区应成为一颗颗亮丽的明珠。总体设计时应对运营后的车流、客流进行预测，根据不同车型特点分别布置轿车、客车、货车停车位，做到车辆进出流畅。免费服务的卫生设施和短暂休息场所要进出方便，并考虑客流高峰时的要求；有偿服务的项目如餐饮、购物、休息等要满足旅客不同层次需求，形成一条龙服务。

2. 服务区规模设计要有发展的意识。高速公路联网后车流量递增速度快，近 10 年干线公路的车流量以每年 20% ~ 30% 的速度递增，有的高速公路通车不到 6 年服务区就已经改造扩建 2 ~ 3 次，这不但资源浪费大，也影响了整体效益，为此设计服务区规模应考虑 10 ~ 15 年的发展前景，可一次设计分期实施，预留发展空间，在使用中不断完善。

3. 服务区建筑设计要引进市场经济意识。高速公路得天独厚的条件是快捷方便。随着私人车辆的拥有量迅猛增长，人们到超市集中购物的需求日趋强烈。因此，服务区结构设计要充分引进市场意识，可将服务区设置在人口密集区，提供大型超市式服务场所和多功能的餐饮服务场所吸引车流、人流，做到社会效益与经济效益的双赢。同时服务区的设置地点应尽量结合地方交通干道，变封闭经营为开放经营，使服务区成为高速公路经营公司的市场窗口。

4. 服务区环境设计要体现以人为本的意识。设计上必须充分考虑人性化特点，服务设施以强调对人、车服务、休息为目的，以绿化等来烘托舒适、温馨、安详的休息气氛。场地内用绿化作屏障，营造一种与高速公路隔绝且完全不同的氛围，以缓解旅客和驾驶员的疲劳，满足人们休息的需要。各种服务设施要方便顺当、种类齐全。人、车设施布局合理，尽量免车流与人流线的交叉，使人们休息场所更为安全、舒适、幽静、惬意。

5. 服务区服务设施设计要有国际化、现代化的超前意识。中国已经加入 WTO，与世界交往逐渐成为人们日常活动的重要组成部分。全方位、多层次、宽领域的对外开放需要服务区的设计与国际接轨。服务区的设施要充分考虑到国内外旅客不同的服务需求，做到在标识上与国际接轨。服务项目设计上要考虑不同肤色、不同语种人群的不同需求，提供现代通讯、信息发布和功能完善的商业服务。

6. 服务区综合设计应有拉动地方经济发展意识。高速公路是"快富大道"，要通过服务区规模经营树立地方经济率先发展的典范，为拉动地方经济发展做贡献。因此，在点位选择上，要尽量靠近城镇和城市的经济开发区，通过服务区大型超市拥有人流、信息流等优势，带动地方物流发展和资源整合，促进经济腾飞。

三、高速公路服务区规划

（一）服务区总体规划

1. 服务区的分类

根据服务区所处的道路交通条件、地理位置的不同，其具有的功能内容也将不尽相同，因此规划设计时应加以区分。根据目前高速公路建设现状和发展趋势，参考国内外有关经验建议将高速公路服务区按照功能设置及规模大小划分为三类：

A 类服务区，设置有最完善的综合服务功能，除设有停车场、公厕、免费休息场所外，还设有营业餐厅、加油站、汽修厂、超市等服务设施、并适当设置住宿设施。还可视需求设置医疗、救助、通讯等设施。

B 类服务区，设置较为完善的综合服务功能，包括停车场、公厕、餐厅、加油站、汽修厂、超市等服务设施，规模较 A 类服务区小，一般不设置医疗救助、通讯等设施。

C 类服务区，设置部分服务功能相当于停车区，一般设置停车场、公厕，还设有餐厅、超市等服务设施，原则上不设置加油站。

2. 服务区的选址

服务区的选址不同于一般建设项目选址，既要遵从一定的规定、规则，又具有一定的灵活性。根据国外的设置经验，选址主要遵循以下几方面的原则：①较大的交通流量；②较大的城镇附近；③交通枢纽地点；④合适的地形路段；⑤满足养护、管理条件；⑥交通技术条件良好；⑦水、电满足服务需求；⑧保护环境；⑨景观的要求，尽量选择风景秀丽的地方；⑩与高速公路网相协调。

从城镇分布角度讲，在大城市、著名的旅游胜地附近路段，一般交通量比较大，对服务设施的需求也比较强；在城市之间，车程足够长时应设置服务区。

从交通技术角度讲，服务区应避免设置在主线小半径曲线段或陡坡地段，同时还要和隧道、立交保持一定的距离，以不影响服务区视线和车辆驶入驶出。

从建设条件角度讲，由于服务区占地面积大，征地费用高，对投资影响较大，因此应选择包括征地在内容易建设的地方。另外，还应能够满足水、电供应及雨水、污水排放要求。

从景观美化角度讲，应根据所在区域的基础条件、自然环境、人文景观等因素，尽量选择风景秀丽、山水迷人的地方，从以人为本、营造优美环境的理念出发，选择修建位置。

因此，选点步骤一般是：以全省高速公路网规划为基础，然后综合考虑城镇布局需求是否满足交通技术条件，以及修建和管理的难易等。选择的位置不同，对工程建设费用、建成后的运营影响很大，必须进行综合论证。

3. 服务区的规模

我国高速公路服务区用地一般由七大类设施构成：①引道；②停车场；③驾驶员、旅客休息区（含餐饮、购物、休息厅、厕所等）；④车辆维修区；⑤加油区；⑥旅客休闲广场；⑦绿地及园地。服务区的总体建设规模是由各类设施用地组合与叠加而成的，各设施的组成原则上是根据规划设计交通量的停车车位来确定，即根据主线交通量，计算出服务区的停车位，以停车位为基础计算出服务区的面积及其他设施的规模，将各部分汇总起来，就是总体规模。

总体规模＝停车场＋餐厅＋超市＋旅馆（或休息室）＋公厕＋加油站＋维修所＋广场＋园地＋匝道＋其他

确定服务区规模的依据是主线交通量，然而同一主线不同位置的服务区驶入率有较大差异，影响高速公路服务区驶入率的因素有很多，车辆起讫点、车型、服务区周边城市的距离、城市车辆管制政策等社会经济环境都对驶入率有影响。因此服务区规模不能仅依据主线交通量，而应从服务区所处的社会经济环境出发预测服务区的驶入率。鉴于驶入率与该地区的社会经济活动密切相关，可以采用调查形成的服务区驶入率数据和相关社会经济数据，运用弹性系数法建立驶入率趋势模型，从而获得将来服务区驶入率的增长趋势。

（二）内部设施规划

1. 停车场的位置

分离式，上下行车道，停车场分别布置在高速公路两侧

集中式，上下行车道集中布置在高速公路一侧

在收费的高速公路上采用分离式停车场，还可以防止驾驶员互相交换通行卡和收费票证等作弊现象。

一般高速公路都采用分离式停车场。

2. 餐厅位置

外向型：可以欣赏室外美丽的景色，使人心旷神怡，解除旅途的疲劳。

内向型：餐厅与高速公路相邻，餐厅的另一侧布置停车场和加油站等其他服务设施。这种布置适用于服务区周围环境比较封闭，旅客无法向外远眺的情况

平行型：这种布置适用于地势狭长，和山区的地段。

3. 加油站布置

入口型：加油站布置在服务区的入口处。但是，当加油的车辆比较多时，就会在服务区入口处排队，妨碍匝道上车辆的行驶

出口型：加油站布置在服务区的出口处。

中间型：加油站布置在入口和出口之间。

综上所述，本例高速公路服务区布置图采用分离式外向型。

4. 公厕的位置

公共厕所宜靠近大型车辆停车场，便于大批旅客使用。厕所同时要靠近餐厅，旅社和商店。

5. 汽车维修站

关于汽车维修站的位置有以下两种意见：

一般认为汽车维修站应与加油站并排布置。这样布置便于共用通信设备、浴室、盥洗室及室外场地，提高设备和场地的利用率。但是，一定要注意按照消防规范进行设计。

汽车维修站与加油站分开布置。根据使用的经验，认为维修站设在进口、加油站设在出口为好。驾驶员进入服务区后先维修车辆，然后休息，临时再去加油。这样，使用顺当，而且较安全，不采用特殊的消防措施。

（三）其他规划

（1）餐厅、旅社、商店、小卖部、办公用房等宜设在同一栋综合服务楼内，以方便旅客，减少人流和车流的交叉，提高安全性。

（2）公共厕所宜设在靠近大型停车场的地方，便于大批旅客使用。厕所同时要靠近餐厅、旅社和商店。如服务区规模大，可分设几处。

（3）其他如给排水设施、供电设备、垃圾处理设施等应尽量设在隐蔽的地方。

第八章　公路景观与绿化

第一节　公路景观

一、景观与高速公路景观

景观是客观存在与主体对它的认知体验的综合体。从主体认知的角度，景观生成的途径包括美学途径（审美立场）、心理学途径和历史文化途径；从客体实存的角度，景观是自然力、自然过程和人类生存活动共同作用的产物。景观含有"景"与"观"两个独立而统一的概念："景"就是那些能唤起人们美感的自然景物和人工景物；"观"是指景观组成要素通过人的感官（视觉、听觉、嗅觉、触觉等）作用于人内心，而使人感受到愉悦感、舒适感等内在体验的复杂心理过程。由此派生景观的三个基本属性特征：

第一，景观的本质是人们的审美对象，当人作为审美活动的主体时，景观则是审美活动的客体，景观与人这两者之间既相互作用又相互联系；其次，景观是人与人，人与自然关系的客观体现，景观以人为主体而出现，人通过景观来寄托自己的期望和理想，景观的表象特征具有人与人之间的地域性差别，同时人还会出现想法和期望等的不同；第三，景观具有较强的地域性差别和时代性特征，在记录历史印迹的同时又可反映不同时期的发展和面貌。因此，景观是某一时代中的社会、经济、文化以及思想观念等的综合表象，它不仅是一种社会形态的物化形式，同时也代表了时代的文明趋向。

高速公路景观属于大地自然景观的一种，由公路本身及其周围环境组成的综合景观体系。从景观主体角度上看，高速公路景观不应是简单的物质和样式的堆砌，而是给人以视觉感知的物质形态及其空间环境的综合体，是诠释对美的原则运用后所获得的美感体验和认知，具有功能价值、生态价值、美学价值和人文价值。因此，高速公路景观应具备如下两种属性：①自然属性，即高速公路景观作为一个有形、色、体的可感受因素，具有一定的空间形态，较为独立，并且易于从区域形态背景中分离出来的客体；②社会属性，即高速公路景观必须有一定的社会文化内涵，有欣赏功能、改善环境及使用功能，可以通过其内涵引发人的情感、意趣、联想、移情等心理反应，即景观效应。

高速公路景观规划设计应是在首先满足功能性、技术安全性指标等前提下，注重有关人文观念和区域特色的表达，总的说来表现在以下几个方面：

①突出形式与功能的完美结合，追求景观空间的自然性和趣味性；

②强调景观场所的特征与景观文化的现实意义。将景观设计与区域的景观特征和环境特征相呼应，使当地特有的风土文化得以保持和弘扬，并将公路景观环境十分自然的融入周围环境之中；

③强调公路景观构成要素的多元化和完整性，注重使技术的细节能够在景观应用中得到鲜明而有趣的表现；

④尊重自然和提倡生态环境的可持续发展；

⑤满足大众行为心理，要求景观设计须从人的需求心理及精神感受出发，运用心理、文化等表现方式的引导，创造出赏心悦目的行车环境。

二、高速公路景观构成及特点

（一）高速公路景观构成

从用路者视距的角度划分，高速公路景观由前景公路景观和背景空间景观两部分组成。前景公路景观是指近视距内的景观，包括公路工程景观、植物绿化以及人文景观等；背景空间景观指中远视距上的一系列互相联系的序列空间景观，包括沿线环境中的自然景观和人文景观。一般来说，背景空间景观在高速公路景观整体效果中起支配性作用，可以加强或削弱景观环境的品位，影响环境的质量。因此，高速公路景观规划设计应当首先从空间的角度来营造环境气氛，用空间中的设计元素来叙述公路景观主题，注重景观环境的空间结构以及景观格局的塑造，通过视觉空间传达整体景观环境。在高速公路景观规划设计中，应侧重两个视线方向，即针对驾驶员沿道路中线的纵向公路景观和针对乘客的横向两侧公路景观。前者侧重于关注公路本身质量以及视觉疲劳，后者更侧重于对公路空间环境及其物质形态的感知以及由此产生的景观效应。

（二）高速公路景观构成要素

高速公路景观的构成要素由自然景观要素、人文景观要素以及公路工程本身三部分组成。

1. 自然景观要素

自然环境作为原生性景观，是高速公路景观的肌理和背景，对公路线形布设、景观效果起到决定性影响。自然景观资源是由许多地理环境要素和因素综合形成的产物，其中最重要的要素有地形、水体、气候、天象时令和植物等。

（1）地形

地形是自然景观形态的基本骨架，是高速公路景观规划设计的基础，其他设计要素都在某种程度上依赖地形并相互联系。地形地貌决定着高速公路的路线走向和特征个性，影响公路景观的美学特征、功能布局、空间构成和空间感受，丰富着公路景观内容。具体说来，沿途区域地形的作用有：

①景观骨架作用，地形是高速景观设计要素的载体基面；

②构成空间作用，通过地形控制视线构成不同空间类型和空间序列；

③背景作用，地形地貌作为景物的背景，起到衬托主景的作用，同时能增加景深、丰富景观的层次；

④造景作用，地形具有独特的美学特征，可以利用自身的形态实现造景的作用；

⑤观景作用，地形可以创造良好的观景条件，强化景观的焦点作用；

⑥工程作用，适当的地形有利于线形几何设计、排水以及绿化工程。

（2）水体

水体是公路景观中富有生气和变化的元素，与地形、生物、季节、气候和人文等景观交融，会形成许多奇妙景观。含有水体的公路景观会"因水而成佳景"，彰显生气，增添其独特的景观魅力。水体的功能作用分为：

①统一作用，水面作为景观基底时，可以统一分散的景点，使景观结构更加紧凑；

②系带作用，水体可以连接不同的景空间，形成优美的景观序列；

③环境作用，水体可以改善环境，如降噪、降温、吸灰尘等；

④实用功能，水体可以养殖水生动物和种植水生植物，丰富公路景观内容。

（3）天象、时令

天象是由于天文、气象所形成的自然现象，常见的有晨夕、幕晖、云霞、云雾、季相等，天象通过视觉体验在所有景观要素中有着最高的美感度。公路景观同时可以根据不同季相时令，利用植物搭配创造四季宜人的高速公路景观。

（4）植物景观

植物具有生命力，是景观中最富于变化的要素，带给人们自然意识和生机。除具有传统功能外，还有以下景观功能：

①构建空间功能，植物通过控制视线，可以缩小或扩大空间，形成不同的空间序列。同时，借助在空间的组合变化，形成不同的空间形式（如开敞空间、半开敞空间、覆盖空间、垂直空间以及封闭空间等），增强或削弱地形影响；

②观赏功能，通过植物的大小、外形、色彩、质地等方面，创造意境，强化公路景观观赏性；

③生态功能，维持生态平衡，保护环境以及美化路容环境。

2. 人文景观要素

人文是某一区域的人们在长期历史发展过程中，经过不断积淀，发展和升华而形成的结晶，体现在经济、风俗、宗教、艺术、历史、文化等社会生活的各个层面，具有明显的地域特色。人文景观尽管是高速公路的次生景观，但其延续和增添了区域的意境与特色，保存了其历史的记忆，体现了对历史的尊重，在高速公路整个景观体系中起到了画龙点睛的作用。高速公路景观中主要通过文化的符号化、物质化等方式，进行加强深化、渲染升华，表达某种人文含义，如历史文化感、开拓进取、民风民俗等。

3. 公路工程要素

高速公路工程要素是指征地范围内的公路组成部分。通过归纳总结，本文将高速公路景观分为以下三大系统：

①高速公路主线景观系统，包括公路主线（路线、路面、中央分隔带等）、构筑物（跨线桥、立交、桥梁、隧道等）、绿化植物、边坡等；

②高速公路辅助设施景观系统：信息设施（标志标线、方位导游图、标牌等）、服务设施（收费站、服务区等）、安全设施（防眩板、护栏、路灯等）；

③艺术景观：雕塑、花坛、艺术小品、边坡壁画等。

（三）高速公路景观特点

由高速公路景观的内涵及构成可知，高速公路景观具有特点如下：

（1）构成要素多元性，高速公路景观由自然景观、人文景观以及公路自身组成，自然景观起到载体基底的作用，人文景观起到点睛升华的妙处，公路自身设施是基础平台。

（2）时空的多维性，高速公路连绵起伏贯穿不同的区域，产生风格迥异的景观空间序列，同时由于不同的天象时令，使得高速公路景观的时空存在多维性。

（3）景观属性的多重性，高速公路景观既有功能属性，又有自身的技术要求，同时，还涵盖人文属性、社会属性、美学艺术性等属性要求。

（4）景观的地域性，不同区域的自然、人文环境均有其独特性，与周围环境相协调、突出地方特色，是对公路景观的深层次需求。

（5）景观的时代性，高速公路景观具有鲜明的时代特征，是公路景观应体现时代性的主导因素。

三、高速公路的景观尺度

高速公路景观尺度主要包括空间尺度和时间尺度两方面，空间尺度是指景观单元的面积大小，时间尺度是指景观动态变化的时间间隔。在高速行驶状态下空间尺度相对静态下的尺度感发生了变化，产生了新的空间尺度上的比例关系，只有尺度较大的景物才能适应人视觉的需要，符合动态中人的心理感知和生理特点，用路者在大尺度的空间环境中，才能感觉融入自然环境而不被环境排斥。因此，需要研究动态下人的心理、生理规律，根据不同路段的具体环境、设计车速等因素综合确定高速公路景观的空间尺度。

高速公路景观的时间尺度体现在两个方面，一个是时间与空间的相互转化，另一个是景观的自然演替。高速公路景观规划设计应当把景观环境的时间性和时效性，作为认知自然和感受自然的出发点，注重把握景观环境随着时间变化而产生的运动效果，塑造出一个随时间延续而可以不断得到更新的、相对稳定的景观动态效果。

四、高速公路的景观功能

高速公路的景观功能包括以下五个方面，即使用功能、精神功能、美化功能、安全保护功能以及综合功能。

使用功能是高速公路景观功能构成的首要方面。使用功能是景观设施的外在因素，首先它自身是能够被人所感知的客观存在，给用路者提供一个安全、舒适、美观、生态的交通环境，同时还可以起到改善道路景观、固坡、防止水土流失、吸尘净化空气、降低路面温度、防眩光、诱导行车视线等作用。

精神功能是指通过高速公路景观所展现出来的环境气氛，满足人们在视觉、情感、自然、人文等方面的精神需求。高速公路景观精神功能的表现方式是多种多样的，需要设计者对自然、社会、生态、艺术、历史等方面的独特理解以及个性化的设计表现方法，强调设计者对景观环境的内涵与本质的独特认识，使得所有置身于景观环境之中的人们都能够充分享受到多方面的精神满足。

美化功能主要体现在视觉的形式美方面。景观的美化功能，主要通过其自身的形象来表达意念、传达情感，例如强调和美化景观环境的整体布局形式，或突出具有景观审美价值的某些细节，以及利用运动规律创造的韵律感等。

安全保护功能可从以下两个方面来进行认识和理解：一方面，景观设施的建设可以对其周围的生态环境进行有目的的保护；另一方面，通过景观环境设计避免在工程项目中给周边环境带来的破坏，或是能够防止周边环境中给人们带来的自然危险。保护功能采取的主要方式有阻拦、半阻拦、劝阻、警示四种表现形式。其中，阻拦形式对人的行为和车辆的通行加以主动积极的控制，为保障人或车辆的安全而设置阻拦设施，如设置绿化隔离带、护栏等。半阻拦设施是通过地面材质的变化或高低变化等来使其行动产生相对困难，从而起到对车辆的劝告作用，如彩色路面、振动警示带等。警示形式，是直接利用文字或标志的提示作用，来告诫行人或车辆的活动界线，以警示其危险性。综合功能是指高速公路景观的多重性价值，除了具备了明显的视觉特征、安全、生态和美学价值，还有促进公路可持续发展的作用。其中，高速公路景观的安全价值主要体现在缓解驾驶员的驾驶疲劳和提高道路的安全性等方面，景观的生态价值主要体现为生物多样性与环境的功能改善等方面，而景观环境美学价值则主要体现迎合人们审美观念的提升等方面，可持续发展的作用体现在使人意识到人与自然的共生是人类发展的必然趋势，促进全社会加强对景观资源的维护、利用和开发。

五、高速公路景观的目标系统

高速公路景观是由公路工程自身景观、自然景观、人文景观三个子系统构成，每个子系统发挥自身功能的同时又相互制约、互相补充，共同支撑着高速公路景观系统的协调构建。高速公路景观不能追求某一系统的单一绩效，而是整体综合功能最佳，达到人—车—路—环境的和谐与可持续发展。因此，由高速公路景观的目标系统可概括为：工程高效、自然和谐、人文传承。

（一）工程高效具体表现为：

路线线形要流畅、安全和谐；

防护要融入自然、满足地质特征、突出景观特点、顺应特殊部位、呈现原生态之美；

排水系统应做到"宽、浅、隐、绿"，满足功能要求，因势利导，因地制宜，逐段设计，外观美感流畅；

路面应耐久、环保、节约、可靠，保证路面优质服务功能；

桥梁应使功能与美感良好结合；

隧道应科学合理、自然和谐、宛若天开、隐于自然，与周围环境和谐统一，减少破坏原始自然风貌；

互通立交应满足功能、追求与自然和人文的和谐一致；

景观上应与周围环境协调融合，主题鲜明、生态和谐；

服务区应休闲、功能并重，确保格调优美、融入自然；

交通设施应安全有效。

（二）自然和谐的具体表现为：

保护生态环境、保护生物多样性、保护动植物的生境环境；

规划景观尺度，利用好沿线景观资源，营造良好的景观空间；

遵循自然的内在价值和自然过程，依据景观环境特征，协调公路的功能、规划、景观关系，实现路域空间结构生态化和田园化；

保护农田，尊重社区的活动范围，统筹与其他公共设施关系；

绿化栽植应统一规划、分段设计、突出重点、注重特色，符合功能要求。

（三）人文传承的具体表现为：

追求景观的文化品位，强调精神功能；

强调景观的区域特征和人文表达，使之成为高速公路景观的第三层次；

公众参与，以本土民众的视角、从公众利益出发，全方位地加入进来，使公路景观与社会有机结合，与公众紧密相连。

六、高速公路景观规划设计的总体框架

（一）高速公路景观规划设计的原则

伊恩·麦克哈格认为"自然环境是一个自然进程，其对人类展现使用机会和限制两种价值，因此景观规划应依据自然演化法则，着重创造性"。高速公路景观规划设计的实质就是依据自然生态、工程、社会行为等学科，研究公路景观规律，创造性地开发利用景观资源，满足用路者生理和心理需求，实现公路与自然环境的可持续发展。因此，在公路景观规划设计中应强调以下原则：

1. 安全性原则

高速公路景观对驾驶心理和交通安全有着重要影响。由环境心理学理论可知，行驶中审美体验的基础就是安全性，因此，高速公路景观环境的安全感是获取景观美感的前提基础。

2. 协调融合性原则

高速公路景观是个系统性工程，需要系统内部以及系统之间的协调融合，系统间的协调融合是指公路景观构成要素—公路路体景观、周围的自然景观和人文景观之间的协调和融合，系统内部的协调融合是指景观系统内部组成要素的协调融合。

3. 景观分级分区原则

高速公路沿途区域环境差异巨大，需要进行景观环境评估和景观环境质量的分级，研究景观环境对公路建设的适宜程度，以便确立不同景观环境等级下公路建设的策略。同时，为了实现公路景观的整体性、秩序性和特色性，需要针对不同特点和风格的景观环境进行分区规划，进行公路空间环境的序列设计。

4. "势""形"并重原则

"势"表示宏观、总体、态势、趋势，"形"指有细部、个体、形状、形象等意义。在高速行驶状态下，景观主体对线形景观、整体空间景观大都是匆匆一瞥，关注的是整体轮廓和总体态势，因此，对线形景观如路侧绿化带、公路线形、中央分隔带等要连续均衡、自然融合，对空间景观则应轮廓清晰、尺度均衡、色彩协调、风格突出。细部景观要素的设计要点应在对"形"的体现和刻画上，如构筑物的形态、公路线形质量、植物造型等。

5. 可持续性原则

可持续性原则表现在两个方面：一方面公路景观营造必须注重对沿途区域生态资源、自然景观及人文景观的保护、利用和传承，从时空尺度上科学规划，使公路建设实现可持续发展、资源环境实现可持续利用；另一方面，自然存在着不断更新演替的过程，高速公路景观需要坚持长期完善的原则，赋予公路景观以新的内容和新的意义。

6. 经济性原则

高速公路景观规划设计应将有限的资源放在对原有景观环境的保护、整治、利用和创造上，从经济、实用的原则出发，满足交通运输的需求，并创造优美的行车环境。综上所述，高速公路景观规划设计的原则，可以总结为"顺应自然、尊重历史、着重特色、整体设计、经济实用、长期完善"。

（二）高速公路景观规划设计的内容

高速公路景观规划设计的内容就是对公路用地界线内及公路用地范围外一定宽度的带状走廊里的自然景观与人文景观的保护、利用、开发、创造、设计与完善。因此，高速公路景观规划设计的内容可分为四个层次：

1. 景观环境评估与景观质量分级

在公路建设前，需要根据公路网规划、公路功能、交通量以及社会、经济等因素综合拟定路线走廊带方案，景观环境评估就是认知不同路线走廊带内的景观环境状况，分析景观环境符合公路开发活动的适宜性等级，为路线走廊带方案的比选提供决策依据，同时，根据景观质量等级，确定与景观环境相适应的公路建设策略，合理保护、利用和开发各种景观资源，提高景观规划管理和决策的科学性。

2. 景观整体布局规划

高速公路景观的总体布局应有全局观念，综合考虑、预想到景观实质形态和空间形态，做出总体布局，使景观的结构功能、细部处理与道路工程等各个因素彼此相协调，使之形成一个有机的整体。在景观总体布局设计构思中，既要考虑景观资源有效开发利用、空间层次结构、美观等因素，同时还要考虑当地历史、文化背景、周围生态环境条件等因素。在设计中通过景观空间的组合划分、景观空间序列的布局使景观在空间尺度感、形体结构、色彩与周围关系上取得协调。

3. 景观单元段划分

在高速公路景观整体布局规划的基础上，根据公路沿途风格迥异的景观环境，按照若干目的和特征分区规划高速公路景观，寻找和挖掘不同区段的特点和长处，确立与之适应的景观规划目标和基本方针，将沿途不同区域客观存在的"境"与主观构思的"意"相结合，形成良好的空间景观序列。同时，景观单元段划分应明确景观设计主题，为具体的细部景观设计提供了指导方针。

4. 景观细部设计

高速公路景观细部设计是在总体布局景观和景观单元段划分的基础上，对具体特定小尺度空间及设施的几何因素（点、线、面形式等）、物理因素（色彩、肌理、质感等）等方面进行深入的构思、分析，明确各个部分的形态和组合。细部景观设计应体现总体景观规划的理念和景观主题，对景观整体效果和景观主题影响较大。因此，在设计中应该尊重自然、顺应自然、尊重历史与文化、以人为本，精心营建适合这段区域的景观类型，细心琢磨细部设计。景观细部处理可分为：细部空间设计和物质细部设计。细部空间设计主要关注小尺度的空间营造以及空间与空间的关系，以便景观轮廓清晰、醒目、高低有致、色彩协调、风格统一；物质细部设计主要关注美学、色彩、构造方式等如绿化植物选择与造型，构造物的外形与色彩等。

第二节　公路绿化

一、公路绿化概述

（一）公路绿化的必要性

绿化具有提高行车安全、诱导交通的作用。路旁的绿化的树木花草可成为人的视觉器官的屏障，给人以舒适的享受，起到诱导交通的作用；在中央分隔带进行遮光种植可以防眩；在路口附近进行标志栽植可以提示位置；在隔离网附近进行栏式栽植，可以有效地防止行人穿行；在边坡种植植被，可以固土护坡，提高路基稳定性；路侧栽植，可以起到防雪、防风沙等作用。

绿化具有改善公路景观、提高行车舒适性的作用。通过遮蔽种植，可以避免司乘人员看到令人不快的物体；服务区、管理区等栽植树木和草坪，可以为人们提供舒适的休息环境；绿化可以使公路和周围景观更加协调；成块栽植或景观镶边可以改变单调的公路景观避免司机瞌睡和疲劳。

绿化有调节路面温度、防止路面老化的作用。绿色植物能吸收日光辐射或减少地面辐射，夏季能遮光蔽荫，冬季能阻挡寒风的侵袭，形成林下小气候；绿化可以迅速恢复公路建设中被破坏的沿线植被，有利于生态平衡；路基种植植被不仅可以固土护坡，有利于边坡稳定，还可防止水土流失。

（二）中国公路绿化的现状

我国的普通公路绿化现状。普通公路虽然比高等级公路的绿化形式简单，但防护条件较差、线路里程长、绿化和管理养护难、投资条件有限，很少有专门针对普通公路的绿化设计，所以存在着绿化树种单一，成活率、保存率低，生态和景观效益较差的问题。

我国高等级公路绿化的现状。随着我国高等级公路的建设和发展，公路的绿化模式和建设规模发生了深刻的变化。对于公路绿化的功能要求也从较单纯的环保和水保功能，到要求兼具交通视线诱导功能，绿化和美化相结合，追求一种融科学、艺术、园林、生态、环保、美学等多功能为一体的景观工程。

我国公路绿化的有关标准相对落后。在公路绿化的规范方面，有交通部颁布的《公路工程技术标准》《公路养护技术规范》《公路路基设计规范》《公路路基施工技术规范》《公路环境保护设计规范》《GBM工程绿化指南》中都有关绿化的要求，还有相应地各省、市、自治区也有些关于公路绿化的地方法规。但还没有专门的公路绿化模式和树种选择技术规范等方面的标准来指导全国的公路绿化工作。此项工作的滞后，与我国公路的飞速发展极不相称。

（三）我国公路绿化的发展方向

今后道路绿化的发展方向可概括为以下几个方面：

尽可能增加公路绿色生物量，为净化大气、降低温效应做贡献。

建立植物枯枝落叶回收利用系统，有效利用资源。施工中受影响的地区，事后要通过选种适宜的花草树木使其恢复生态平衡。采取一切措施，尽快地恢复原来的然群落。

建立"尊重自然、恢复自然"的理念。在设计施工，将对自然的破坏努力控制在最小的限度内，努力为野动植物创造新的生存空间，恢复其被破坏的生息场所建立人和动物、植物协调发展的生态环境。

严格执行有关标准。为充分落实国家"走可持续发展道路"的战略思想，建设高标准的公路通道绿化工程，国家林业局于2005年下达了编制《公路通道工程绿化模式及树种选择技术规程》的任务。绿化模式的确定和树种的选择配置是建设高标准的公路通道绿化工程的关键。可以预见，这个标准也为众多的绿化施工单位提供了较为完善的依据，将加快我国公路绿化的快速健康发展。

二、高速公路绿化设计

（一）我国高速公路绿化设计的现状

随着我国经济快速发展，高速公路建设和规划也在迅速发展，由于高速公路的安全性和相对舒适性特点，其高速干线运输通道的作用日益显著，高速公路已经渐渐成为世界各国国民经济和各国人民现代生活不可或缺的交通枢纽。我国高速公路建设起步于1984年，最早开工的是沈大高速公路，最早完工的是沪嘉高速公路，是世界上规模最大的高速公路系统（不含各国的地方高速公路）。高速公路的功能不应该仅仅局限于给我们带来高效、快捷、安全和舒适的出行方式，它还应该担负起它应该承担的社会效益、生态环境保护和改善沿途景观的责任。高速公路的建设对高速公路沿线生态和环境造成了一定程度地破坏和不利影响，使高速公路的建设与周围环境产生了较大矛盾，为了缓解它们之间的矛盾，改善和提高公路沿线环境和景观质量，对高速公路的绿化设计已成为一个十分重要而且很必要的内容。

高速公路绿化是指高速公路及周边环境的植被种植的系统工程，在保证公路畅通正常运营发挥其服务功能的前提下，高速公路的绿化要在一定程度上起到对高速公路的运行具有辅助功能、对高速公路与周围环境间的矛盾具有调和功能、达到减少交通事故、维护高速公路良性运转、巩固路基、保障车辆通行、保护路面、降低噪声、防治污染、诱导交通等目的，同时有助于减缓司乘人员眼睛疲劳、引导司乘人员视线、维护行车安全、进而有助于减少交通事故的发生。2012 年底我国高速公路总里程达 7.4 万公里，到 2015 年年末我国高速公路总里程将达到 10.8 万公里。随着社会对环境保护的要求不断提高，高速公路绿化级相关工作日益引起人们的关注和重视。高速公路绿化已经正在从一般的植树种草防止路基滑坡逐步过渡成一个集绿化、环保、预防自然灾害、人文等在内的系统工程。

（二）高速公路绿化的作用

1. 稳固道路边坡，预防自然灾害

高速公路边坡，如果没有植被的覆盖，会因为长期裸露在自然条件下，变得越来越脆弱，可能散落、滑坡和山崩等侵蚀现象，通过对高速公路沿线边坡的绿化，可以利用绿化植被保水固土的特性，稳固边坡，降低高速公路建成后的养护难度和延长高速公路的使用寿命。高速公路绿化可以在一定程度上起到预防风沙，在北方地区的高速公路绿化此作用尤为显著。同时高速公共路的绿化可以减轻大量降雨对公路沿线的破坏，保证公路沿线地基稳定。此外绿化还可以在一定程度上吸收车辆行驶产生的废气，预防酸雨、雾霾等灾害的发生。

2. 诱导司机视线，防止交通事故

高速公路中央分隔带绿化和设计可以很好地起到遮蔽对向车辆灯光减少对向车辆灯光的交汇，从而起到防眩的作用，在一定程度上预防了交通事故的发生。同时中央分隔带的绿化可以减缓司机长时间驾驶车辆产生的精神疲劳和视觉疲劳，降低交通事故发生的可能性。此外中央分隔带种植的灌木，由于具有一定的坚初性，而且几乎是连续种植，这样在发生交通事故时可以减缓受伤者受到的冲击，将交通事故的损失尽可能降低。

高速公路的绿化设计如果规划合理，各种植被布置位置得当，有助于指示驾驶人员前方路线，引导驾驶员视线，集中注意力驾驶车辆。高速公路的沿途的连续变化的绿化植物排布，可以起到指示道路线形变化和前方道路方向，辅助驾驶员预判断前方道路走向，避免弯道突兀出现而引起的不必要的交通事故。

3. 保护自然环境，减少噪声尾气

高速公路的建设打破了原有的自然生境和生态系统地平衡，高速公路的绿化可以较好地使高速公路融入周围的自然环境，从而起到调和高速公路和周边环境矛盾的作用。

同时绿化植被的种植也在一定程度上起到了保护道路沿线周边环境和促进生态恢复的作用。高速公路的绿化对调和两者之间的矛盾具有不可获取的作用。

高速公路的建设本身就是开始于对绿地的破坏，随着高速公路里程的建设不断增加，人类在生活环境中的绿色资源也在不断减少，在高速公路的运营中，车辆产生的尾气也在潜移默化的破坏我们的生活环境。高速公路的绿化在一定程度上弥补了这方面的缺陷，绿

化植被的种植可以减少车辆运行产生的噪音，吸收车辆尾气，净化生活环境，起到调和高速公路建设运营与生活环境之间的矛盾的作用。

4. 美化沿线景观，提供休闲场所

高速公路中央分隔带绿化和边坡等绿化给高速公路沿线提供了生机盎然的环境，同时伴随着绿化设计艺术与公路建设的结合，美化的高速公路及其沿线环境可以起到缓解司机乘客人员的行驶疲劳。同时高速公路沿线服务区的存在，为司机乘客人员提供了短暂休息和生活方便，同时服务区和周边特色植物和特色文化艺术的建筑有助于司乘人员对当地风俗的初步了解，有助于地方文化的传播和不同地域文化的融合。

连续密集种植的绿化植被可以遮蔽道路两旁的不雅景物，一定程度上起到美化景观的作用。同时高速公路的整体和沿线绿化，可以很大程度上解决单纯的高速公路存在所引起的突兀感和不协调感，将高速公路融入周围的环境中，起到对高速公路沿线整体环境的美化作用。

（三）目前存在的问题

总体来看，我国高速公路的绿化目前存在问题主要表现在以下几点：

1. 高速公路绿化缺乏统一的规划，绿化标准滞后

高速绿化设计存在相对滞后于路基，路面等主体工程的设计，目前设计大部分以《城市道路绿化规划与设计规范》《公园设计规范等为依据》，特别是由于地区差异性大，地方性高速公路绿化设计规范差异大，针对各区域自然气候特点和本地区高速公路建设实际，区域性高速公路绿化设计标准还未发布。

2. 高速公路绿化植被选择相对单一，空间配置形式单调

目前高速公路的绿化植被选择采用普通道路绿化设计的手法，没有更多考虑高速公路的特性，只强调视觉的感受。虽然道路绿化已形成了一定景观，但仍存在种类不够丰富，特色不够明显，景观效果较为单一等问题。应丰富植物种类，增加观花观果植物，提高乡土树种利用比例等改变这种现状。

3. 高速公路绿化不同地域、不同线路之间难以形成较整体的效果

各建设管理单位仅依据所辖路段的情况进行绿化设计、施工，使得整条高速公路绿化没有统一的规划与风格，绿化建植格局比较混乱。过分重视形式，而没有考虑以区域的尺度恢复沿线区域自然景观为主的。

4. 高速公路绿化资源和绿化质量有待提高

植物品种贫乏，配置单一，绿化设计还属于传统园林景观设计手法，人工痕迹较重，与国际水平以及人们对自然生态环境的日益提高的要求相比较，我们还存在一定差距，要进一步提高绿化质量，做到与周边环境协调，融合，创造和谐自然生态环境与景观效果。

5. 高速公路绿化设计和相关管理水平有待提高

高速公路绿化作为公路建设的一项重要内容，应纳入公路发展的统一规划。在新建、改建高速公路中，将坚持高速公路绿化与公路建设"同规划、同建设、同施工"的原则，对高速公路绿化在建设期间就给予充分重视，使绿化工作一步到位，避免先期不足。

6. 高速公路绿化过度重视初次建设，建设后的绿化植被养护没有得到充分的重视

建设舍得投入大量的资金和成本，但是在后期养护管理中却不舍得投入更多的资金，后期管护投入不足、管护力量薄弱等原因，使得养护的得不到养护，影响了公路生态及景观，使得高速公路绿化率、成活率、覆盖率偏低。

（四）高速公路的绿化设计理念

高速公路绿化理念与模式是综合性较强的一门实用性自然科学。它与很多学科都有密切联系，比如生物学、环境学、生态环境学、公路、艺术学、美学、建筑学、工程学以及自然地理学等。高速公路绿化的特点和形式一般有：简洁明了、辅助交通运行、协调自然、舒适优美、气势壮观等。

1. 高速公路绿化设计的总体理念

我国高速公路绿化环保和景观布局设计工作和西方国家相比起步较晚，但近些年来高速公路的绿化设计发展非常迅速，高速公路绿化环保、景观绿化理论随着道路里程的增加，经过了从模仿别人、到自我探索、然后经历改进绿化方法和思维、发展绿化模式、总结绿化经验和教训、再继续发展的几个重要阶段，高速公路绿化的理论和实践基础与规模也在逐步成长。其设计理念大致相似，基本以环境保护为前提，将高速公路绿化的功能性要求、环保性要求一起考虑在内，结合考虑噪音因素、水土因素、生态因素和社会因素等，将高速公路绿化人为产物和道路沿线的周边环境相协调、相统一，进而建立起特有的公路环境景观综合系统。此外，逐步将我国园林审美艺术融入高速公路建设的整体风格中，并且结合公路沿线不同区段的人类文化和自然环境，打造出具有着中国特色公路绿化环保景观设计。

基于国内外高速公路绿化设计理念，结合我国高速公路绿化特点和生态、文化要求，本研究提出的高速公路绿化设计理念可以归结为：绿化美化与道路养护相协调、景观布置与交通安全相协调、文化特色与自然环境相协调、工程措施沿生态保护相协调。在实际应用中，应当重点考虑以下 6 个方面：

（1）在满足道路通行安全的基本要求的同时，努力做到避免对原有地形、地貌特征的破坏，体现尊重自然和协调自然的原则，尽可能保护和恢复道路所在的生态环境，做到高速公路的建设与周围生态相协调统一。

（2）遵守区域和国家的道路建设要求和规则，在高速公路的设计中要满足绿化景观美化的要求之外，还要顾及公路建设的施工方便和施工进度的加快，做到高速公路的环保目标与使用目标相统一。

（3）在高速公路的建设和绿化过程中，注意在不同路段融入相应地域的文化元素，在配合公路建设和绿化的同时，提升高速公路建设的艺术水平和文化内涵。这有利于提升高速公路建设的内在人文关怀，更加方便司乘人员的出行。

（4）高速公路建设和绿化，要尽可能地考虑到司乘人员的安全和工程的成本，做到施工成本、景观美化和司乘人员的最佳组合。

（5）高速公路绿化起到净化空气的作用，绿色植物在光合作用过程中能够吸收大量柴、汽油燃料排出的二氧化碳、二氧化硫等气体，释放氧气，对空气起到净化作用。

（6）高速公路绿化对综合景观起到美化的作用，能使生硬、单调的行车环境变得丰富多彩，能使裸露的路堑、边坡披上绿装，能使新建公路对周围环境的负面影响降到最低，使公路巧妙地融入周围的环境，为驾驶员、乘客提供优美、舒畅的行车环境。

2. 不同功能区的绿化设计理念

高速公路的建设本质上就是一项巨大人为工程，在建设施工的过程中会在所难免的对原有的生态环境和生态系统造成不利的影响，比如破坏原有景观、威胁原有动植物的正常生存、破坏原有地域的水土、污染沿线区域的大气环境和土壤环境等。因此在高速公路的绿化设计中理应把对周围环境的保护和生态的保护考虑在内。

（1）中央分隔带的绿化

中央分隔带位于高速公路沿线的正中央，是高速公路绿化景观设计中十分重要的组成部分，对此区域的绿化在很大程度上提高了高速公路运行的安全性，并且更直观、更明显地起到美化高速公路的作用。高速公路中央分隔带绿化具有车道分隔、减轻对向车辆司机乘客人员的危险感，防止眩晕和减轻高速公路环境污染的作用，除此之外，设计合理美观的中央分隔带还可以减轻司机乘客人员的形式疲惫感、减轻司机长时间驾车的紧张感，进而降低交通事故的发生。高速公路中央分隔带在高速公路的总体施工建设和绿化美化中具有很好的引导司乘人员视线和绿化景观美化的作用。中央分隔带的设计和规划通常用低矮灌木进行整体统一形式和统一修剪设计为主，间或配合树木有无落叶的特点，间隔或者连续种植常绿植物和落叶植物。中央分隔带的绿化植物选择应该多考虑耐尾气污染或者吸收尾气的植物，并且生长较慢、易于修剪和管理的坚韧灌木最为适宜。

（2）公路边坡的绿化

高速公路的绿化不同于其他的单纯以绿化为目的或者以景观创作为目的的绿化，高速公路的绿化必须以辅助高速公路的正常运营为最基本的原则，既要满足高速公路正常的车辆通行，又要配合艺术美化、景观设计、生态环境保护等通过道路线形绿化，降低交通事故的发生、方便司乘人员相对定位、缓解司乘人员行驶疲劳、保护环境和恢复生态、放松司机的行驶紧张感等的辅助作用。而且在高速公路的边坡绿化设计时应尽量地与中央分隔带的绿化设计相统一、相协调。另外，根据不同路段的实际情况边坡绿化也应该有相应变化，比如边坡的坡度、土质性质和低坡的纵向长度、土质边坡防护首要任务就是保证上质边坡的稳定性，然后用对水土保持有很好作用的草类机械喷洒种植防护。对于高度比较矮的土质边坡，可以在保护高速公路的路基和保证高速公路的正常运行之余，选择较种植低矮且适应能力较强的耐旱草坪、观赏灌木或者具有固土保水作用的匍匐类植物，从而较好地起到较好的美化道路景观的作用。对于高度较高的土质边坡，可以用不同种类的植物防护边坡或者工程防护边坡，起到很好的固坡和美化的作用。对于石质边坡的绿化，由于岩石型边坡的分级特点，对待此种边坡应该因地制宜、因势制宜，采用不同级边坡不同绿化方式。可以选择蕨类植物或者藤本植物进行绿化，在绿化的同时还使得绿化具有空间层次。

（3）公路两侧的绿化

在高速公路两侧公路用地范围内，在不影响正常的车辆行驶的前提下，选择种植花灌木、乔木和灌木结合，在区分景观同时形成垂直的绿化景观，从而更好地起到保护环境的作用。高速公路两侧的绿化设计和绿化布局在工程实施阶段应该采用因地制宜的原则，根据不同路段的地域特色选择不同的绿化植物和地域文化，在不同区域形成具有不同特色的绿化景观。比如湿地景观、山林景观、田园景观、草原景观等。为了方便车辆驾驶人员的视线通透需求，在道路两侧适宜种植低矮的灌木，方便司乘人员对公路沿线风景的欣赏，较好地做到人工景观和自然景观相协调、相统一。

（4）互通立交区的绿化

互通立交区域的绿化在考虑集中复杂的交通功能的同时，应该注重体现周围环境特点和地方文化与道路绿化整体景观的统一。立交区的绿化应该尽可能地配合交通的指示和引导功能，包括路线预告、强化相应标志和强化目标等。根据不同立交区所在的地域和气候的不同，结合自然环境选择绿化的方法和植物。由于立交区域空间落差大的特点，在绿化设计时最好更加注重立交区绿化的空间层次设计，形成较好的自然群落景观，同时减少后期绿化养护工作量。

（5）服务区的绿化

考虑到服务区为停车休闲、用餐、加油之处，对景观的要求较高，可结合邻近城镇园林的设计风格，配合房屋建筑、雕塑、花架等设计，选用观赏价值高的花草树木。如果经济条件允许，可适当选用较为珍贵的植物。

（五）高速公路绿化设计模式

1. 高速公路绿化设计的基本原则

高速公路的景观特点线型的，这也使得在高速公路的绿化中需要考虑许多特殊因素：一是高速公路不同路段所在区域的生境条件和气候因素。不同地区的气候条件决定了区域内植物生长特点和生长习性，对高速公路的绿化设计具有重要的参考意义。二是高速公路的典型特点，高速性，高速公路的行车速度较快，一般车速在 80 ~ 120km/h。由于交通工具的高速运动特点，使得司乘人员对道路两侧绿化的细小部位敏感度较低，这就要求在这样的条件下，绿化景观设计要大尺度，过度的细腻和破碎的绿化都是没有实际意义的。

中央分隔带绿化、边坡绿化、边沟外绿化和互通立交区绿化是高速公路绿化主要组成部分。因为高速公路不同组成部分具有不同的绿化植物生长环境和不同的实际需求，高速公路的绿化美化模式和绿化植物的选择都应该遵循一定的原则和要求。

（1）因地制宜原则

高速公路建设的线性特点使得整条高速公路所跨地域距离较长、环境多种多样，这就使得绿化景观的建设环境在不同的地域、不同环境、不同水质和土质、不同气候环境下进行。由于绿化植物具有明显的地域特色，因此高速公路的绿化应该尽可能的采用因地制宜的方法种植乡土优势植物作为绿化用植物在保证高速公路基本的交通功能的基础上，应该注重指示、标志、预防眩晕、视线诱导、保持水土和遮蔽等功能，同时更加注重高速公路绿化的因地制宜原则，强调在现有地形的基础上，宜草则草、宜树则树，从而使环境效果和视觉效果相统一，满足绿化植物良好生长的同时，更好的展示高速公路不同区段的地域特色。

（2）生态安全原则

高速公路在建设就在原有生境的基础上，人为实施工程，从而使原有的生态环境发生了变化，在高速公路的运行中，也会对环境有所破坏。因此在高速公路的绿化中进行景观设计，在一定程度上改善对原有环境的破坏，恢复原有生态。生态安全是人类生存和生活的一种必须的状态，它是在人与环境的相互关系中，为人类的基本生活需求提供必要存在的资源，是人类延续和发展必不可少的条件。高速公路的建设中必须考虑环境因素，充分认识到人与环境的互惠互利的关系，做到高速公路绿化建设的可持续发展。

（3）和谐景观原则

在高速公路的绿化设计中除了考虑高速公路设计范围内的植物景观布置之外，必须考虑将高速公路的景观布置与周围的环境相协调、相一致，将高速公路的绿化设计融入其所在的自然环境中，将高速公路的建设景观、绿环景观和自然景观和谐地统一起来。

（4）环境效益的原则

高速公路由较直接的方式促进了不同地域、不同城市间的经济交流、文化交流和人文交流，推动了社会经济的发展进步和人类文化的融合，具有很大的经济效益和社会效益。为了最大限度地延长高速公路的使用寿命，高速公路的景观设计需要尽可能地发挥其环境效益，在高速公路的绿化设计时就应该做好足够的调研和调查，在保证高速公路基本的通行前提下，最大限度的维持不同路段所在的生态环境、保护所在地的生态环境，做到对道路沿线自然资源、自然景观和人文景观的维护和利用。同时在注重设计和建设的之外，更加重视高速公路绿化建设后的道路养护和绿色植被的养护，将高速公路的经济和环境效益发挥到最大。

2. 中央分隔带绿化的设计模式

中央分隔带是高速公路绿化景观设计中最重要的组成部分，对高速公路的安全运行和景观美化具有不可替代的作用。它具有车道分隔、减轻对向车辆司机乘客人员的危险感，防止眩晕和减轻高速公路环境污染的作用，除此之外，设计合理美观的中央分隔带还可以减轻司机乘客人员的形式疲惫感、减轻司机长时间驾车的紧张感，进而降低交通事故的发生。

（1）整形模式

中央分隔绿化带的模式，在我国最常用的就是整形式。一般设计模式就是上层用小乔木按照相同的排列方式、株距、修正方式排列，下层根据路段所在的不同景观搭配相应和谐的灌木和地被植物。由于此形式种植简单，所用树种较单一，导致司乘人员在车辆行驶中容易产生眼部疲劳，有一定的缺陷。基于此点，整形式可以演变成如下变形模式：①在中间分隔绿化带种植的树种选择时，可以在种植某一主体植物之余，留出空间选择其他在此路段也具有较强适应能力的此树种的其他品种，或者具有不同叶色、花色的其他品种，对绿化带的色调和样式进行一定的调节；②在绿化分隔带的单排防止眩晕树木之间，种植高度不一致、树冠幅不一致、树种不一致的树种。在原有主体植物的间隔种植其他树种，采用长距离重复，短距离差异的形式。

整形式也可以与其他形式组合形成演变形式，比如树篱形种植形式。在其他绿化设计模式不变的情况下，通过缩短所中树木的数目种植间距，从而用树木形成树篱。此种演变形式，最大的优点是有良好的遮蔽阳光的效果，同时在发生车祸时，车辆撞击中央分隔绿化带会很大程度上起到较好的缓冲作用，这样可以更好地起到保护司机乘客人员的人身安全，减少他们所受的损伤。但是此种演变形式的缺点也同样存在，即此种形式仍然没法摆脱绿化设计的单调呆板的缺陷，而且在工程实施时需要种植大量的树木，造价成本较高。由于以上的缺陷，此演变形式在国内高速公路的绿化中很少应用。

（2）图案模式

在高速公路的中央分隔带，在考虑车速的前提下，将绿化植被裁剪成沿行车方向长度有所加长的几何图案，在植被的平面和立体空间上做一定的裁剪，形成优美的绿化景观。种种形式的中央分隔绿化带的设计一般应用在城市或者靠近城市的路段，可以给司机乘客人员的美的享受，减缓行驶疲劳。此设计模式的缺陷是，虽然就有较好的美观性，但是其遮光性能却不好，如果设计、施工不当，其多变的形式和图案可能过度吸引司机的注意力，导致不必要的交通事故。同时此种绿化模式大大增加了后期高速公路的养护管理工作量，后期养护成本较高。

（3）平植模式

在受道路管理限制或者较窄的路段适宜采用此绿化模式，即采用灌木满铺密植，并且将植被裁剪成一定的形式。植株的密植会适当地限制杂草的生长，这有利于减少后期的绿化养护管理工作量。这种形式在普通路段一般不采用，常见于中央分隔带的开门处，此处的绿化一般要具有导向和提示作用，因此在植物的选择和植物高度选择上有别于普通路段，具有相对的独立性和独特性。

在高速公路的绿化设计的过程中，可以采用因地制宜的方法，根据不同的道路、不同线型、不同的周边环境综合利用几种不同的绿环模式，充分整合不同绿化模式的优点，相互弥补缺陷，将整形式的点状种植与图案式、树篱型、平植式的线型连续密植种植绿化模式相结合，组合形成多种多样的道路景观和道路绿化形式，进而更好的实现高速公路通行功能和艺术景观绿化的协调统一。采用相同形式长距离间断，不同形式长距离连续的中央分隔带绿化模式，每种形式的持续距离以车辆行驶 5min 的时间为宜，因为超过此时间长度，司乘人员的视觉新鲜感就会降低，因此不必要的高速公路通行的负面心理影响。按照高速公路车辆行驶速度在 80 ～ 120km/h 计算，此距离在 6.7km ～ 10km 为宜，这样既可以使司机乘客人员保持所看景观的新鲜感，又可以降低由于长时间看到相同景观而引起的司机视觉疲劳。

为了解决高速公路绿化的防止眩晕问题，中央分隔带绿化植物的选择在高度上应该高出路面 1.3 ～ 1.8m 为宜。在种植植株的种植间距上，虽然国内有不同的计算标准，但是总的基本原则就是根据种植植株单株间距、车灯扩散角和植株冠幅的相关性计算得出，一般的高速公路行驶车辆的汽车灯扩散角为 20°，相应的植株株距不应大于防止眩晕植株冠幅的 5 倍。

3. 边坡绿化模式

高速公路的绿化不同于其他的单纯以绿化为目的或者以景观创作为目的的绿化，高速公路的绿化必须以辅助高速公路的正常运营为最基本的原则，在满足高速公路正常的车辆通行的前提下，再配合景观设计、艺术美化、生态保护等通过道路线形绿化，起到缓解司乘人员行驶疲劳、方便司乘人员相对定位、放松司机的行驶紧张感、降低交通事故的发生、保护环境和恢复生态等的辅助作用根据土方工程构造和防护模式等的不同可以将边坡分为不同的种类。从边坡构造的角度可以将边坡分为路堤边坡和路堑边坡；从边坡防护方式的角度，边坡可以分为植物防护边坡、工程防护边坡和植物防护与工厂防护相结合的边坡。20 世纪 30 年代起，以美国为首的发达国家就开始着手研究和应用公路边坡植草恢复技术和机场空地植草恢复技术。比如在注重对公路建设和绿化中的自然保护区和历史文化遗产的保护，在高速公路必要区段设立生物通道，以此来保持道路沿线自然地相对不被破坏和生物的连续性。法律规定公路的建设必须与自然保护区域保持一定的距离，规定将公路交通对环境的影响降低到最小。虽然日本的高速公路建设起步晚于西方发达国家，但是日本的环境保护和道路沿线的生态恢复却处于世界领先地位。英国为代表的欧洲国家利用新技术将加筋土技术与公路绿化植被防护相结合，发明了并应用了包裹式的加筋土植草墙面的挡土墙。分析国内外的实践经验，不难发现，用自然之物防护高速公路的边坡起到防护高速公路的水土流失保证道路的正常运营的同时，又可以保护道路周边环境和生态恢复。我国的高速公路绿化工程，在起初只是应用单纯的、对环境破坏较大的工程防护，从 20 世纪 90 年代起才逐步开始应用自然植被进行边坡防护，现有的边坡绿化防护模式主要有以下几种：壤土型边坡防护、岩石型边坡防护、土石混合型边坡防护。

（1）壤土基质模式

此种边坡主要是由松散的壤土构成，因此土护坡成了壤土型边坡防护的最主要的任务。壤土型边坡防护首要任务就是保证壤土边坡的稳定性，然后用对水土保持有很好作用的草类机械喷洒种植防护。对于有特殊用途的边坡，可以用草坪做基底，然后在空间上用花灌木或者低矮的灌木材料建立空间层次营造景观。在挖方边坡碎落台的景观布置，应该注重于中央分隔绿化带的绿化植被相衬托，起到景观布置的一致性作用，同时在第一级边坡的绿化要充分利用它的空间层次特点，将绿化的空间层次体现出来，设计出丰富的层次景观。

（2）岩石基质模式

由于岩石型边坡的分级特点，对待此种边坡应该因地制宜、因势制宜，采用不同级边坡不同绿化方式。第一级边坡的绿化设计要努力做到从视觉上弱化岩石边坡面的目的，尽可能地用垂直绿化的理念，将砌片石满铺的表观用爬行生长的藤本植物弱化或者掩盖，起到降低构造物粗糙感和压迫感，从而起到美化的作用。对于第二级及以上岩石边坡的防护，可以采用生物或者生物与工程共同防护的技术完成对边坡的美化和防护，例如三维网植草和刚性骨架回填土直属或者植草等。相关学者曾系统地概括总结出了几种岩石边坡绿化方法：土工格室、三维网与液压喷播绿化复合使用、混喷绿化、土工格栅、混凝土骨架与液压喷播绿化复合使用等。

（3）土石混基康横式

土石混合型边坡一般是由壤土、碎石和岩石共同混杂形成，对于高速公路的绿化难度来说也相对增大。在结合利用壤土型边坡和岩石型边坡的绿化模式同时，土石混合型边坡的绿化可以采用形成浆砌片骨架的菱形或者拱形网格，然后再结合三维网和液压喷播绿化防护边坡。

4. 高速公路两侧绿化模式

目前我国高速公路两侧绿化带种植有以下几种：①乡土特色植物种植；②观赏植物种植；③屏障植物种植；④防护林植物种植；⑤灌木植物种植。其中起到道路封闭隔离作用的是灌木植物种植和屏障植物种植，为了更好地起到隔离作用，可以选择防护时间久而且容易更新的低矮灌木，取代铁丝网等人工的隔离栅栏，节约施工成本的同时，降低公路的后期维护成本；防护林植物种植一般在平原地区或者沙尘较严重的地区采用此种绿化模式，比如在农业为主的区域，一般是平原区，已发生扬尘，对此区域的防护林种植宜在公路沿线种植 4 ~ 6 行大乔木，在防护风沙，固土保水的同时也可以与当地的农业林网相协调；水生植物的种植是根据高速公路所在的区段水资源丰富的特点，布置水生植物可以体现地域特色的同时营造具有水乡特色的湿地生态环境景观；特色植物的种植，可以更好地体现因地制宜的原则，将高速公路所经历的不同地域用它们特有的植物特色的表现出来，更好地反映所在路段的当地风情和地方特色景观；观赏植物的种植，一般适合在开阔的地形或者地貌采用，在此区域可以结合园林设计的相关理念，将高速公路两侧的绿化植物包括乔木、灌木和草本植物按照不同的空间层次绿化布置，根据落叶和常绿植物的间或搭配充分突出高速公路绿化的空间层次和绿化样式的丰富性和季节性。

5. 互通立交区域绿化模式

互通立交植物的配置目的主要有以下两点：①辅助道路的正常通行，引导视线，帮助司乘人员辨认行驶方向，尽量避免阻碍时视线的通透；②通过绿化设计美化立交区的景观环境，减轻司乘人员行驶疲劳感。互通立交区域的护绿在考虑集中复杂的交通功能的同时，应该注重体现周围环境特点和地方文化与道路绿化整体景观的统一。根据不同立交区所在的地域和气候的不同，结合自然环境选择绿化的方法和植物。由于立交区域空间落差大的特点，在绿化设计时最好更加注重立交区绿化的空间层次设计。立交区的绿化应该尽可能地配合交通的指示和引导功能，包括路线预告、强化相应标志和强化目标等。在平行干路的轴线上，应该保持绿化植物和绿化模式与主干线相一致，宜采用连续的灌木或者乔木等，指示前方的路线轮廓；在分流车辆的三角区和出入口附近等需要行驶提示的地方，宜采用大型乔木或者连续灌木，以起到道路行驶指示的作用，方便道路的通行。

目前常见的立交区绿化模式有：①自然式群落种植绿化模式；②大型模纹图案绿化模式，如模纹汉字、图形等；③苗圃景观绿化模式，此种绿化模式更加常见。大型模纹图案绿化模式通过修剪、整形和人为的布置花卉和常绿灌木等组成整体一致的图案，此种绿化模式具有造型丰富多样、色彩多样的鲜明特点。其缺陷就是后期公路的养护成本较高、管理要求较高，并且生态效益和景观价值有限。自然式群落种植绿化模式和景观绿化模式，弥补了大型模纹图案绿化模式的不足，提高了立交区的景观欣赏价值和生态环保价值，一般采用不同树种和草本植物高低搭配，落叶植物和常绿植物相结合，使得立交区的绿化更加符合自然规律、更具空间层次和美学价值。

6. 高速公路绿化植物的选择与配置设计模式

高速公路绿化植物的选择要根据需求不同、地域不同、绿化部位不同、气候不同、生态环境不同选择相适应的植物和配置方式。在绿化植物的选择和布局上，应该根据高速公路所在的额生态环境、植物生物学特性、地理条件和景观的美化几个方面，进行公路绿化植物材料的选择，然后对选择植物合理布局，结合园林艺术和景观艺术合理美化，在保证高速公路的车辆正常行驶的前提下，起到防眩、诱导视线、缓解行驶疲劳、降低交通事故发生等辅助作用。而绿化植物的选择，一般要选择具有较好的适应能力，在高速公路复杂的生态环境中具有较好的抗逆性、抗病性、抗污染性和易于管理等方面特点的同种或者不同植物。由于我国国土面积广大，高速公路一般距离很长，相应的高速公路会经过不同的生境和不同的气候区，因此高速公路绿化的植物选择也变化很大。但是总体原则应该将建设成本、经济效益、社会效益、环境效益和生态效益有机地结合起来，在高速公路的绿化中不同区域的绿化所占的权重不同，因此绿化设计的注重程度也有所不同。高速公路的绿化主要体现在中央分隔带绿化设计、边坡绿化设计和互通立交区的绿化、美化和总体布局。

（1）高速公路绿化植物配置模式

高速公路绿化植物的配置模式根据植株的种植间距（L）、汽车灯光的投射角（α）和植株的冠幅（D）相关关系：L≤D/sin（α/2）来确定，而且在道路的转弯处适当增加植株种植的密度。绿化植物的配置模式一般情况下有以下几种：

1）绿篱式

绿篱式绿化配置模式是指，在绿化植物种植时采用同一种植物相同形式长距离间断种植，不同形式长距离连续种植的绿化植物种植方式。该种植模式的最大优点就是形式简洁明了而且整齐有序，具有系统性和美观性。种植植物的持续距离以车辆行驶5min的时间为宜，因为超过此时间长度，司乘人员由于长时间观看相同景观会使其视觉新鲜感降低，有可能司机形成不必要的高速公路通行负面心理。一般按照高速公路车辆行驶速度在80 ~ 120km/h计算，此距离在6km ~ 9km为宜，这样在增加植物多样性，生物防治病虫害的同时，既可以保持司机乘客人员对所看景观的新鲜感，又可以适当降低他们因长时间看到相同或者相似景观布局而产生的视觉疲劳。

2）插花式

插花式绿化配置模式其实是一种间隔种植绿化植物的方式，此种配置模式以基本绿化灌木为基调，间隔种植观赏性灌木、花灌木或者花草等，此绿化模式在体现景观的季节性变化同时，有使得高速公路绿化在线型、色彩、美化方式等变化更丰富，是高速公路的绿化更具空间层次感。插花式绿化模式的基调植物的选择可以参考绿篱式绿化模式的绿化植物，间隔种植物应以观赏性花灌木为主，因为灌木的养护管理一般较容易而且可以粗放管理，这样既能起到绿化设计得丰富多样又可以减少高速公路绿化建设后的后期管理工作量。而且可以利用多种植物的种植采用多种多样的构型和布局，比如对种植植物的形状修剪、对种植植物的图形排列、文字排列等，更加艺术、更加美观的对绿化植物进行布局。

3）跳跃式

跳跃式绿化配置模式类似于插花式绿化配置模式，与插花式绿化配置模式不同的是，在植株植物的交替上，不是单株植物的交替，而是两株或者两株以上植株的交替种植，从而使绿化植株的排列具有极强的节奏感和区分性，在一定程度上可以起到缓解司乘人员精神疲惫感和视觉疲惫感。

（2）高速公路绿化植物选择

高速公路不同的路段、不同地域、不同绿化部位，绿化需要的功能不同，绿化方式和绿化植物的选择也就不同根据各绿化区域在高速公路整体绿化设计布局中所占的比重大小，以下着重介绍中央分隔带、边坡、互通立交区绿化植物选择。

1）中央分隔带绿化植物选择

高速公路中央分隔带的位置特殊性，导致其土壤因素和小气候因素成了中央分隔带绿化需要考虑的因素。因为此绿化位置位于高速公路的中央，绿化植物的生长条件十分恶劣。

由于车辆的通行导致此位置空气污染严重、灰尘较多；由于位于柏油道路中央位置的温度比道路两侧都高，导致土壤水分易于蒸发；同时柏油路夏季升温快而且冬季降温也快，温度低于周边温度，导致此位置在冬季对植物的损伤很大，已发生冻害；为便于道路通行和造价相对较低，此位置的绿化面积较小，回填土层较薄，土壤的透气性和透水性都比较差；有机物质含量低，土质肥力不高。以上的不利条件使得对中央分隔带的绿化植物选择比较严格。

在绿化植物选择时，首要遵循的原则就是安全第一，所选绿化植物必须能起到遮光防眩的作用，避免对向行驶车辆因为车辆灯光交汇而引起不必要的交通事故。其次要注重环保优先的原则，选择适宜在这样的苛刻条件下正常生长的植物，此绿化植物最好有生长缓慢，管理需求不大的特点，达到不影响司乘人员的视线通透和方便绿化植物的后期管理。除此之外，要尽量做到对高速公路景观的美化，通过在常绿基调或者常绿与落叶搭配基调的基础上，种植具有观赏性的花灌木或者间断的改变种植的植物种类，以起到减缓司乘人员的视觉疲劳和美化高速公路绿化环境的作用。最后绿化植物的选择也要考虑到绿化植物的种子或者苗木成本，绿化植物是否容易获得，绿化植物后期管理和养护所需费用等高速公路绿化建设的经济性问题，尽量做到在花费相对较小的情况下将绿化植物的经济价值、环保价值和生态价值发挥到最大。

2）边坡绿化植物选择

高速公路的绿化不同于其他的单纯以绿化为目的或者以景观创作为目的的绿化，高速公路的景观绿化必须首先以实现高速公路可以正常运营为前提，然后高速公路绿化还需要将生态保护、绿化景观设计、景观艺术美化等整合在一个框架内，满足高速公路正常的车辆通行，起到放松司机的行驶紧张感、缓解司乘人员行驶疲劳、降低交通事故的发生、方便司乘人员相对定位、保护环境和恢复生态等的辅助作用。高速公路的边坡绿化设计最好统筹中央分隔带的绿化设计。同时边坡绿化还必须与不同路段的实际地域特点、土壤特点等相结合，比如边坡的土质性质、纵向长度、高度、和边坡的坡度等。

高速公路边坡的绿化主要作用是将高速公路融合到周围的生境中，防止水土流失、稳固公路路基、改良土壤、协调道路周边环境和道路景观，达到公路的建设与周围环境相统一，公路建设与环境保护相协调。边坡绿化物种的选择可以按照远乔木、中灌木、近草坪的原则，依据边坡地理位置和土壤性质进行选择。

乔木植物的选择最好是植株树冠较大、叶子光合作用能力强、生存能力强的乡土乔木。在保证绿化植物正常的前提下，这样的乔木可以更多地吸收交通废气、更有力的保水固土、更好地起到降低交通噪音的作用。从而使高速公路的绿化更具经济和环境价值。一般选择的乔木有香樟、大叶女贞、柳树、紫叶李、桂花、刺柏、蜀桧、棕榈等。具有持久护坡能力的灌木的选择，需要注重选择一些耐贫瘠、根系发达固坡能力强、含水能力较好并且具有一定观赏价值的豆科植物或者禾本科植物。一般选择地灌木有小叶女贞、大叶黄杨、红叶小檗、迎春等。草本植物具有快速铺盖坡面、生存能力强、防止土壤侵蚀、通过减缓地表径流防止水土流失等优点，而且由于灌木创造的良好的生长条件，草本植物可以更好地发挥它在绿化中的优势作用。草本植物的选择最好选择护坡能力好、根系发达、形成草坪能力快等特点，在播种时最好做到冷暖型草种混合播种。一般选择的草类绿化植物有毛勺子、狗牙根、早熟禾、细羊毛、紫花苜蓿、麦冬草、高羊茅、小冠花、多年生黑麦草等对于特殊边坡绿化设计比如路堑边坡绿化设计除了满足维持正常的交通功能和基本护坡功能之外，还要突出其景观美化和艺术欣赏价值。标志性景观设置的最佳地点可以放在较大的迎面坡，在这里进行景观布局可以更好地提升高速公路绿化的艺术价值和欣赏价值。但是路堑坡比路堤坡的立地条件相差较大，所以需要用必要的工程防护为植物的生长创造更加有利的生长环境。基于这样的特点，在种植植物选择是更需要考虑植物的抗逆特性和美化特性，在绿化植被的选择上多以草本植物和灌木为主，并且尽量多搭配不同绿化植被。在坡顶可以选择在原生境中的优势植物品种，有效地防止降雨对边坡的侵蚀破坏。而在边坡的碎落台的绿化多选择用藤本植物绿化，比如爬山虎等，一定程度上起到软化边坡的作用。

三、高速公路施工期绿化工程监理

（一）绿化工程监理的定义

绿化工程监理是指具有绿化工程监理资质的监理单位，受项目法人委托，依据国家有关法律、法规、绿化工程作业设计及绿化厂程承包合同等，代表建设单位对绿化工程项目全过程及全环节实施的一种专业化管理，以期对绿化工程的三大目标（质量、工期、费用）进行控制。

（二）绿化工程监理的内容界定和阶段划分

1. 环境监理的内容界定

绿化工程监理内容包括质量监理、费用监理、进度监理，其中质量监理为重点。

2. 绿化工程监理的阶段划分

与施工过程相对应，高速公路施工期绿化工程监理也分三个阶段进行：施工准备阶段、施工阶段、交工及缺陷责任期阶段。

（三）绿化工程分项、分部及单位工程的划分

根据建设任务、施工管理和质量检验评定的需求，应将建设项目划分为单位工程、分部工程和分项工程。施工单位、工程监理单位和建设单位应按相同的工程项目划分进行工程质量的监控和管理。

单位工程 在建设项目中，根据签订的合同，具有独立施工条件的工程。

分部工程 在单位工程中，应按结构部位、路段长度及施工特点或施工任务划分为若干个分部工程。

分项工程 在分部工程中，应按不同的施工方法、材料、工序及路段长度划分为若干

个分项工程。

（四）施工准备阶段监理

监理合同签订后，即进入施工准备期监理。环境监理工程师的主要工作是熟悉合同条件、相关环保法规和质量标准，参加施工图纸复核和放样定线，督促承办人提交施工组织计划，准备第一次工地会议，准备发布开工通知等。

1. 基本监理内容

（1）熟悉合同文件，明确模糊问题

苗木质量的标准很多，一般要在合同中详细地规定出来，监理工程师在开工前审批的承包人计划中也可与承包商讨论明确的细节要求，并常常附加一句："有关技术规范的要求也应视为与合同中的规定有同样的效力"。

（2）制定监理程序，完善监理技术方案

监理程序包括绿化工程监理工作流程，质量检查程序，铺设表土、撒播草种、种植乔灌、攀藤植物和草皮监理程序，及进度监理程序，缺陷责任期监理程序等。

做好开工令下达前的准备工作，审批承包人的开工报告，合理发布开工令；

实际上在合同签订后，承包人应妥善安排苗木订购等前期工作。如果因征地、交叉工程等原因引起开工时间难以确定时，监理和承包人要提前保持沟通及时反应。开工报告应包括路段的位置、设置部位、长度、类型，材料的品种、采购、运输、数量和相关试验（鉴定）资料，取土场、加工基地、材料库的准备，机械及人员安排，施工方案和自检等，最重要的是施工组织计划及保证措施。

应该注意的是，不同的绿化路段，其气候、土质、坡比等均不相同，因此绿化监理工程师还应重点审查承包人提交的绿化施工方案是否可行。绿化种植材料（苗木、种植土、草籽、土壤改良剂、保水剂、植物生长剂、肥料、无纺布、钢筋等）的质量验收及苗木的起苗、打包、运输、假植方式的验收在开工前进行。以下内容按规定程序报批后，即可开工。

召开第一次工地会议；

审批承包人的工程进度计划；

审查承包人自检系统，建立完善的质量保证体系；

承包商经常将部分工程分包给苗圃苗农，"包种包活"，以期减少风险，获得最大利润，但苗圃与承包商的合同往往不严密，容易产生争议，引起项目进度、质量、费用的一系列问题，对此监理工程师应在审查承包人的工程进度计划和自检系统时，注意苗圃、施工队等分包人的素质，并提出意见，核实苗源，把握质量，通过核实苗木的供应地，可以确证及时开工，并保证成批的苗木质量。这样的核实工作可以靠已有经验，查看苗木订货单，询问等办法确定，有必要时可与承包商协商，考察苗圃，但因为产地调研带有较强的资格考察性质，同时花费的经费和精力较多，既然监理的任务是重点围绕质量控制，何况甲方已经对承包商的资格、能力已经予以认可，所以是否考察应该慎重决定。

原则上不将南苗北调或北苗南移，跨地区苗木调运必须按照《中华人民共和国植物检疫条例》规定，经检疫部门检疫合格。

以合同为统一标准，衡量质量，而不论苗木来源如何。公路绿化工程实行招标后，出于控制成本的原因，标底低，往往会使拥有苗圃的承包商中标，但苗圃的品种不会应有尽有，而是集中于部分品种，有时也没有足够的数量。因此无论何种承包商组织苗源多于自供苗源，造成产地不同，苗木的生长势、形状等合同中难以描述的质量因素会有差别，监理工程师应与承包商达成共识，掌握统一的标准。

以合同为标准，统一价格。苗木的地区差价很大，同时承包商规模、所有制体制、经营策略、垫资实力等不同。监理面对承包商苗源、底价等商业秘密，不要因承包商最终成本高就提高合同单价，也不应因承包商最终成本低就压低单价，如果较低，甲方也应遵守合同。

审查承包商的保险及担保，支付动员预付款；

向承包商书面提出细化要求，提供基准点、标高、范围，验收承包人的放样定线情况，验收承包人的地面线；

核实设计图纸；

一般主体工程的施工后，绿化工程场地的位置、面积、标高等都与设计时的情况有许多不同程度的变化，这时监理工程师要复核有关工程量数据，并报告给业主，变化大时要经过业主确认后再开始实施。承包人提交的施工图应符合设计和规范要求，说明栽种位置、种植范围和植物种类等。

检查承包人占用的工程场地；

监理其他与保证按时开工有关的施工准备工作。

2. 绿化工程环保审查要点

设计审查

1）绿化设计是否满足安全驾驶、美化、环境保护三大功能；

2）是否存在绿化工程土方施工与路基施工的重复，应保护表层腐殖土。

绿化植物审查

1）是否与种植目的（护坡、休憩）相适应；

2）是否与周围自然植物相协调；

3）是否与气候、土壤条件相适应；

4）是否抗行强、耐粗放管理；

5）是否易成活且容易获得；

6）是否做到种类与生态习性多样性；

7）是否做到兼顾近期和远期的树种规划。

绿化工程技术审查。

（五）绿化施工工艺监理

常见的高速公路绿化形式有播草种，铺草皮，种植乔、灌、攀藤植物及与工程防护相结合的四大类型。每一类型各有多种施工工艺。

1. 撒播草种监理

（1）草籽直播

1）种植前种子处理可加快种子发芽，处理包括选种，浸种，去壳去芒，特殊处理等。禾本科种子浸 1 ~ 2d，豆科 12 ~ 16h，地被植物 6 ~ 18h，期间换水 2 ~ 4 次，浸种后置阴凉处，每隔几小时翻动一次，过 1 ~ 2d 风干。小叶女贞、国槐可用 300 ~ 500ppm 的 KBr 溶液浸泡 24 ~ 48h；小冠花可用浓硫酸泡 20 ~ 30min。

2）直播分为三种方式，撒播、穴播、条播，无论采用何种方式，均应做到播种均匀。其中后两种适用于土壤硬度大的情况（＞27cm），播种后及时覆土滚压或齿耙松表土，种子埋在表土下 1 ~ 2cm 处，播种后须覆盖稻草麦秸（0.4 ~ 0.5kg/m²）或无纺布，苗高 6 ~ 8cm 时除去。撒播为保证均匀，可掺砂 1 ~ 2 倍混合种子撒播，大小不同的草籽组成混播，宜先播大粒者，再播小粒者。

3）出苗前后一周应重点水肥管理。

（2）喷播植草

1）坡面的岩石、碎泥、植物、垃圾应清理干净，之后回填客土（50 ~ 75cm）；并浇水令坡面自然沉降，根据需要改良土壤 pH 值；

2）监理应检查是否设置了合适的排水沟，排水沟距通常为（横向）40 ~ 50cm；

3）草种、木纤维、保水剂、黏合剂、肥料、染色剂、水的比例应符合设计要求；

4）喷射厚度应符合设计要求，做到坡面均匀无遗漏，完成后加盖无纺布；

5）加强前期养护管理，洒水成雾状，均匀、无坡面径流，定期喷广谱药剂，及时追肥与补植。

2. 种植乔木、灌木、攀藤植物及草皮监理

（1）草皮铺种

1）清除坡面杂物，翻耕 20 ~ 30cm，若土质不良，则需改良，耙平坡面，铺前轻填 1 ~ 2 次坡面，将松软土层压实，并洒水湿润坡面；

2）应选择均一无病虫害的草皮，及时铺植，顺次平铺。铺好的草皮四角用尖桩（木竹）固定（长 20 ~ 30cm，粗 1 ~ 2cm），尖桩与坡面垂直，其露出草皮表面不超过 2cm。块与块之间保留间隔，一般适宜以 1：3 至 1：6 的比例铺植，需尽快成坪时，草皮块间隔应小些，块与块间隙填入细土。在坡顶及坡边缘铺时，草皮应嵌入坡面内，铺过坡顶肩部 100cm 或至天沟，坡脚应用砂浆抹面等做处理；

3）每天洒水保持土壤湿润直至出苗成坪，并注意病虫害防治及及时追肥。

（2）乔、灌种植

1）挖坑、砌槽通常应在宜种植季节之前进行，应做到坑槽位置准确，坑径符合要求，直上直下避免造成窝根或填土不实。斜坡处挖坑应先做一平台，平台应以坑径最低规格为依据，坑槽底部应垫入营养丰富的表土；

2）栽植过程应做到苗木上下垂直，行道树树弯与路平行，孤立树好面朝主方向、迎风方向。露根苗木应保证根系舒展、随填土随踩。带土球苗木，应放好位置高度后再拆腰绳草包。较大规格常绿树和高大乔木应设立柱支撑；

3）定根水应浇充足，浇水后及时围堰，堰径半径比树坑径大 20～30cm，干旱无雨季节，4～5 天后浇第二遍水，半月之内浇第三遍水。

（3）大树移植

1）大树移植难度高、风险大，除非局部景观有特殊要求，一般不采用。按设计要求选择树木，通常灌木比乔木易于成活，落叶树比针叶树或常绿树易于成活；

2）起苗前须切根，栽植坑径比土球大 40～50cm，深度比土球深 20～30cm。起苗时，以干径 3～4 倍为半径挖坑，挖至土球直径 1／2～1／3 时，对土球进行修整；

3）其他同乔灌栽植。

（4）开沟植茎

1）该工艺主要适用于匍匐茎的草坪草，例如狗牙根、野牛草；

2）沟与沟保持 5～10cm 间距，沟深 4～5cm。

（5）草塞法

穴的深度、穴径、穴分布及塞草量应符合设计要求。

（6）撒茎覆土

1）该方法通常适用于匍匐茎植物，例如狗牙根；

2）根茎长度通常应保持 2～5cm，并做到均匀撒播。

（7）小段扦插

1）通常取 2～3 节为一段，扦插时应将 1～2 节埋入地下生根，留一节端露出土外；

2）扦插株行距应符合设计要求，通常为 6×8cm ／ 10×20cm。

（8）香根草篱护坡

1）该方法适用于南方温暖湿润地区，一般用于土质边坡，坡率不陡于 1：1.0，坡高每级不超过 10m。施工季节为 3 月底及 8 月底至 9 月底最佳，应避免严冬酷暑；

2）除杂、疏松草带土壤。通常每条草带宽 40cm，深 15～20cm，种植 2 行，并施底肥。排水设施的设置切忌沿等高线方向整成两端高中间低，使径流水积聚在草带中央而加剧破坏；

3）选择培养了 1～2 年的壮苗，基部茎节长有多蘖，根系发达较粗，割高度 20～25cm 为宜，苗根合理留长；

4）分好苗，用种植土搅拌成泥浆根，定植后踩实并浇足定根水，株行距应符合设计要求；

5）加强水肥管理，及时补植，适度割。

3. 防护植草

（1）喷混植生护坡

1）清理坡面，保证坡面平整稳定；

2）锚杆钻入深度及间距应符合设计要求；

3）施工中用到的各项材料（基材、钢筋、三维网等）的质量均应符合设计规范要求；

4）网与坡面距离符合规范设计要求，网需拉紧；

5）喷射厚度应符合设计要求，做到坡面均匀无遗漏.完成后加盖无纺布；

6）加强水肥管理。

（2）三维网植被护坡

1）该技术适用于较稳定路堑的中低边坡防护，常用坡比 1 ：1.25，大于 1 ：1.0 时慎用。它能快速实现全面绿化，护坡效果好，但造价较高；

2）劣质边坡处理。填方段，若表层较硬，采用齿耙耙松坡面，厚度为 2 ~ 3cm，挖方段，一般土质可横向挖槽（3cm 深，间距 10cm），风化石边坡可密集打小穴，穴深 3 ~ 5cm，穴径 3 ~ 5cm，穴间距 10cm。如用客土回填，一般回填厚度为 50 ~ 75cm，之后用水湿润令自然沉降，并调节土壤 pH 值至适中；

3）在坡顶及坡底沿边坡走向开挖矩形沟槽（宽 30cm，深 20cm），坡面顶沟离坡面 30cm，用以固定三维植被网；

4）排水设施参照液压喷播；

5）填方边坡挂网，坡顶延伸 40cm 埋入边角底中，自上而下，相邻网搭接 10cm，紧贴坡面，无褶皱和悬空；挖方边坡，坡顶延伸 100cm 埋入边角底中，网间搭接 15cm；

6）用于固定三维网的钢钉，其型号、间距、数量均应符合设计要求；

7）分层回填客土，做到坡面平整，无网包外露，并洒水浸润；

8）液压喷播施工同直喷法。喷后加盖无纺布，加强水肥管理。

（3）植生带护坡

1）一般用于土质路堤边坡，土石混合路堤边坡经处理后可用，也可用于土质路堑边坡。常用坡率 1 ：1.5 ~ 1 ：2.0，超过 1 ：1.25 时应结合其他方法使用坡高一般不超过 10m；

2）除去坡面杂物，深耕 20 ~ 25cm，施肥、碎土块、楼细耙平，改良土质，准备细粒土（沙质壤土为宜）；

3）开挖沟槽用以固定植生带。铺植生带时，先用木板刮平坡，将植生带自然平铺，拉直、放平，接头处重叠 5 ~ 10cm，上下两端应置于矩形沟槽，填土压实，之后用 U 型钉固定，钢钉间距应符合设计要求；

4）用筛子均匀地于坡面筛准备好的细粒土，厚度为 0.3 ~ 0.5cm，及时洒水，第一次要浇透，使植生带完全湿润；

5）加强水肥管理，并及时补植.保持土壤湿润，出苗后一个月左右进行第一次追肥，20 天后第二次追肥。

（4）挖沟植草护坡

1）适用于泥岩、页岩及泥页岩层等易开挖沟槽的软质路堑边坡，常用坡率 1：1.0 ~ 1：1.25，坡率超过 1：1.0 时应结合坡面锚杆使用，坡率不得超过 1：0.75，每级高度不超过 10m，一般施工应在春季和秋季进行，避免暴雨施工；

2）坡面清理平整至设计要求；

3）按设计行距开挖楔形沟（竖向保持直立，横向设置 5% 倒坡保证回填土稳定）开挖到位；

4）其余要点分别参考三维网施工及喷播施工。

（5）土工格室植草护坡

1）该方法在各地区均可应用，但在干旱、半干旱地区应保证养护用水的持续供给，适用于泥岩、灰岩、砂岩等岩质路堑边坡，坡率不陡于 1：1.0，超过 1：1.0 时慎用，每级坡高不超过 10m。春秋进行，尽量避免暴雨季节施工；

2）土工格室施工应根据不同坡率采用不同单元组合形式，按要求进行冲孔，孔内灌注 30 号砂浆。锚杆型号、质量应符合设计要求。铺设时先用固定钉或锚杆固定坡顶，从上往下展开，然后坡脚固定；

3）应使用振动板回填客土，靠近表面时用潮湿的黏土回填，高出格室 1 ~ 2cm；

4）其他要点分别参考相应的施工方法。

（6）浆砌片石骨架植草护坡

1）该方法各地区均可应用，但在干旱、半干旱地区应保证养护用水的持续供给，各类土质边坡均可应用，强风化岩边坡也可应用。常用坡率 1：1.0 ~ 1：1.5，超过 1：1.0 时适用，坡高每级不超过 10m，春秋进行，应尽量避免暴雨季节施工；

2）水泥、砂浆强度应符合设计要求，先砌筑骨架衔接处，再砌筑其他部分骨架，两骨架衔接处应处在同一高度。骨架的长度、宽度应符合设计要求，镶边加固，自上而下逐条砌筑，与边坡紧贴，骨架流水面应与草皮表面平顺；

3）其他要点分别参考相应的施工方法。

第九章　公路施工生态保障

第一节　公路建设对生态环境的影响

20 世纪 50 年代以来，日趋严重的生态环境问题引起了国内外工程界的广泛关注，各国都采用不同手段和措施进行环境保护与环境污染治理工作。与此同时，各国开展了对环境保护与污染防治的理论、技术、政策、法规等的研究，逐步形成了环境科学及各门类学科，以寻求人类社会与环境协同演化，持续发展。

一、公路对路域环境的综合影响

高速公路是社会文明和经济发展的产物，公路建设和营运在不同程度上对沿线的生态环境产生直接或间接影响。如何减少和消除这种影响所带来的负面作用，实现发展与保护的可持续，必须充分认识公路对路域综合环境的影响，并提出相应的措施和对策。

（一）噪声污染

噪音是指对人的生活、工作、心理和生理产生不利影响的声音，噪音污染具有分散性、地域性、时间性和无残留性等特点，是一种感觉性公害。公路建设过程中噪音来源主要是各种施工机械产生，对施工人员与附近居民的正常工作和生活造成影响。经济学家分析，高速公路噪音直接影响路域沿线的经济，特别是土地价格，交通噪音每增加 1dBA，土地价格就会下降 0.08% ~ 1.26%。在公路环境影响评价中对高速公路路域环境内噪音有强制性规定，噪音污染超标情况下必须制定防护措施。

尽管目前公路施工的机械化水平已经相当高，但是，各种施工机械施工时仍难免产生噪声，对施工人员与附近居民的正常工作和生活造成影响。

1. 施工现场的运输机械、筑路机械和其他施工机械以及进行爆破等作业时产生的噪声。

2. 稳定土拌和站、水泥混凝土拌和站和沥青混凝土拌和站工作时产生的噪声。

（二）水污染

建设过程中水污染主要有：（1）道路施工中的弃土弃渣等固体废物直接排放水体，造成水污染；（2）桥梁施工对河流的污染；（3）施工时产生的施工、生活污水所造水污染。

（三）水土流失

高速公路每 km 建设占地约 5.3hm²，在平原地区会占用大量的农田。建设初期由于公路线形需要，根据设计要求在施工过程中需要进行大量路基挖填和土方异地运输，对原地面植被和地貌破坏较大，导致地表裸露，而在短时间内无法用植被方式进行有效覆盖，在重力、水力和风力作用下极易造成水土流失。

公路建设离不开土方石方作业，在施工过程中造成的水土流失有以下几点：

1. 破坏地面植被和原有地貌，导致地表裸露，造成新的水土流失。

2. 弃土、弃渣不采取适当措施妥善处理，而随意倾倒，加剧了水土流失。

3. 施工中使用的临时便道以及建筑材料，若不采取响应的水土保持措施，遇到暴雨或大风都会造成一定的水土流失。

（四）对土壤环境的影响

高速公路建设对土壤最重要的影响源于公路建设引起的水土流失，水土流失将导致土壤中有机质含量减少，大量无机元素流失，土层厚度变薄，土壤粒度变大，土壤结构和质地变差，最终导致土壤朝沙土和大团粒结构转化，对动植物和微生物产生直接或间接影响。另外，通过大气的迁移和扩散，水迁移和机械迁移等途径形成高速公路对路域范围内土壤环境的污染，土壤环境污染的结果主要表现在：土壤理化性质和结构的改变，土壤微生物数量减少，土壤重金属、有毒有害元素含量增加和土壤肥力和保水力降低等。在高速公路施工期间，由于土方的频繁挖填和运输，严重破坏原肥沃表土层。裸露面土壤以生土为主，有机质含量低，土壤费力差，土壤不疏松，不利于植被的生长。

（五）对动植物的影响

由于赤通鲁高速公路选线需要，道路通过草原、沙地、河流和湖泊等，引起路域范围内的生态环境发生很大的变化，从而导致当地部分生物种群由于生态环境变化而发生迁移和死亡等现象，种群数量、种类和种间交流也会发生相应的变化。

公路建设中的土方挖填和结构物施工及人的因素都会对路域环境内的植物种类、种群密度，植被覆盖等造成破坏，公路施工期产生的空气、水源、噪声和重金属污染给路域环境内的植物生长和繁殖产生很大的影响，严重时将导致部分物种梢失，影响生态系统的稳定性。对公路建设破坏的生态环境进行植被恢复的过程中，还可能由于外来植物种类引进不当造成新的物种入侵现象。英国一项研究表明，固沙林释放出的含氮物能够影响 100-200m 范围内的植物生长，附近农田带来的富氧化可以促进大量农田杂草的生长，并成为乡土植物种群的主要胁迫因素。

二、各类具体施工项目对路域环境的影响

在公路建设过程中，必然会对沿线一定范围内生态环境产生不同程度的影响。赤通鲁高速公路穿越生态环境脆弱的科尔沁草原。草原地区公路建设对自然生态系统影响明显，

施工不当会引起局部自然生态失调，会对沿线生态环境产生不良影响。公路施工过程中因施工人员活动增多也将成为局部地区生态环境失调的新的诱发因素。

（一）路堤、路堑施工对自然环境的影响

公路施工有时须取土填筑路堤，开挖山丘形成路堑，必将破坏原有植被，干扰动物栖息环境，破坏土体的自然平衡，引起边坡失稳、水土流失。在施工期取土、弃土场及暴露的工作面成为水土流失的主要发生源，丘陵坡面弃土可带来长时间的水土流失，给自然生态环境造成一定的影响。

在施工期将进行土石方的挖掘和填筑，裸露的地面在旱季引起大量扬尘，覆盖于附近的农作物和树木枝叶上，将影响其光合作用，导致农作物减产。在花期，还影响植物坐果，减少产量。另外，施工便道两侧的农作物和树木也容易受到运输车辆引起扬尘的影响，覆盖其枝叶花果，影响其生。雨季施工雨水冲刷松散土层流入施工场区周围的农田，造成淤积、淹埋农作物和植被，对农作物的生长和周围植被会产生不良影响。

（二）桥梁施工对自然环境的影响

桥梁施工时，使河床过水断面受到压缩形成桥前局部雍水，水流速度减缓，泥沙下沉。桥下水流速度加快，造成局部冲刷。此外，施工期间基坑开挖、筑捣钻孔、打桩，使河床受到扰动，泥沙上浮以及泥架废渣排放，致使下游局部河段水质变差。

第二节　路基施工生态保护技术

一、高速公路边坡坡面的特点

高速公路是全封闭、全立交四车道以上的干线公路。为适应车流量大、确保分道、安全、高速行车，路面设计要求达到宽、直、平。修筑高速公路的路基施工时，在地形起伏较大的地段，高出标高的地方要挖方，低于标高处应填方。相比其他工程建设边坡，高速公路边坡的坡面特点及立地条件有其自身特点。

（一）原有植被与表土遭到破坏，表土抗蚀能力减弱

公路在施工过程中，因开挖使地表植被遭到破坏，原有表土与植被之间的平衡关系失调，表土抗蚀能力减弱，在雨滴和风蚀作用下水土极易流失。公路施工过程中挖方及重力作用破坏了坡面原有的良好结构平衡，而雨滴的浸泡又增加了坡面的负担，加剧滑坡和崩塌的发展，严重时造成滑坡、泥石流、山洪等。

（二）公路边坡小气候复杂，限制因子多

据 Hursh CR（1949）的研究，裸露的公路边坡风速比林地大 15 倍，比草地大 8 倍。风速大，风蚀往往严重，极其不利于水分保持。由于风速大，造成了水、热的重新分配。加上土壤贫瘠、温度变化大等原因，形成了复杂多变的小气候，不利于植物正常生长。

（三）边坡坡度较大

由于坡度大，土壤渗透性差等原因，边坡土壤对降水截流较小，这一方面容易造成水土流失和光、水的再分配；另一方面由于水土流失导致坡面土壤贫瘠，立地条件差，不利于植物生长。目前，我国公路边坡比一般为 1：1，即 45°，有的甚至达到 60° 以上。

（四）高速公路的阳坡或半阳坡侵蚀更为严重

高速公路的阳坡接受的热能辐射量较大，土壤昼夜温度变化大，干湿交替较剧烈而频繁，物理风化强烈，水分蒸发快，湿度低，不利于林草生长，植被覆盖度低，土壤中植物根系和有机质含量少，团粒结构差，土壤干燥疏松，抗冲蚀性能差，抵抗雨滴溅蚀能力弱，故极易造成土壤侵蚀；另外，阳坡为迎风坡，降雨几乎垂直作用于坡面，击溅最大，同时风又加大了雨滴的重力加速度，加速了土壤的侵蚀。

（五）冬夏、昼夜温差大

由于高速公路路基通常较高，地形开阔，空气对流快，造成冬季气温很低，使植物冻伤死亡；春季地温回升慢，夏季温度较高，使植物灼伤甚至死亡。另外，白天气温升高快，夜间散热快，昼夜温差较大。

二、边坡坡面侵蚀机理

公路边坡大面积暴露于自然界，长期受到自然因素（雨水、日照、气温、风力等）的反复作用，边坡岩土的物理力学性质常发生变化。土质边坡浸水后湿度增大，土的强度降低，饱和后的土体强度急剧降低；岩性差的岩体，在水温条件下，加剧风化，边坡表面在温差和湿差作用下形成胀缩循环、干缩循环，导致岩土强度衰减和边坡剥蚀；地表水流冲刷、地下水源渗出，使岩土表层失稳，产生"鸡爪沟"，易造成和加剧边坡的水毁病害。

边坡的失稳与许多因素有关，地质构造、岩土性质、地形地貌、气候条件、地表水作用、地下水活动、地震、人类工程活动等都可以引起滑坡等边坡失稳现象。在这些因素中，水是产生边坡失稳的重要因素之一。地表水的冲刷，地下水的活动与其水压力以及暴雨激发等往往是诱发边坡失稳的主要因素。许多在旱季稳定的边坡，会在降雨时期失稳。据统计，在国内大气降雨是绝大多数的滑坡的主要触发因素或促发原因。因此，研究降雨对边坡稳定的影响很有必要，降雨对土质边坡的侵蚀包括使部分泥沙颗粒从边坡中分离及随后的坡面水流对其搬运而产生的面状侵蚀和沟状侵蚀。

（一）降雨溅蚀

降雨溅蚀是垂直降落的雨滴击溅边坡土壤将其搬离原位而产生的侵蚀。在边坡面上击溅起来的土粒大部分向下坡方向。雨滴溅蚀力的大小与雨滴到达地面时所具有的动能成正比。雨强越大，雨滴直径越大，其动能越大，溅蚀力越强。当雨滴离地而9m以上自由降落时，其到达地面时的速度将达到均衡，在坡面上，薄层水流的存在对溅蚀具有很大的影响。

（二）面状侵蚀

面状侵蚀是坡面发育中的主要侵蚀形式。它是指面流在流动过程中比较均匀地冲刷整个坡面的松散物质，使坡面降低，斜坡后退。长期侵蚀的结果，使边坡中部表土下移，中部凹陷而坡顶凸出。山坡面上搬运的侵蚀物质大都堆积在坡脚，久而久之，坡脚处形成深厚的堆积层。坡面剖面为上凸、中凹、下直的形态。影响面状侵蚀的主要因素有降雨、植被、坡面岩土结构、坡面形态及人类活动等。

1. 降雨量和降雨强度

降雨量和降雨强度是坡面侵蚀、塑造坡面过程的主要外应力。坡面侵蚀量的大小与降雨量、降雨强度成正比。其中尤以降雨强度影响最为重要，它不仅在短期内带来丰富的水量，而且还以强劲的雨滴对地面进行高速（7～9m）的冲击，溅起土粒，扰动土壤，使它向坡下蠕动。每次特大暴雨后，面状侵蚀的结果使坡面凹凸不平，沟谷交错，边坡变得支离破碎，难以形成整齐划一的坡面。

2. 植被

有效的植被覆盖是保证边坡稳定的必要条件。植被对地面具有保护作用，如树冠、树干、凋落物和草类等都可拦截雨水，避免雨滴对地面的直接打击。其中树冠即可截留降雨量的15%～80%。凋落物既能储存水分，又可阻滞面流的进行，它分解后还改良了土壤性质，增加了土壤透水性，减少了面流的发生。此外植物的根茎能固结土层，拦阻而流。所以在植被覆盖的边坡上，面流作用就较微弱。

3. 坡面岩土结构

组成坡面的岩土结构以及残积、堆积物的致密程度，都会影响坡面的抗蚀能力。如在页岩、泥岩分布区、黄土堆积区及花岗岩风化壳（残积）分布区，由于岩性软弱或土质疏松而抗蚀力差，面蚀作用都十分强烈。

（三）坡面形态

1. 坡度和坡长

边坡坡度和坡长分别影响流速和流量。从理论上讲，坡度越大则流速越大，侵蚀力也越强。但实际研究表明，坡度在40°～50°时侵蚀量最大，超过此坡度时，侵蚀量反而减小。

原因是坡度越大，实际受雨面积减少，从而也减少了流量。从坡顶到坡脚，随坡长的增加，流速逐渐增大，侵蚀力逐渐加强，但在侵蚀力不足以克服抗蚀力前，侵蚀不会发生。当坡长增加使水流的侵蚀力超过抗蚀力时，侵蚀随坡长将逐渐增大。

2. 坡向

不同坡向的坡面接受阳光的多少和风力作用下坡面接受的雨量和受雨滴打击的强弱不同。一般而言，阳坡（东南坡）由于接受较多的阳光照射，土壤水分蒸发较快。早期土壤水分低下，不利于植物生长。因此不论在黄土高原，还是在南方地区，阴坡植被多比阳坡好。在炎热的夏季，我国南方某些地区光裸的阳坡由于受太阳暴晒时间较长，地表温度可高达70℃，夜晚又降到20℃左右，巨大的昼夜温差是地表物质风化的主要原因。风力作用使雨滴下落方向与坡面的夹角在迎风坡增大，在背风坡缩小。雨滴下落方向与坡面夹角在迎风坡的增大作用实际上增加了迎风坡的雨滴打击力，也就是增加了迎风坡的坡面侵蚀。

3. 坡形与坡面微形态

直形坡，愈向下坡水流汇集愈多，流速愈快，侵蚀随之加强。凸形坡，坡面上缓下陡，上部侵蚀冲刷较弱，而下部比较强烈。凹形坡，坡形上陡下缓，坡面上部坡长较短径流汇集较少，坡度较大但侵蚀冲刷不强烈。坡面中部坡度居中，侵蚀较强。坡面下部由于坡面减缓，流速降低，坡面水流的挟砂能力减弱，由上部搬运下来的泥沙易在下部沉积。复合坡形，对坡地土壤侵蚀的影响较复杂，坡形愈多变为复合坡，坡面流路愈长，流速愈慢，水流的侵蚀少愈小。

坡面微形态主要影响坡面水流的流态和水拐流速。凹凸不平的坡面水流向低凹处汇集，易形成股状水流而发展成细沟。但雨滴的击溅和水沥的搬运，会将凸出部分的土壤填到低凹处，逐渐使表面自然夷平，这种现象在刚开挖的边坡和填围边坡较容易出现。

（四）沟状侵蚀

水流汇集于低凹处或浅状延伸的沟槽，在超过了低凹处或沟槽的蓄水能力后开始形成线状流。时分时合的线状流随着后续水流的汇集，逐渐聚集成股状水流，并产生细沟侵蚀，形成细沟。坡面一旦产生细沟，侵蚀即由面状侵蚀变成沟状侵蚀。水流的形态、侵蚀力等都发生变化。侵蚀沟是坡面最显著的特征之一，在侵蚀严重的边坡上，密布的侵蚀沟将坡面切割得支离破碎。沟状水流所具有的侵蚀和搬运力远远大于雨滴溅蚀和坡面水流的侵蚀和搬运力，因而是新开挖边坡破坏直至失稳的重要外力。

三、风化作用对公路边坡的危害

（一）岩石强度大幅度降低

由于风化作用，减少了岩石中某些原生矿物或增加了某些新生矿物成分，风化矿物、改变了岩石的成分和岩石结构，增大了易于变形的可能性，从而降低了岩石的强度，同时由于风化作用，使岩石各颗粒间的联结力遭到破坏，导致岩石发生裂纹，山裂纹发展为裂缝，然后沿着岩层的软弱面深入到岩石内部，使岩石的完整性遭到破坏，强度大幅度降低。

（二）影响边坡稳定

由于岩石风化的最后结果是强度降低，完整性遭到破坏，表层松散破碎，产生大量的碎石、碎屑或薄片。这不仅为形成岩堆和泥石流提供了物质基础，而且也促使了边坡及山坡坡面发生崩塌、落石的可能性。虽然岩石风化是缓慢的，风化剥落的块体小，一次剥落下来的数量亦不多，但如果让其长此以往，将使边坡出现较大的坑洼，坡面凹凸不平，形成探头，从而导致边坡崩塌、落石等。影响整个边坡的稳定性。

（三）影响排水，导致水害

土质（或岩质）边坡或山坡坡面风化剥落下来的风化物，零星地堆积在坡脚或平台上。日积月累，风化物越来越多，逐渐堵塞边沟、截水沟、排水沟、涵洞等排水系统，雨水不能从预定的排水构造物排走。雨水渗入路基路而，降低了路基路面的承载力，使路基路面出现病害，导致水毁；雨水渗透到边坡上，增加了岩石的重量，降低了岩土的内摩阻力，导致边坡崩塌、滑坡等路基病害。

（四）堵塞道路，影响交通

边坡表层土或风化岩层表面，在大气的干湿或冷热的循环作用下，表面发生胀缩现象，使零碎薄层成片状从边坡上剥落下来，而且老的脱落后，新的又不断产生。边坡剥落的碎屑，堆积在坡脚，越积越多。如不及时清理，将会堵塞逆路，影响交通的正常营运。

四、植物防护理论

（一）植物根系加固作用范围

边坡的灾害防治一直是工程建设者十分关注但又未完全解决好的问题。边坡的破坏按滑动体的厚度可分为深层滑动和浅层滑动（包括表层的雨蚀及风蚀的滑落）。如何判定边坡属于深层滑动或浅层滑动，目前并没有明确的界限值。此处规定的深层滑动指破裂面处于大多数林木的深根系影响（一般小于 2m）之外的滑动。

（二）植物防护的力学效应

植物的竖向根系穿过坡体浅层的松散风化带，锚固到深处较稳定的岩土层上，起到预应力锚杆的作用；植物的侧向根系在土壤表层形成网状构造物，将其周围土壤缚紧，使土壤成一个加筋的整体，与竖向根系一起形成一种立体防护结构，在土壤的结构上起到网结和桩固作用，增加了土壤的抗拉强度和抗剪强度，从而提高边坡的安全系数。根系对边坡土层的加固作用与根的分布形态、根在土中的含量和根的强度等因素有关。

（1）根的分布形态

生长在一株植物上的根可以分为三种：侧根、竖向（垂直）根和须根。植物根的形态决定了它对边坡稳定所起的作用，如垂直根和侧根所起的作用是不同的。一般来说，含有较多的竖直向下地穿过潜在剪切滑动面的强劲须根的根系，提高抗浅层滑坡的能力。

（2）土中根的含量

土中根的含量不同，根对土的加筋作用的效果不同，因而植物对边坡稳定性的影响程度就不同。随着深度增加，根在土中的含量越来越少。衡量根在土中的含量的一个常用的指标是"根的面积比率"（Root Area Ratio，简记为 RAR），它指的是在一个土层断面上（水平断面或垂直断面）根的截面面积与总断面面积的比率。还有一种衡量土中根的含量的方法就足"根的生物量集度"，即一单位体积土中根的质量，它和 RAR 存在一定的转化关系。

（三）植物防护的生态效应

高速公路的建设中占用了大量的土地、并且改变了原来的生态环境和植被及动物的栖息地。建设高速公路的同时，应尽可能最大限度地恢复被破坏了的生态环境，尽一切可能的保护动物、植物的多样性，这样才能最终体现高速公路的生态效益。高速公路的生态恢复后效益体现在：

（1）恢复被破坏的生态环境功能

边坡植物的存在为各种小动物、微生物的生存繁殖提供了有利的环境，完整的生物链又逐渐形成，被破坏的环境也慢慢地恢复到原始的自然环境。

（2）保持水土功能

为了保护边坡的稳定，可以利用植物材料进行防护，植物的根系纵横交织，十分发达，能有效地增加土壤机械固着能力，对提高防冲、防蚀能力、保持水土、稳固路基非常有效。它可截流，阻挡雨水直接冲击坡面，加大坡面的粗糙度，减少地表径流，防止路基变形及坡面坍塌。另外，路基的稳定和含水量有很大关系，路基含水量过大，是造成路面破坏的重要原因之一。尽管在路基设计中，考虑到一定的排水和隔水的措施，但若把工程措施与生物措施结合起来，起稳定路基的效果会更佳。因为植物的蒸发作用和毛细管水的输导作用，都大量消耗地下水，从而抑制了地下水的上升，增加了路基的强度和稳定性。净化大气、促进有机污染物的降解。

（3）调节净化空气，降低环境污染功能

1）绿色植物在光合作用过程中能够吸收二氧化碳，放出氧气，自动调节空气中二氧化碳和氧气的平衡，使空气保持新鲜。有关资料表明，地球土 60% 以上的氧气来自陆地上的植物。每公顷阔叶林（相当于 1 公里公路两侧单行道树）每天能吸收 1000kg 二氧化碳，放出 73kg 氧气，供 1000 人呼吸所需。一般说来，一个人每天需要 0.7kg 氧气，有 10m² 树木或 25m² 草坪，就能自动调节空气中二氧化碳和氧气的比例平衡，使空气保持新鲜。

2）由于汽车排出了大量尾气，不仅污染环境，还会直接损害人体健康。而绿色植物能吸收大量有毒气体，对空气起到净化作用。

3）空气中飘浮着大量尘埃，是导致细菌和病毒生殖繁衍的场所，绿色植物对这些尘埃有良好的黏附作用，不易形成二次扬尘。同时一些植物如桧柏、臭椿等具有杀菌灭毒的作用，可创造一个比较清洁的环境。有些情况下由于环境中的有机污染物种类繁多，成分复杂，因此，仅靠传统的微生物消除有机污染物是很困难的，而植物却具有修复功能，能降低环境负荷及污染循环。植物主要通过三种机制去除环境中的有机污染物，即植物直接吸收有机污染物、植物释放分泌物和酶刺激根区微生物的活性和生物转化作用、植物增强根区的矿化作用。

（4）降低噪声的功能

汽车噪声是噪声公害的重要来源，公路绿化的目的也在于降低汽车噪声对环境所造成的危害。这是因为树木有散射声波的作用，能够把投射到叶片上的噪声分散投射到各个方向，造成声能消耗使其减弱；枝叶表面的毛孔绒毛，能像多孔纤维吸音板一样，把噪声吸掉。生长茂盛的野牛草，叶面积相当于它所占地面积的 9 倍左右，茂密的叶片形成松软而富有弹性的地表，类似海绵的吸收声能，减缓噪声危害。据北京园林科学研究所测定，20m 宽的草坪，可减少噪声 2dB。

（5）改善路况、美化路容功能

高速行驶的车辆，由于风流、摩擦、燃油能量转化过程，使环境的湿度降低，温度升高，恶化道路的小气候。应用植物防护，则能调节小环境的温度和湿度，创造一种温暖适宜、湿润舒适的行车环境。有资料表明，当夏季气温为 27.5℃时，草坪表面温度为22℃～24.5℃，比裸露地面低6℃～7℃，比沥青地面低8℃～20.5℃，不同树种具有不同的降温能力，主要决定于树种树冠的大小，树叶的疏密和叶片的质地。

改善道路景观，恢复沿线的生态环境。通过公路两侧的绿化，使沿线乏味不雅观的环境得到改善，恢复了原有的植被景观。特别是四季交替变化的树木花草赋予了道路沿线不同的景观容貌，不仅反映了道路线形的优美，而且给司机和乘客提供了动态变化的视野景观，让乘客感到心旷神怡，司机消除疲劳。

（6）防止光污染功能

高速公路车速快，流量大，夜间由于行驶的车辆与前照灯相互对射的影响，极易造成驾驶员的眩目，对行车安全十分不利。利用中央分隔带植物防眩折光，既可节省资金，保证安全，又美化了公路环境。同时汽车灯光会使高速公路附近住户、居民和机关学校等单位受到光污染干扰，如在这些地方种植树木挡住灯光就可预防光污染的危害。

五、边坡生态防护技术

根据不同的边坡地质条件，采用不同的施工方法和施工工艺可将边坡生态防护技术分为如下六种。各类边坡植物防护技术的主要作用及应用条件各不相同。

（一）种草护坡

种草护坡适用于不陡于 1 ： 1 的草类生长的土质边坡。一般选用根系发达、茎干低矮、枝叶茂盛、生长力强、多年生长的草种，并尽量用几种草籽混种。常用的植草方法有人工种草和湿法喷播。

人工种草护坡，是通过人工在边坡坡面简单播撒草种的一种传统边坡植物防护措施。多用于边坡高度不高、坡度较缓且适宜草类生长的土质路堑和路堤边坡防护工程。

湿法喷播方法主要是直接液力喷播技术，主要应用于边坡稳定且高度较低的完全土质型边坡，多级边坡顶部稳定的土质边坡，它是采用液压喷播技术直接将草籽喷播在边坡坡面上，经过养护管理而达到绿化及防护作用。

（二）铺草皮护坡

铺草皮护坡是通过人工在边坡面铺设天然草皮的一种传统边坡植物防护措施。适用于边坡较陡、冲刷严重、轻流速度小于 1.2 ～ 1.8m/s、附近草皮较易地区的路基。草皮铺砌形式有平铺、水平叠铺、垂直叠铺、斜交叠铺及网格式等。

（三）植树护坡

植树应在 1 ： 1.5 或更缓的边坡上，或在边坡以外河岸及漫滩处。主要作用是加固边坡、防止和减缓水流的冲刷。林带可以防汛、防沙和防雪，调节气候、美化路容，增加木材收益。植树品种以根系发达、枝叶茂盛、生长迅速的低矮灌木为主。

（四）液压喷播植草护坡

液压喷播植草护坡，是国外近十多年新开发的一项边坡植物防护措施，是将草籽、肥料，黏着剂、纸浆、土壤改良剂、色素等按一定比例在混合箱内配水搅匀，通过机械加压喷射到边坡坡面而完成植草施工的。

（五）土工网植草护坡

土工网植草护坡，是国外近十多年新开发的一项集坡面加固和植物防护于一体的复合型边坡防护措施。该技术所用土工网是一种边坡防护新材料，是通过特殊工艺生产的三维立体网，不仅具有加固边坡的功能，在播种初期还起到防止冲刷、保持土壤以利草籽发芽、生长的作用。随着植物生长、成熟，坡面逐渐被植物覆盖，这样植物与土工网就共同对边坡起到了长期防护、绿化作用，土工网植草护坡能承受 4m/s 以上流速的水流冲刷，在一定条件下可替代浆（干）砌片石护坡。

（六）蜂巢式网格植草护坡

蜂巢式网格植草护坡是一项类似于干砌片石护坡的边坡防护技术，是在修整好的边坡坡面上拼铺正六边形混凝土框转形成蜂巢式网格后，在网格内铺填种植土，再在砖框内栽草或种草的一项边坡防护措施。

六、路基施工取料场的设置

取料场选址的原则是取料场应尽量少占土地，少破坏植被和减少水土流失，保护和改善生态环境。

在以下区域不应设置取料场：

（1）崩塌滑坡危险区和泥石流易发区；

（2）取料场不应危及公共建筑等设施的安全；

（3）取料场宜不占或少占林地、耕地或园地；

（4）取料场宜远离江河、湖泊和水库管理范围；

（5）取料场的设置应考虑对景观的影响；

（6）取料场的选址对噪声的要求；

（7）河道内设置的取料场不应影响河势的稳定；

（8）在特定区域设置取料场的规定。

七、路基施工取料场的复垦

公路一般选择高地或山丘取料，取料后整平造田，改善当地的农作条件，这一做法被广泛接受＝取料之后，对取料场进行生态恢复是非常重要的。在一些地区的公路建设中，用作路基填料的土源往往非常紧缺，处理不当就会造成严重环境影响。赤通鲁高速公路沿线很多地区采用路边农田取料的方式，取料使地下水出露，必须加大取料面积采集干土，从而造成对耕地资源影响，或取料过深形成水塘，需改变土地作为养殖。

第三节　路面施工生态保护技术

一、拌和场、预制场等场地的选址

拌和场、预制场、料石场等应该尽量布置在公路的规划设计中是服务区的地方。在拌和场、预制场、料石场工作结束之后，这些地方就开辟为服务区。拌和场、预制场、料石场等场地内的一系列工作对当地的土壤、大气等产生较大的破坏，恢复其如初的难度较大。所以要把它们布置在规划设计中，是服务区等人员活动密集的地方，利用这些地方来减小拌和场、预制场、料石场对生态的破坏。

二、弃渣的处置

公路工程设计中弃渣处理是一项重要的内容，如果处理不好就会成为水土流失或泥石流（或水石流）的土石源。水土流失危害极大，它可冲毁土地，减少农田，给农业生产造成严重损失；降低土壤肥力，减少产量，严重制约粮食产量的提高。淤塞抬高河道，洪水泛滥，破坏交通，威胁人民生命财产安全；水土流失使土层变薄，植被破坏，大大降低蓄水能力，加剧洪涝灾害的发生。

公路工程弃渣主要来源于路基工程、隧道工程、桥涵工程、建筑工程、便道工程、生活垃圾及取料场的清表。在工程设计中，一般尽可能做到填挖平衡，或通过纵向调运，用工程出渣填筑路基，实现土石方平衡。但是，在很多条件下公路项目会出现工程弃渣。

（一）弃渣利用

针对工程弃渣，经过研究与实践有下列的方法可以采用：

（1）弃渣造田

我国是人均耕地缺乏的国家，公路路基占地无疑使耕土资源更加紧缺，任何时候公路设计时都应尽可能地选择造地方式。利用公路弃渣造地已有较成功的经验，一般首先采取挡护措施，再分层填倒工程弃渣，作排水处理，最后整平上部覆土造田。在选用冲沟或河滩造地时需要考虑地区泄洪，防止水流不畅引发洪涝灾害。

（2）弃渣绿化造景

虽然造地是处理弃渣首要的选择，但由于农田对土质和日常操作条件要求较高，在一些情况下造地是一种不合理的选择。

（3）弃渣利用

在大石山区，工程出渣可作为石源，加工成各种规格的石材，供应市场。有些质量达到标准的石料，可用于铺设路基或路面的材料。

（4）弃渣加固河堤

赤通鲁高速公路跨越多条河流。虽然这些河流多数属于季节性河流，可以利用赤峰境内隧道施工中取出的石料加固河堤。

（二）弃渣场的选址

弃渣场选址的原则是公路弃渣场应尽量少占土地，少破坏植被和减少水土流失，保护和改善生态环境。同时，还应尽量减少弃渣场挡渣墙、排水沟等防止水土流失工程措施的数量。

（1）在以下区域不应设置弃渣场：

1）崩塌滑坡危险区和泥石流易发区；

2）特定有关地区；

3）弃渣场不应危及公共建筑等设施的安全；

4）弃渣场宜不占或少占林地、耕地或园地。

我国人口众多，人均林地、耕地或园地相对较少。该3种土地类型具有较好的经济、社会或生态效益，十分宝贵。因此确定本条内容。

5）弃渣场宜远离江河、湖泊和水库管理范围；

6）弃渣场的设置应考虑对景观的影响；

7）弃渣场的选址对噪声的要求；

8）软土区域不宜设置弃渣场；

9）不宜在上游汇水面积过大的沟、谷设置弃渣场；

10）弃渣场不宜占用沟渠。

第四节　桥梁施工生态保护技术

跨河桥梁施工对生态环境的影响主要表现在桥墩基础开挖和钻孔产生的弃土碴堵塞河道、淤积河床水库，污染水体，占用、破坏、扰动河滩和河堤，导致雨季洪水冲刷，产生水土流失。

河流水中桥墩施工时应选择枯水期，桥墩施工方法采取半边河流施工。对河流半边设围堰，先清除外运围堰填筑土方、基坑弃土及草袋围堰等物，并保持水中施工机械清洁，避免机械油污污染水体，施工人员产生的生活污水和生活垃圾不允许直接排入水体中，而应采取措施收集到岸上统一处理，以减少对河流水质的影响。

临时占地对植被和土壤的影响主要是在施工过程中料场、桥梁施工等将占用土地，在路面施工、材料运输等过程中，如果不采取防尘措施，将会产生较大的粉尘和扬尘污染，粉尘和扬尘污染对农作物等农业生态环境产生一定的影响。但是由于施工期较短，影响周期短，随着施工期结束而消失。施工采取洒水、遮盖及大风天气停止施工等防尘措施，粉尘影响和污染程度会明显减轻，采取必要的防尘措施后，一般不会造成道路两侧的生态影响。

第五节　施工期间水土保持技术

一、水土流失的特点

公路项目水土流失主要集中在施工和营运初期。在美国进行的观测表明，大暴雨从不稳固的高速公路和道路路基上冲走的土壤比从耕地上冲走的土壤要多10倍。水土流失的直接起因是植被的破坏。在公路修建后留下的裸地，雨水形成地表径流流失。暴露的工作面还会使植被更难以生长，这类问题在原来植被覆盖度就很低的北方山区，更具有代表性。当植被覆盖了裸露面之后，流失过程趋于稳定。水土流失特点如下：

（1）破坏公路用地范围内的地表植被，产生新的裸露坡面，诱发新增的水土流失量。

（2）取土、弃土、弃渣产生的水土流失。

（3）临时占地及土石渣料的水土流失。

二、水土流失的形成机制

（一）水力侵蚀

公路建设施工填挖面、砂石料采集场及施工过程中产生的渣、土等松散堆积物，因其结构疏松，孔隙度大，在雨滴的打击和水流的动力作用下，渣土颗粒质量不足以抵抗水流动力而发生位移运动，形成水土流失。水力侵蚀的动力主要为雨滴击溅、坡面径流冲刷、沟槽水流冲刷 3 种外力，雨滴击溅引起溅蚀，后两者引起面蚀和沟蚀。

（二）重力侵蚀

在道路建设中，开挖土石方及采集砂石料时，改变了原有地形地貌，使原有地表土石结构平衡受到破坏。有的山坡土体的休止角变大，失去原已形成的平衡支撑；有的弃渣堆积过高，使得这些原生堆积和人为最积物失去重力平衡，在雨水渗入后加重了堆积物的自重或在最积体上方某处形成"滑坡面"，这些都为崩塌、滑坡、泄流等重力侵蚀创造了条件，在温度、暴雨、水分下渗、展动及人为活动的触发下，有可能产生崩塌、滑坡等重力侵蚀，产生新的水土流失。

（三）泥石流侵蚀

泥石流侵蚀是由于降水（暴雨、融雪、冰川等）形成的一种特殊洪流，也是水力和重力混合作用的结果，因此也称为混合或复合侵蚀。严格地说，它是："介于水流和滑坡之间的一系列过程，是包括有重力作用下的松散物质、水体和空气的块体运动。"

（四）风力侵蚀

施工过程中及工程竣工后的 1 ～ 2 年内，由于地表植被尚未完全恢复，使得施工区内地表裸露，轻质渣土在风力作用下易产生剥蚀而漂移。

三、产生水土流失的主要形式

（一）填方路基

在山间洼地，工程需要大规模的填方作业，将形成许多较高的路堤，这样在一定时间内坡面暂时处于裸露状态，松散的土壤上没有植被保护，容易在雨水中产生侵蚀，填土越高，坡度越大，坡面越长，侵蚀的程度越严重。高填方路段的水土流失，还使边坡松软的土壤被雨水冲入农田，另外，填方路段附近的植被还会遭到施工机械的碾压或被铲除，导致水土流失。

（二）挖方路基

挖方路段主要指路堑及半填半挖的路基。山体的切割使坡体产生扰动，影响土体结构，降低抗蚀性，且基岩风化后结构松散，稳定性低，在降雨径流中冲刷下极易形成沟蚀；另外由于开挖破坏了植被或弃方埋压坡下的植被，裸露的坡体极易被降水侵蚀。赤通鲁高速公路沿线虽然雨水不多，但降雨时峰值很强，降雨是水土流失的动力或媒介，降水决定了该地区水土流失以水蚀为主，并大多发生在边坡陡峭的挖方地段。

（三）不良地质路段

沿线部分地区分布有一些滑坡体，在施工过程中切坡将会破坏山体的自然平衡，诱发、加速、加大滑坡的产生。岩体破碎的挖方段，产生崩塌也是水土流失的发生源。在雨季，特别是开挖山坡地段施工时，会有部分水土流失。

（四）取（弃）土场和砂石料场

高速公路在修建过程中需开采大量筑路材料修筑路基及桥隧工程。丘陵路段还将产生大量的废弃土、石方。若为数众多的取土场、弃土堆和石料场处理不当，将会严重破坏沿线的自然地貌，人为产生水土流失。另外，施工弃土的土壤结构松散，弃土渣中含有大量的破碎岩块，其稳定性、抗蚀性都较差。当雨季来临时，弃土（渣）堆周围产生水土流失。

（五）桥梁

赤通鲁高速公路的有些桥梁工程跨河处河面较宽，两岸地形条件较差，特别是有桥墩在水中的一些桥梁，桥台及桥墩基础施工会对一定范围内的地表造成扰动，围堰施工造成水土流失。

四、公路工程中水土保持措施

《水土保持法》明文规定：修建铁路、公路和水利工程，应当尽量减少破坏植被；在铁路、公路两侧地界以内的山坡地，必须修建护坡或者采取其他土地整治措施；工程竣工后，取土场、开挖面积和废弃的砂、石、土存放地的裸露土地，必须植树种草，防止水土流失。在山区、丘陵区修建公路，在建设项目环境影响报告书中，必须有水土保持方案。

（一）公路工程中常用的坡面防护措施

（1）植物防护

在边坡上种草或铺草皮，既可阻止风对坡面的吹蚀和地表水对坡面的冲刷，又可绿化路线、增加美观。在冲刷不严重的较缓而高度不大的土质坡面上，可选择适合于当地土壤和气候条件的草籽，直接播种于其上。在风蚀或冲刷较严重的较陡（但不陡于 1：1）和较高的土质坡面上，则可采用满铺草皮（平铺或竖铺的方法）。

（2）边坡防护网

在公路挖方路段或半挖半填路段的边坡采用防护网可以起到紧固土壤的作用，防止边坡的滑塌，保护边坡稳定。防护网可以用铁丝或尼龙材料制造。在国外的一些公路工程中常可见到这类实例。

（3）砌石护坡

对于较陡的土质边坡（1∶0.75-1∶1）和易风化或破碎的岩石边坡，可采用砌石护坡。砌石有干砌和浆砌片石两种，前者适用于边坡坡度较缓或经常有地下水渗出坡面的情况，后者适用于坡面较陡的情况。

（4）抹面

在夹有易于风化的软质岩层的路堑坡面上，由于软质岩层风化较快，常常剥蚀而成凹坑，引起上部具有节理的硬质岩层的坍塌和落石等病害。对此，可采用抹面的措施，防止开挖后软质岩层的继续风化。

（5）护墙

由浆砌片石组成，用以防护坡度较陡的土质边坡或易风化剥落和节理发达的岩石路堑边坡，避免进一步风化而出现崩塌和剥落等病害。护墙不承受墙后的侧压力，故所防护的边坡坡度应符合稳定坡度的要求，一般不陡于1∶0.3。

（二）公路排水措施

防止土壤侵蚀的主要方法之一是控制地表径流流量、水流方向以及水流速度。常用的控制措施如下：

（1）在坡顶和坡底开设截水沟。利用排水沟和溢洪道来控制坡地的下冲水流。

（2）开挖排水沟，以阻止水流进入敏感区域，并采用多条排水沟分流的方法，使水流不至于汇集得太大。

（3）在抹水沟中修建混凝土消能构筑物，使急速流动的雨水得以减速，以减少对下游产生的侵蚀力。

（4）在排水沟中设置各种消耗水流能量得天然材料，如：木桩、草束或石块等。但这些材料需要得到经常维护。

（5）在公路两侧构筑沉淀池，使水流在进入下游排水沟之前，沉淀去除其中所含的游泥、污染物以及路面垃圾。

五、公路施工过程中应加强的水土保持措施

（一）各防治区的防治

（1）施工便道的防治

在公路建设中对施工道路一般都不考虑排水以及弃渣的处理。在水保方案中应补充施工道路的样水，对于永临结合的措施除采用排水措施、边坡防护外，还需要进行植物措施

防护或绿化。对于施工便道的弃渣应重点考虑，进行土石方平衡后将弃渣放于附近主体工程的弃渣场中，并进行防护。

（2）取土场的防治

根据取土场所在的地理位置及地形条件进行综合治理，主要采用坡面防护、防洪排水、覆土造田等措施。取土场的取土的过程中破坏了原有地表的自然坡度，形成了裸露坡面，水保措施主要对其进行治理改造，对裸露面进行削坡，在开挖坡面上覆土造田，土地整治后采取植物防护，在开挖坡面坡顶设截水沟防治水土流失，恢复植被，充分利用土地资源。

（3）弃渣场

弃渣场地的选择：废弃土石渣禁止河道、汇水区、湿地倾倒。弃土场选择生态系统薄弱处，尽量避免汇水处。

弃方的处治对策：对弃渔场应采取挡土墙、护坡工程以及综合排水工程和土地整治等水土保持措施，设置渣场排水系统、挡渣墙，弃渣后回填表土、表面平整、人工压实、坡面植物防护、恢复植被等。

（4）桥梁立交

公路工程桥梁及立交施工一般采用钻孔灌注桩施工工艺，主体工程只设置泥浆池存放泥浆。水保方案为了防止施工中泥浆及钻渣流入河道、池塘，污染周围环境，增设泥浆及钻渣沉降池进行临时防护。

（5）拆迁安置区

公路工程建设中，对于涉及移民的部分，一般都征用一部分土地作为拆迁户的安置用地，因拆迁较为分散，且涉及多个城镇、乡村，各拆迁户的生产用地和宅基地用地由当地政府统一安排解决。由于做水保方案时其拆迁安置地点尚未确定，因而拆迁安置点的水保治理工作容易被忽视。

（6）临时工程用地区

施工用临时便道、驻地、料场等应尽量利用现有道路或结合农村规划道路修建，施工期场地的临时设施尽量选择在公路征地范围如立交区、服务区、收费站等，施工营地尽量租用已有房屋和场地。

（二）表层土的剥离及返还

对于有耕种土壤的施工区在施工前应剥离表层 0.4m 厚的腐殖土，应将剥离的腐殖土推至一旁，待施工完毕后用于植物培施覆土，路基施工产生的清表耕植土主要作如下利用：

（1）用于路堤，路堑防护和中央分隔带的绿化，剥除后、利用前需在各路段内设立临时堆方场。临时堆方场地利用已永久征用的场地——填方路基与征地界之间的空地，原则上 2km 设 1 个。

清表耕植土的临时堆放时间约 1 年～3.5 年，在此期间，为减少流失量，在四周设置编织袋防护墙防护，防护墙高度为 1m，在防护墙以上进行 1：2 削坡，设置高度可达

3m，在表面撒播草籽保持肥力。

（2）用于互通区、沿线设施的绿化美化，需在互通区临时堆方。这部分土方是根据各路段施工时间的先后而分批堆放的，且堆放面积大，四周采用编织袋防护，土体堆放时的边坡以不大于 1：2 为宜，最高 3m，边堆边围。工程后期进行绿化。

（3）用于施工临时占地区的植被恢复。

（三）施工临时防护措施

在施工期，由于施工影响，人为扰动地表，地面土壤结构破坏，土壤抗蚀力减弱，在外力和人为扰动下，容易造成新增水土流失。针对这种情况，特采取以下临时防护措施：

（1）路基防护

路基路面排水。路基应设置完善的排水设施，以排除路基、路面范围内的地表水和地下水，保证路基和路面的稳定。路基地表排水一般采用边沟、截水沟、排水沟、跌水及急流槽、拦水带、蒸发池等设施。对高填深挖路段，应合理安排施工时间，尽量避免在雨季，特别是在暴雨期施工。

路基填筑施工。路堤填筑施工首先从清理场地开始，经过填前碾压原地面后进行分层填土、压实。在较低洼的地段，为保证施工中排水的需要，还需在路堤坡脚外开挖临时排水沟，待分层填筑施工的填筑高度达到路基设计标高后，再进行路基边坡修整。因施工质量要求每层均需达到规定的压实度，经压实后，土壤抗蚀能力可提高 80%，雨水对它的侵蚀以雨滴溅蚀为主，径流面蚀的破坏很小。

而边坡部分则不同，因边坡处压路机难以正常作业，土质疏松，空隙率大，下雨时除了受溅蚀之外还会受路基体汇流的表面水冲刷，形成面蚀。当雨期长，土颗粒间空隙水达到饱和或坡面径流集中时，侵蚀量便成倍增加，有可能变成严重的沟蚀。土壤受侵蚀的程度随路堤高度的增加而增大，在暴雨期间，路堤坡脚会道受冲蚀，特别是当路基体汇水径流集中于某处时，其坡面还有可能发生严重的冲毁和崩塌。

路基防护。路基防护工程是保证路基稳定，防止水土流失，改善环境景观和保护生态平衡的重要设施。在适宜于植物生长的土质路基边坡上，应优先采用植草种树等植物防护措施。植物难以生长的填方边坡可采用护面墙、砌石等工程防护措施；挖方边坡可采用护坡、护面墙及锚喷混凝土等防护形式。

在雨水地面径流处开挖路基时，及时设置临时土沉淀池拦截混砂，待路基建成后，及时将土沉淀池推平，进行绿化或还耕。

绿化工程：为了改善公路两侧景观及防止水土流失，线路边坡、中央分隔带、土路肩、互通立交区、生活服务区地等应进行绿化美化工程。

（2）路面养护

路面未硬化前，应采取早、中、晚洒水措施，防止扬尘和空气污染。

（3）边坡面的防护

挖、填方路基边坡坡面考虑全防护，土质边坡地段采用锚杆框格梁护坡、现浇拱形植草护坡、浆砌片石拱形护坡、锚索框格梁护坡和植草护坡等防护措施。针对不同的边坡坡率、当地气候和地质条件，选择能适应当地自然条件的粗放型草灌植物，合理搭配适宜边坡生态恢复的乔、灌、草、藤等植物，恢复开挖边坡的绿化，与自然景观相配合，保持与周围环境相协调。石质边坡地段采用攀藤植物、锚杆框格梁护坡、现浇拱形植草护坡、浆砌片石拱形护坡、锚索框格梁护坡和植草护坡等防护措施，施工过程中实行边开挖边防护的方式若边坡开挖后还未进行防护的应及时用塑料薄膜进行覆盖，防止被雨水破坏拉槽。填方边坡上采用植草护坡和浆砌片石拱形护坡等防护措施。

（4）沉沙池

由于临时弃渣土壤流失量比较大，需要在汇集水流排入河流或沟道以前布设沉沙池临时措施，拦蓄泥沙，减少土壤流失量。

（5）隧道

进出口在开挖坡面，进行草灌混播，以利植被自然恢复。对于分离式隧道进出口根据地形情况及两隧道进出口的距离采取一定的绿化美化措施，一方面与周围环境协调，另一方面起到诱导视线的作用。在隧道明洞洞身上的覆土部分进行绿化，以利于固土、恢复植被，与周围环境和谐统一。

（6）施工取土时采取平行作业，边开挖、边平整、边绿化，计划取土，及时还耕，及时进行景观再造。对沿线自然水流形态应予以保护，应保证不淤、不堵、不漏、不留工程隐患，路基不得堵塞、阻隔自然水流。做好施工组织施工，保证施工期间的自然水流形态，施工便道一般应设置必要的过水构造物，跨河便道宜设置便桥，工程完成后予以拆除，季节性河流河床内施工便道不宜高出原地面，以避免洪水期影响泄洪。桥涵施工时不得压缩河道原宽度。

第六节 施工期间防尘技术

一、采石场岩尘的性质和危害

（一）岩尘中成分及存在状态

岩尘中含有游离的一氧化硅，一氧化硅是多种岩石和矿物的组成成分，它有两种存在状态：一种是结合态的一氧化硅，对人体危害较轻；另一种是游离态的一氧化硅，它在岩尘中的含量是危害人体的决定因素，含量越高，危害越大。岩洞中的岩尘多是游离状态的一氧化硅。

（二）岩尘的特性

岩尘的粒度：即岩尘颗粒大小的尺度。试验表明，岩尘粒径越小，其总表面积就越大，其活化性、溶解性和吸附能力就会显著增加，其动力特性就更易悬浮于空气中，难以把它从空气中捕捉分离，且易被人体吸入体内。可以说岩尘颗粒越小，对人体的危害越大。

岩尘的分散度：是指岩尘整体组成中各种粒级的尘粒所占的百分比。试验表明，在岩尘组成中，小于5um的尘粒所占百分数越大，对人体危害越大。

岩尘的浓度：是指单位体积岩洞空气中所含浮尘的数量。试验表明，空气中岩尘浓度越高，对人体危害越大。

岩尘的湿润性：湿润现象是分子力作用的一种表现，如果液体分子之间的引力小于液体与固体分子间的引力，则固体就能被液体所湿润，反之，固体不易被湿润。试验表明：微细的岩尘表面吸附空气形成气膜而难以湿润，因此，岩尘一部分是亲水性的，一部分是疏水性的。通常采取提高尘粒与水滴的相对速度来降低水的表面张力等方法，提高湿润效果。岩尘的湿润性是水压防尘的有效依据。

岩尘的荷电性：是指浮于空气中的尘粒通常带有电荷，它的荷电量取决于尘粒的大小和比重，并与温度和湿度有关；温度升高荷电量增高，浓度增加荷电量降低。试验表明：带电的尘粒较易沉积在支气管和肺泡中，易增加对人体的危害。

（三）岩尘的危害

岩尘在岩洞中危害极大，会危害人体健康，人如果在岩洞中长期大量吸入微细岩尘，这些岩尘会侵蚀人体的呼吸系统，使人体患慢性职业病（桂肺病）和皮肤病。岩尘会污染工作场所，降低工作场所的可见度，从而使工伤事故增多，同时岩尘能加速机械的磨损，缩短精密仪表的使用时间。

二、施工现场扬尘的危害

施工扬尘主要来自两方面，其一为运输材料过程中，由于公路凹凸不平或装运过饱满等原因造成的抛洒及车辆身后真空吸力所造成的道路扬尘；其二为施工工地装卸、堆放材料及施工过程中，由于地面干燥松散由吹风所引起的风扬灰尘，扬尘不仅会严重影响沿线居民的生活及环境卫生，还能大大增加大气浮尘含量，甚至给沿线路域生态带来不良影响。

运输车辆行驶产生的扬尘影响植物正常的繁殖和发育过程，应通过路面硬化处理以及定期清扫、洒水抑制扬尘的发生，路面应始终保持湿润。

水泥、石灰、矿粉等堆置和撒落会通过改变土壤的理化性质，破坏土壤的结构以及土壤微生物的理化环境，从而降低土壤肥力。因此水泥、石灰、矿粉要有指定地点堆置并且应采取密封存放的方式，控制其扬尘；存放点地面应做硬化处理，硬化处理前应剥离地表熟土，并集中保存。施工结束后，应去除硬化地面，将保存的熟土回填，并恢复初始地表植被。对于堆置点附近可能被污染的土壤应进行改良，恢复其肥力。

三、施工期间防尘措施

（一）通风除尘

这是稀释和排出工作地点悬浮粉尘，防止过量积累的有效措施。要排出井巷中的浮尘必须有一定的风速，据试验观测，当岩洞中风速达到 0.15m/s 时，5um 以下的浮尘将随风带走，当风速过大，会导致岩尘的二次扬起，试验测定，最优排尘风速为 1.5m/s ~ 2m/s。

（二）湿式作业

湿式凿岩：它是在凿岩过程中，将压力水通过凿岩机并充满孔底，以湿润冲洗和排出产生的岩尘。操作要保证有足够的供水量。

湿式钻眼：就是用湿式电钻在岩层中钻眼，具有好的水密封性能。

水封爆破：即在炮眼底部装入炸药后，用木塞或黄泥封严（采用专用封口器），封口后向孔内注水，再进行爆破。当炸药爆炸时所形成的高温、高压使水迅速汽化，然后冷凝形成微小水滴，并和粉尘加速碰撞而凝结，使粉尘渐渐沉降而不致飞扬。

洒水防尘：就是在岩石工作面事先喷水，操作中继续喷水，使岩尘降落，浮在周壁，以便在装运过程或受风流作用时不易扬起而造成积尘二次飞扬。

喷雾降尘：就是利用各种喷雾器，将水雾化成微细水滴喷射于空气中，使水滴与浮尘碰撞接触，则尘粒被水捕捉而附于水滴上或者被湿润，且尘粒互相凝结成大颗粒，从而加速沉降，快速变为落尘。

水封爆破降尘：是把水装在用聚氯乙烯、聚乙烯等薄膜加工的塑料袋子中充当炮泥，并放在炮孔中封堵炸药，减少爆炸产生的岩尘和有害气体，从而起到防尘的作用。

喷射混凝土采用湿喷法：用湿喷法比干喷法可降低粉尘 85%。

机械除尘：在距掌子面 30m 处和其他粉尘浓度较高的地方安装除尘机，采用机械除尘，达到降低粉尘浓度的目的。

（三）密封抽尘

这种方法是把局部产尘点首先密封起米，防止岩尘飞扬，然后将岩尘抽到集尘器内，含尘空气通过集尘器将尘粒阻留使空气净化。

（四）净化空气

就是在岩洞中增设特定的设施或设备，当含尘空气通过时，将岩尘捕获净化风流的技术措施。目前使用较多的是水幕，就是在岩洞中靠近尘源位置四周断面安设多个喷雾器，当含尘浓度较高的风流通过时，岩尘被湿润而沉降下来。

（五）个体防护

岩洞中各生产环节采取防尘措施后，仍有少量微细岩尘悬浮于空气中，甚至个别地点不能达到卫生标准，所以加强个体防护是综合防尘的一个重要方面。个体防尘主要有防尘口罩、动力防尘口罩、压风呼吸器和防尘安全帽等。进入岩洞的人员按规定佩带防护用品。

赤通鲁项目公路工程施工现场的粉尘来源主要有：

（1）路基开挖、土地平整及路基填筑等施工过程。如遇大风天气，会造成粉尘、扬尘等大气污染。

（2）水泥、砂石、混凝土等建筑材料。如运输、装卸、仓库储存方式不当，可能造成泄漏，产生扬尘和大气污染。

（3）灰土拌和、混凝土拌和加工会产生扬尘和粉尘。

（4）施工所需散体建筑材料数量较多，施工将增加车流量，加之建筑砂石、土、水泥等泄漏会增加路面起尘。

（5）施工期燃油机械和车辆产生废气中的主要污染物为悬浮物微粒、一氧化碳、一氧化碳及氮氧化物等。

结　语

　　路桥建设作为我国的基础性建设一直是社会和人们关注的焦点。但是在路桥的施工过程中出现许多的质量问题，其各种质量问题形成原因也是十分复杂。路桥质量问题的出现也是由于各方面的因素所造成的，可能是由于外部环境、温度、重力作用等客观因素造成，也可能是因为施工的原材料不符合规定或者是建筑的技术没有达到相关的标准。但是无论是哪种原因导致的路桥建筑质量问题，最后的结果都会给路桥建筑的整体质量和安全性带来很大的隐患。所以说在施工过程中一定要严格遵守建筑的有关规定规范，合理地进行施工，探究制定科学的应对方法，应最大限度地避免因质量问题所带来的安全隐患。